图解服务的细节
065

スーパーマーケット店長法律ハンドブック

向日本超市店长
学习合法经营之道

日本《食品商业》编辑部 编

王蕾 译

人民东方出版传媒
People's Oriental Publishing & Media
东方出版社
The Oriental Press

前　言

　　近年来,"黑心兼职""黑心企业"等社会问题愈演愈烈,一般的企业、店铺若忽视了与就业、劳动相关的法律法规,或不具备相关的法律知识,就有可能被打上反社会的烙印。

　　另外,伪造食品产地的案件也层出不穷。即便商家并非有意为之,但食品标识上若出现产地标注错误等问题,无疑会失去消费者的信任,对店铺的经营管理造成极大的影响。

　　生鲜超市店长的主要职责在于超市的经营管理,要切实履行这份职责,就必须具备生鲜超市相关的法律法规或社会规则等知识储备。

　　对生鲜超市店长而言,法律法规或社会规则与店铺的经营管理同样重要,应该有意识地主动加以掌握。

　　《超市店长法律知识指南》作为超市店长的法律知识指南,于2012年首次出版,继2014年的修订版之后,本次推出最新的2017年版。

　　2017年版在生鲜超市必备的法律知识的基础上,以日本新颁布的《食品标识法》为依据,囊括了最新的食品标识规则。在当前雇佣环境越来越严峻的背景下,本书还充实了包括老年人、残疾人和外国人等各类劳动人员在内的雇佣法规相关内容。

　　本书作为生鲜超市法律知识指南,希望能助各位生鲜超市店长一臂之力,同时也祝愿各位事业有成。

《食品商业》编辑部

目　录

第 2 章	商品与标识相关法律

第 3 章　雇佣与劳动相关法律

第4章 扩大雇佣相关法律

第5章 设施与环境相关法律

第6章　贸易与会计相关法律

第7章　消费税增税相关法律

016

第 1 章

卫生与安全相关法律

2015 年以来的法律修订动向

生食供应被禁止，HACCP 进一步发展完善

• 2015 年以来的法律修订动向

近年来，与食品卫生相关的法律修订重点表现在加强肉类生食供应的相关规定和修订《药事法》两个方面。

第一个方面的修订具体为 2015 年 6 月开始执行的 "禁止供应生食猪肉猪肝"。

生食牛肝的供应于 2012 年被禁止之后，日本餐饮业开始推出生食猪肝以取代牛肝。

在行政方面，通过媒体的呼吁报道以及各地保健所对卫生指导的强化，生食供应的扩散势头看似得以遏制，然而 2013 年的数据调查显示，供应生食的餐饮店铺数量是 2011 年的 2 倍以上，食物中毒等案例的发生也有所增加。

日本人喜爱生食，甚至视其为日本饮食文化的代表，这种传统在世界范围内也可谓独树一帜。不过，"食物足够新鲜便是安全的"这种观念从卫生学的角度来说是错误的。

肉类通常存在微生物感染的隐患，即使活体本身是健康的，在宰杀时也有感染细菌的风险。宰杀时若操作不当，导致内脏组织或血液附着在肉上，就很有可能发生感染。当然，除此之外，对肉类新鲜度本身的要求也很高。

餐饮店等场所销售的 SPF 无菌猪肉也无非是没有被弓形虫等特定病原体感染的猪肉而已，食用时依然需要进行加热处理。

第二个方面的修订为 2014 年 11 月末开始执行的《药事法》。

主要的修订内容为：将随着 AI（人工智能）、互联网的普及和进步而蓬勃发展的医疗器械相关法规从医药品类别中分离，并单独设立 IPS 细胞等再生医疗技术类别等。

从实用性的角度来看，这些修订内容虽然与生鲜超市领域无甚交集，但作为日本厚生省的一项重大行政变更点，应该对此有所了解。

该项法律的正式名称为《关于确保医药品、医疗器械之品质、有效性及安全性等问题的法律》，通常简称为《医药品医疗器械法》，或《药械法》。

● 今后的发展前景

关于今后的法律修订，强制性引入与营业许可紧密配合的 HACCP（Hazard Analysis Critical Control Point，危害分析的临界控制点，简称"哈斯普"）体系的动向尤为值得关注。

HACCP 是一种对食品制造、加工等各道工序中有可能产生的危害进行分析，针对各个阶段可能产生的有害因素制定相应的策略，通过持续性地监管来确保食品安全的有效手段。

2016 年 10 月，日本曾探讨在需要办理营业许可的 34 种行业中全面引入 HACCP 体系。

关于 HACCP 的发展历程，日本从 1995 年开始修订食品卫生法，以奶类、乳制品、肉制品、鱼肉制品、软罐头食品、清凉饮料等为对象，开始执行被称为"日本版哈斯普"的《综合卫生管理制造过程认证制度》。

之后，于 1998 年出台了《HACCP 支持法案》，试图推进哈斯普体系的导入，遗憾的是收效甚微。截至 2016 年，获得批准的设施仅有 820 家。

随着自由贸易的发展，HACCP 导入的法制化进程在欧美和亚洲各国不断推进。就日本而言，要促进农产品的出口、扩大贸易，达到观光立国的目的，解决 HACCP 的普及与推广等问题无疑是一项重要课题。

这次的法律修订主要以软件方面的改动为中心，对进一步加强 HACCP 的导入和普及问题进行探讨，并以行政为中心，迅速开展操作指南和记录示例等相关准备工作。

虽然少数生鲜超市参照消费税的方式不在探讨对象之内，但大部分生鲜超市都预计推出 HACCP。

诚然，HACCP 的初期引入和普及扎根十分困难，但这一动向在提升商品的品质、减少损耗、改善员工的工作方式等方面具有积极作用。

1 许可授权相关法律

关于《食品卫生法》

~禁止销售的 5 种产品~

《食品卫生法》旨在确保食品安全，从公共卫生的角度出发，通过颁布相关条例法规或采取强制措施等方式，防止出现饮食卫生问题或由饮食不洁所导致的公共卫生问题，其主要目的在于保护国民健康。

该法律的制订以宪法第 25 条 "提高和增进公共卫生事业" 为基础。

《食品卫生法》的适用对象涵盖所有的食品和饮料，不过《药事法》所规定的医药品或准药品并不包括在内。

《食品卫生法》的基本构想可以概括为禁止销售或加工以下 5 种产品：

①腐败变质的产品

②含有害物质的产品

③受病原微生物污染的产品

④不洁不净的产品

⑤掺杂异物的产品

另外，除了规定的食品添加剂之外，对其他添加剂以及含有此类添加剂食品的销售加以限制，且禁止销售不符合标准的添加剂及食品。

此外，该法律还对加工食品的内容标识、食品所用的设备和包装、婴幼儿玩具（婴幼儿将玩具放入口中的情况时有发生）等方面进行了明文规定。

除此之外，若违反上述条例法规，将对从业者采取监禁、罚款、暂停营业等惩处措施。

《食品卫生法》之营业许可相关规定

~确保安全放心的关键~

● 向消费者提供安全放心的食品

众所周知，职业的选择具有自由性。

按理来说，食品的制造和销售等经营活动也应是可以自由选择的。

然而，就食品行业而言，若不从法律上加以制约，食品的制造和销售恐怕会产生安全方面的问题，危害消费者的健康。

为了确保提供给消费者的食品不存在安全方面的问题，通过《食品卫生法》的规定，针对特定的食品设置营业许可，未经许可则不得从事食品的制造和销售，以确保食品的安全性。

● 营业许可相关规定

针对以餐饮店经营为代表的部分特定经营活动，《食品卫生法》根据不同行业的特点明文规定了必要的标准。

经营者必须从维护公共卫生的立场出发，严格遵守条例中规定的各项行业标准。若不符合标准，则无法获得都道府县知事的许可。

● 从事经营所需手续

要从事经营活动，首先必须向辖管保健所提交营业许可申请。另外，还需配备与都道府县制定的设施标准相符的设施或设备，获取营业许可。

根据法律规定，设施标准主要有两种，一种是适用于所有经营活动的通用标准，另一种是特定行业所需的标准。

关于设施标准的具体内容，可参见本章"2. 加工厂卫生相关法律——营业许可与加工厂"的详细记述。

营业许可的种类

~烹饪业·制造业·加工业·销售业~

● 需要营业许可的行业

食品行业虽可用"食品"二字一言概之，但细算起来可分为许多种类，根据食品卫生法或有关条例的规定，部分行业必须获得都道府县的许可。

基于《食品卫生法》的规定，需要营业许可的行业类别共有34种，其具体内容记载于食品卫生法施行条例第35条。除了这34种行业之外，根据相关条例的规定，其他部分行业也需要提供申请或报告，因此在从业之前，必须事先向辖管的保健所进行确认。

● 营业许可的分类

营业许可根据不同的行业类别可分为烹饪业、制造业、加工业、销售业等。不同的行业需要获得不同的营业许可，涉及2种以上的行业时必须分别取得相应的许可。例如，在食堂销售含乳饮料时，必须同时获取餐饮店经营和乳类制品销售业的营业许可。

另外，若以店铺的名义获得了含乳饮料的销售许可，则可在生鲜超市的配菜部销售柜台或西点部进行含乳饮料的销售。

● 营业许可证的公示

根据食品卫生法施行条例第5条的规定，营业许可证必须张贴在店内进行公示。张贴场所应为店内较为显眼的位置（出入口或各销售区域的柜台附近等），以便顾客能够迅速进行确认。

此外，若通过自动售货机或移动售卖车等方式进行营业时，必须将发放的许可证（贴纸）粘贴在显眼的位置。

在店铺内开展活动或集会时，必须事先对营业许可证的粘贴公示情况进行确认。

店铺内所需营业许可的种类

分类	法律许可业种	法律依据	管辖机构
烹饪业	餐饮店经营 咖啡店经营	食品卫生法	保健所
制造业	点心制造业 馅类制造业 冰淇淋类制造业 乳制品制造业 肉制品制造业 鱼糜制品制造业 冰饮制造业 乳酸菌饮料制造业 食用冰制造业 食用油脂制造业 人造黄油或起酥油制造业 味噌制造业 酱油制造业 酱类制造业 酒类制造业 豆腐制造业 纳豆制造业 面类制造业 配菜制造业 罐装或瓶装食品制造业 添加剂制造业		
加工业	乳制品加工业 特殊牛乳榨取加工业 牛乳收集业 食肉加工业 食品冷冻或冷藏业 食品辐照业		
销售业	乳类销售业 食肉销售业 海鲜类销售业 海鲜类拍卖业 食用冰销售业		
	食品销售业 河豚处理及销售	都道府县条例 都道府县条例	
	谷物销售业	食粮法	农林水产省
	常见酒类销售业	酒税法	税务署
	烟草制造零售业	烟草事业法	财务局
	医药品店铺销售业	药械法	保健所

营业许可的主要内容

~配菜部属于"餐饮店经营"，西点部属于"点心制造业"~

根据**法律第51条**的规定，都道府县针对下列行业制定了设施设备相关标准。

餐饮店经营

餐饮店经营是指通过普通食堂、饭馆、寿司店、荞麦面店、旅馆、外卖店、便当店、餐厅、茶馆等场所或配备相关设施烹制食物，向顾客提供饮食的行业。生鲜超市的配菜部属于这一类别。若在同一场所或设施内，以当场向顾客提供饮食为目的，进行乌冬面、荞麦面、冰淇淋、蛋糕等食品的烹饪制作时，则无须再另外获取面类制造业、冰淇淋制造业、点心制造业等营业许可。

咖啡店经营

咖啡店经营是指通过开设咖啡馆、酒吧等方式，向顾客提供酒类之外的饮料或茶点的行业。除此之外，销售刨冰、将冰淇淋成品点缀装盘或盛放在蛋卷筒中进行销售、杯式果汁类自动售货机、纯净水销售等也属于该行业的范畴。另外，在店铺的收银台旁边设置矿泉水自动售货机时，需要获取咖啡店经营许可。

点心制造业

点心制造业是指进行蛋糕或仙贝等点心生产的行业，面包的制造也包括在内。另外，路边摊、小吃车等销售的今川烧或鲷鱼烧也属于该行业的范畴。根据部分都道府县的规定，即使已经获取了餐饮店经营许可，在加工厂内进行牡丹饼①的生产制造时，有时还必须获取点心制造业许可。

---

① 牡丹饼：一种用糯米、大米、红豆馅等制成的日式点心。

配菜制造业

配菜制造业通常是指进行煮制食品（包括日式佃煮）、烤制食品（包括炒制食品）、炸制食品、蒸制食品、腌制食品或拌菜等副食制造的行业。在同一设施内对烹制好的配菜进行柜台销售（零售）时，则需要获取餐饮店经营许可，而非配菜制造业许可。另外，通过工厂的形式，进行配菜的细分包装也属于配菜制造业的范畴。

乳类销售业

乳类销售业是指对直接饮用的牛奶、山羊奶、乳制品饮料，或以牛奶为主要原料的奶油等进行销售的行业。通过自动售货机进行的销售同样属于该行业的范畴。不过，用容器包装好的冰淇淋销售不在其列。

食肉加工业

食肉加工业是指以食用为目的，对牛、猪、鸡等禽畜进行屠宰、鲜肉分割、剁碎等作业的行业。另外，还包括在屠宰场对禽畜类进行鲜肉分割或剁碎等情况。

食肉销售业

食肉销售业是指进行生肉销售的行业，也包括骨头、内脏或者用容器包装好的肉类销售。经过调味的生肉、包衣猪排原料（生肉）等加工肉类的销售也属于该行业。

海鲜类销售业

海鲜类销售业是指通过建立商店，进行新鲜鱼类或贝类等海鲜销售的行业，也包括袋装鱼贝类或切割好的鱼肉块等。活鱼销售以及鱼贝类拍卖等行业不属于该行业的范畴。不过，将活鱼或贝类切开分解进行销售（刺身）的行为则属于海鲜类销售业。基本上，盐分浓度低于3%的盐渍品可视为鲜鱼。

食品销售业（条例许可业种）

食品销售业是指对便当类、配菜类、乳制品、肉制品、海鲜加工食品以及无须其他烹饪加工工序便可直接食用的食品进行销售的行业。干菜、日配食品的销售也包括在内。

河豚处理及销售（条例许可业种）

普通餐饮店或进行海鲜类销售的店铺进行河豚处理需要河豚销售许可，包括切割好的河豚肉和冷冻食品。若要获得河豚销售业的许可必须事先获取处理人资格。另外，由于河豚处理方法的不同，处理设施标准等有所区别，各都道府县的条例内容也有差异，从业者务必要向管辖的保健所进行确认。

生鲜超市各部门所需的营业许可

· 精肉部（生肉）——食肉销售业

· 鲜鱼部——海鲜类销售业

· 配菜部——餐饮店经营

· 西点部——点心制造业

移动售卖车相关的营业许可

~从业者出摊也必须进行许可确认~

最近，在超市门口或停车场用面包车售卖可丽饼、蜜瓜包的情景已经是司空见惯了。这种通过移动售卖车进行销售的行为同样需要营业许可。

虽然店铺可以自由地选择从业者出摊进行售卖，但店铺承担着销售者的责任，必须事先确认从业者是否已经获得了必要的营业许可。

• 许可条件因地而异

在对营业许可进行确认时，尤其需要注意营业许可是否符合店铺所在地区的规定。

保健所的许可条件在日本并非是全国统一的。各个都道府县保健所要求的许可条件各不相同，从业者必须向经营活动所在区域的保健所提交营业许可申请。即使在同一县内，若从业者想在政令指定都市①或核心城市等地从事经营活动，则需要获取该市对应的营业许可。例如，若从业者希望在神奈川县全县范围内从事经营活动，则必须获取"神奈川县（以下5个城市除外）""横滨市""川崎市""横须贺市""相模原市""藤泽市"等共计6个地区保健所的营业许可。

• 烹饪经营与销售业的区别

另外，在进行移动售卖活动时，所售的商品仅限于通过极其简单的烹饪加工便可出售的商品，商品的前期加工必须在获得营业许可的设施内进行。销售业的营业许可仅承认"销售行为"，所售的商品必须事先通过容器包装等手段进行加工处理，以此确保销售活动的安全性和卫生性。

移动售卖车的规格和所售商品的标准等具体规定则因地而异，从业者在出摊前需要事先向辖管的保健所进行确认。

此外，笔者建议，店铺在选择移动售卖从业人员出摊进行销售活动时，可预先准备好协议清单，双方明确出摊地点的状态、使用前后的清扫、垃圾划分、音量等协议事项，并将是否取得营业许可的确认栏列入清单范围。

---

① 政令指定都市：政令指定都市是日本的一种行政区制，当都市法定人口超过一定人数，并且在经济和工业运作上具有高度重要性时，则被认定为"主要都市"，截至2017年共有20座城市被列为政令指定都市。

移动售卖相关营业许可的种类（东京都）

分类	许可业种	许可条件
烹饪经营	餐饮店经营（汽车） ※法律许可业种	禁止提供生食 营业车内的烹饪加工仅限于小包分装、盛放装盘、加热处理等极为简单的方式
	咖啡店经营（汽车） ※法律许可业种	
	点心制造业（汽车） ※法律许可业种	
销售业	食品销售业（汽车） ※法律许可业种	
	乳类销售业（汽车） ※法律许可业种	
	食肉销售业（汽车） ※法律许可业种	
	海鲜类销售业（汽车） ※法律许可业种	营业车内销售的生食海鲜类食品仅限于事先包装好的东西（完整的海鲜除外） 禁止在营业车内进行烹饪加工

※上述营业许可的范围仅限于东京都内一带。

【容易混淆的营业许可】餐饮店经营（移动）、咖啡店经营（移动）等营业许可标注有"（移动）"字样，是指"通过拖车进行销售的营业许可"，与通过汽车进行移动售卖的方式有所区别。通过汽车从事销售经营则需要获取"营业许可种类（汽车）"字样的营业许可，在进行确认时需要特别注意。

食品卫生责任人是指谁？

~目前食品卫生责任人资格在日本全国都有效~

食品卫生责任人是指根据经营者的指示，负责食品卫生方面的管理运营，每个获得营业许可的设施必须配备 1 名食品卫生责任人。

食品卫生责任人必须适时地向经营者建言献策，防止出现食品卫生方面的问题，确保食品安全。

另外，为了切实做好卫生管理工作，各个自治团体通常会举办食品卫生实用讲习会等活动，食品卫生责任人可借此及时获取最新的相关信息。

- **●食品卫生责任人资格的获取方法**

要获取食品卫生责任人的资格，必须在保健所等机构举办的讲习会上接受培训。

过去，要成为食品卫生责任人必须获取各个都道府县的资格。而 1997 年 4 月 1 日之后的结业证书已成为全国标准，在日本全国范围内均受到认可。

食品卫生实用讲习会（东京都）

　　要获取食品卫生责任人资格，必须通过讲习会接受 6 个小时以上的培训。

·公共卫生学（1 小时）

传染病、疾病预防、环境卫生、劳动卫生等

·卫生法规（2 小时）

食品卫生法、设施标准、管理运营标准、规格标准、公共卫生法规等

·食品卫生学（3 小时）

食品安全事故、食品加工处理、设施卫生管理、自主管理等

食品卫生责任人

铃木〇男

食品卫生责任人姓名公示

经营者必须将食品卫生责任人的姓名牌悬挂在烹饪场所或销售场所的醒目位置。

姓名牌的大小

20cm 以上×10cm 以上的长方形

• 讲习会受训豁免

持有下述资格证书的人拥有受训豁免权，即使不参加有关机构举办的讲习会，也可以成为食品卫生责任人：

营养师、烹饪师、点心制造卫生师、家禽加工卫生管理员、屠宰场法规定的卫生管理责任人或作业卫生责任人、船舶烹饪师、持有食品卫生管理者或食品卫生监视员资格证书等。

营业许可等授权许可的申请·备案

~营业许可的获取当然重要，但其维持和管理同样不容忽视~

• 关于店铺的营业许可手续

店铺销售的各类商品中，部分商品需要根据法律或条例的规定进行许可或执照的申请、备案。这就要求经营者必须掌握各种手续的最佳办理时机，再进行相关手续的办理。

• 需要办理授权许可相关手续的事项

①店铺内的设施或厨房设备相关事项（因店铺改建而使设备或销售区轮换，或更换厨房设备时）

·举办短期的"商品寄销①"等活动时

·店面销售的商品需要进行加工处理时

②因人事变动而产生的事项

·店长出现变动时——管理者变更（酒类销售许可、旧货经营等）

·药剂师出现变动、新录用或离职时——管理药剂师、勤务药剂师、保险药剂师、医疗器械销售管理者变更

·食品负责人出现变动时——食品卫生负责人变更

---

① 商品寄销：寄销人将商品交付给了承销人，但并未转让该商品的所有权，寄销商品仍应列为寄销人的存货，直至承销人将其出售为止，承销人对寄销商品负有保管责任，直到寄销商品被售出为止。

③对获取的授权许可进行更新手续办理

授权许可手续的办理顺序（东京都）

1. 按照法律、条例等规定提出申请·备案（向管辖机构进行确认）
   ①事前咨询——设施开始施工前，准备设施的设计图等资料，进行事前咨询。
   为了确保管理运营的卫生性，必须配置食品卫生责任人，使用储水槽或井水时必须对水质进行检测。
   ②提交申请文件——在施工预计完成前 10 日左右提交
   - ◆营业许可申请书——1 份
   - ◆营业设备的概要·配置图——2 份
   - ◆许可申请手续费
   - ◆登记事项证明书（法人）
   - ◆水质检测报告（使用储水槽或井水时）
   - ◆食品卫生责任人的相关资格证明（食品卫生责任人手账）
   ③设施检测会
   ④设施完工的确认检查（具体标准根据不同行业种类分别设定）
2. 营业许可的获取（营业许可证的保管·公示）
   ①许可证的颁发——确认设施符合标准后，制作许可证（耗时数日制作完成后颁发）
   ②营业开始——领取营业许可证，对食品卫生责任人姓名牌进行公示
3. 变更手续（根据变更内容确认所需的文件、期限等）
   ①商号、代表人姓氏的变更——登记事项证明书 1 份
   ②店铺总部所在地的变更——登记事项证明书 1 份
   ③营业所的名称变更、商号的变更
   ④营业设备关键部分的变更——明确标注了变更部分的设计图、营业设备概要·配置图等各 2 份
4. 更新手续——营业许可有效期满后，若要继续营业，则需在有效期满之前进行营业许可更新手续。在有效期满前 1 个月左右提交以下文件
   - ◆营业许可申请书
   - ◆目前持有的营业许可证（附营业设备概要·配置图）
   - ◆营业许可更新手续费
   - ◆水质检测报告（使用储水槽或井水时）
   - ◆食品卫生责任人的相关资格证明（食品卫生责任人手账）

- **营业许可等授权许可的有效期限**

授权许可的有效期限根据不同的种类通常为3~8年，有效期满后若要继续经营则需要办理营业许可更新手续。

【应注意的要点】

对于营业许可，经营者往往倾向于将注意力集中在"获取"上，但事实上，营业许可的"维持·管理"同样不容忽视。

若未能及时注意到营业许可的有效期限已临近，无疑会错过更新申请的时机。经营者需要在有效期限的提醒上花更多的心思，例如将各类授权许可的有效期限制成一览表张贴在店铺墙壁上等。

（食品卫生法、药械法、酒税法、烟草制造零售业
许可等处理要点）

食品卫生法以外的营业许可（医药品）

~"第一类"需药剂师，"第二·第三类"需注册销售员~

- **医药品销售许可**

根据《关于确保医药品、医疗器械之品质、有效性及安全性等问题的法律》（即《药械法》）的规定，医药品销售业可分为店铺销售业、批发销售业、配置销售业3类。店铺销售业是指通过店铺进行一般医药品的销售或分发的行业。

拥有第一类医药品销售资格的店铺需在店铺内配置药剂师，拥有第二类医药品、第三类医药品销售资格的店铺需在店铺内配置药剂师或注册销售员。

另外，医药品销售还需注意以下4点。

①配置符合结构设备标准的结构设备。

②关于药剂师的配置义务：

· 作为许可条件，至少对1名药剂师进行备案。

· 药剂师不在场时，不可进行第一类医药品的销售（必须通过

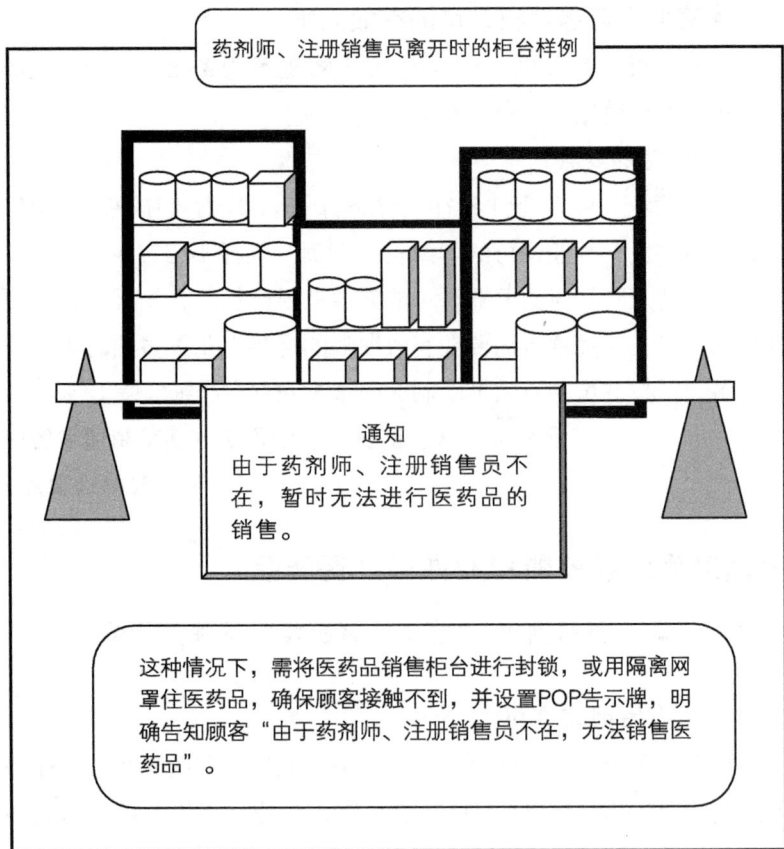

药剂师、注册销售员离开时的柜台样例

通知
由于药剂师、注册销售员不在，暂时无法进行医药品的销售。

这种情况下，需将医药品销售柜台进行封锁，或用隔离网罩住医药品，确保顾客接触不到，并设置POP告示牌，明确告知顾客"由于药剂师、注册销售员不在，无法销售医药品"。

POP 告示牌、医药品陈列场所的隔离网等进行分离）。

③不可随意移动或变更医药品销售场所。医药品必须在获得授权许可的场所进行销售。

④由于医药品的误用·乱用可能会对身体造成不良影响，销售时禁止采用倾销手段，可能导致药品过量服用的促销方式也需谨慎采用。

（关于确保医药品、医疗器械之品质、有效性及安全性等问题的法律施行规定第 5 章第 139 条）

食品卫生法以外的营业许可（酒）

~是否成年？尤其需要注意~

在店内销售酒类和香烟时，必须具备相关的营业许可。尤其是酒类的销售，必须严格遵守酒税法的相关规定。

若经营者违反了酒税法的规定，将会被吊销营业许可，公司法人代表将受到相应的处罚，甚至会影响其他店铺酒类许可的申请和获取。

店铺管理者必须在充分理解相关法律的基础上进行酒类的销售。

● 一般酒类零售许可

根据酒税法的规定，若要在店内进行酒类的销售，针对各个销售场所，经营者需要从销售场所所在管辖区域内的税务署长处获取酒类销售业许可。

酒类销售业许可主要根据销售对象和销售方法进行划分，其中，一般酒类零售许可原则上允许在销售场所向消费者或从事餐饮接待服务的酒类经营者进行所有品种的酒类销售（通信销售除外）。

另外，在未取得销售许可的店铺等场所举办活动进行酒类销售时，可申请"短期酒类销售业许可"等附有销售期限的许可。

此外，若向未成年人销售酒类，经营者将面临被吊销许可等严厉的处分，必须采取措施让雇员彻底了解。

根据禁止未成年人饮酒法（第3条第1项）的规定，经营者在知情情况下，向未满20岁的未成年人销售或提供酒类，将被处以最高50万日元的罚金，除了法人代表之外，处罚对象还包括负责收银的员工个人（双罚规定）。

（酒税法第2章第9条）

防止未成年人饮酒的 7 条措施

鉴于酒类具有致醉、依赖性等特性，对人体器官存在慢性影响，对处于生长发育阶段的未成年人的身心健康具有不良影响，因此在从事酒类销售时，为了贯彻"面对面销售"的宗旨，明确酒类购买对象为知晓酒类特性的成年人，特对生鲜超市等零售商提出以下要求。

1. 必须对疑似未成年人的购买者进行彻底的年龄确认

2. 完善销售体制，通过配置劝阻人员等措施，防止未成年人在夜间购买酒类

3. 酒类，尤其是饮料性质的酒类必须与清凉饮料分开陈列，防止未成年人将酒类误认为清凉饮料而进行购买

4. 废除改良后的酒类自动售货机（以下简称"改良型酒类自动售货机"）之外的旧式酒类自动售货机，并对配置完成的改良型酒类自动售货机加强管理，防止未成年人接触和使用

5. 通过目录销售①或网络销售等通信销售形式进行酒类销售时，必须进行禁止未成年人饮酒警告并对购买申请人进行充分的年龄登记·年龄确认

6. 通过粘贴海报等形式发出禁止未成年人饮酒的警告

7. 采取员工培训等措施，培训内容包括酒精饮料的酒类特性、对未成年人产生的不良影响以及对疑似未成年人的购买者进行年龄确认的方法等

国税厅

食品卫生法以外的营业许可（烟草·大米）

~销售面积在 400m² 以上时尤其需要注意~

根据烟草事业法第 22 条的规定，店铺进行烟草销售时，必须获得财务大臣（财务局长）的许可。

● 零售的种类

烟草零售包括特定零售业（在剧场、旅馆、大规模零售店〈销售面积在 400m² 以上〉、车站、事务所等具有封闭性配备吸烟设备，

———————

① 目录销售：消费者通过查阅商品目录，拨打电话进行购买，再由快递公司送货上门的销售形式。

且消费者滞留时间较长的设施内进行销售的行业）和除此之外的一般零售业。

营业许可的种类由店铺的销售规模决定，因此经营者必须在充分确认店铺情况的基础上进行相关许可手续的办理。

（烟草事业法第 22 条至第 24 条）

● 被动吸烟的预防

根据健康增进法第 25 条第 2 节的规定，学校、体育馆、医院、剧场、看台、会场、展厅、百货商店、事务所、政府设施、餐饮店以及其他公共设施的管理者必须采取必要的措施，防止此类公共设施的使用人群被动吸烟（被动吸烟是指在室内或类似的密闭环境中被迫吸收其他吸烟者喷吐的烟雾的行为）。必要的措施是指将吸烟场所进行隔离，并非否定吸烟场所的设置。虽然没有明确的处罚规定，但上述公共设施的管理者必须承担这项义务。

● 大米从"登记制"转变为"备案制"

根据 2004 年 4 月 1 日开始实施的《关于主要粮食的供求及其价格稳定的法律》的规定，曾经的计划流通制度（从业者注册制）被废止，在通常情况下，从重视粮食流通相关从业人员的主体性这一观点出发，不再对粮食流通实行统一管理。不过，为了防止在紧急情况下出现粮食不足，无法正常执行命令等问题，从事大米流通和销售的相关事务所等组织机构必须进行备案。

另外，根据 2010 年 10 月 1 日开始实施的《对关于主要粮食的供求及其价格稳定的法律实施细则进行部分修订的省令》（农林水产省令第 54 号）的规定，备案提交对象由地方农政事务所长更改为地方农政局长。

（关于主要粮食的供求及其价格稳定的法律第 47 条）

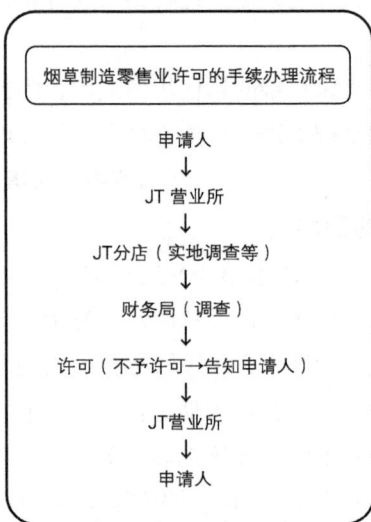

┌─────────────────────────────────┐
│ 烟草制造零售业许可的手续办理流程 │
│   │
│   申请人   │
│   ↓   │
│   JT 营业所   │
│   ↓   │
│   JT分店（实地调查等）   │
│   ↓   │
│   财务局（调查）   │
│   ↓   │
│ 许可（不予许可→告知申请人）   │
│   ↓   │
│   JT营业所   │
│   ↓   │
│   申请人   │
└─────────────────────────────────┘

● 预订营业场所与最近的烟草销售店之间的距离（m）

不符合预订营业场所所在区域规定的标准距离时不予许可。

区域划分	闹市区 A	闹市区 B	市区	住宅区 A	住宅区 B
指定城市	25	50	100	200	300
城市制度施行地	50	100	150	200	300
町村制度施行地	—	—	150	200	300

◆ 距离的测定方法

距离的测定原则上以提出申请的预定营业场所的营业店铺出入口中间点与现有营业场所的营业店铺出入口中间点之间的距离为准，由 JT 根据行人或车辆等经行的道路进行测量。

食品卫生法以外的营业许可（烟花）

~超过 25kg 时需要准备"火药库"~

● 玩具烟花是指什么？

根据《火药类管制法》的规定，烟花的火药量低于经济产业省令规定的火药量时，则被认定为"玩具烟花"。若要从事玩具烟花的进口·销售，首先必须获得都道府县知事的进口许可。

东京都火灾预防条例
第 26 条（玩具烟花）

1. 禁止在火灾预防准备不充分的场所消费烟花。
2. 存储或处理玩具烟花的场所必须远离明火、火星或高温物体，避免阳光直射。
3. 当玩具烟花所用原料的火药或炸药含量在火药类管制法实施细则（昭和 25 年①通商产业省令第 88 号）第 91 条第 2 号规定数量的五分之一以上且不超过该规定数量时，玩具烟花的存储或处理必须采用有盖不可燃的容器，或采取充分的火灾预防处理措施。

● **都道府县条例等法律法规的确认**

上述火药类管制法对玩具烟花的管制虽然较为宽松，但根据各都道府县相关条例的规定，也有对玩具烟花的数量、保管场所、保管方法等进行严格管制的情况，建议从业者向辖管区内的消防署进行确认。

一般来说，由于店铺销售的玩具烟花危险性较低，管制通常较为宽松，进行销售、转让、接收、消费等行为时，不需要获得相关许可。

不过，当储存的玩具烟花超过 25kg 时，必须使用火药库进行存储，设置火药库则需要获得都道府县知事的许可。店铺销售的烟花，其 1 根的火药量通常在 15g 以下，由此可知，25kg 烟花无疑是相当大的存储量了。

（火药类管制法第 5 条、都道府县火灾预防条例）

---

① 昭和 25 年：即 1950 年。

2 加工厂卫生相关法律

营业许可与加工厂

~后台能够制造的东西·不允许制造的东西~

食品卫生法规定，"针对营业设施内外的卫生维持、灭鼠除虫以及其他公共卫生等方面，都道府县可以通过相关条例制订必要的标准"，各都道府县分别颁布了各自的食品卫生法施行条例，营业设施若符合条例规定的设施设备标准，则由管辖区域内的保健所向该营业设施发放营业许可证。

下表为 2016 年 8 月东京都规定的设施标准。

● 不允许在加工厂内进行加工处理的商品

【精肉部】即使已经获得了食肉销售业的营业许可，但在仅获得该项营业许可的加工厂内，原则上不允许使用炖锅等烹饪器材煮制或销售炖煮猪肉，进行烹饪加工时必须另外获取餐饮店经营许可。

【鲜鱼部】与精肉部一样，即使已经获得了海鲜类销售业的营业许可，但在仅获得该项营业许可的加工厂内，原则上不允许使用铁锅等烹饪器材进行鱼类的炖煮或烤制，进行烹饪加工时必须另外获取餐饮店经营许可。

【配菜部】同样，即使已经获得了餐饮店经营许可，但在仅获得该项许可的加工厂内，原则上不允许进行点心的生产，制作牡丹饼等点心时，必须另外获取点心制造业许可，这一点尤其需要注意。除了上述几种情况之外，加工厂当前持有的营业许可是否存在问题则需要向管辖的保健所进行具体确认。

（基于《食品卫生法》第 50 条第 2 项的自治体条例等）

东京都福祉保健局·保健所　食品相关营业许可申请手册

除自动售货机之外的所有业种均适用的设施标准

1. 营业设施的构造

场所：选择清洁卫生的场所

建筑：选择钢筋、钢筋混凝土、木制等结实耐用的结构

分区：根据使用目的，利用墙壁、木板等进行分隔

面积：满足营业或加工处理的需要

地板：采用瓷砖、混凝土等防水材料，选择排水性好、易于清扫的结构

内墙：距离地板 1m 以内的高度采用防水、易于清扫的结构

天花板：易于清扫的结构

亮度：50 勒克斯以上

换气：油烟、蒸气等气体的排放设备（换气扇等）

周围的构造：周围的地面采用防水材料铺设，选择排水性好、易于清扫的
　　　　　　　结构

灭鼠除虫：鼠类、昆虫等防治设备

清洗设备：清洗原材料、食品、器具等所用的流水式清洗设备
　　　　　从业者专用的流水槽式净手设备和手指的消毒设施

更衣室：在工作室外设置干净的更衣室或更衣箱

●**海鲜类销售业**

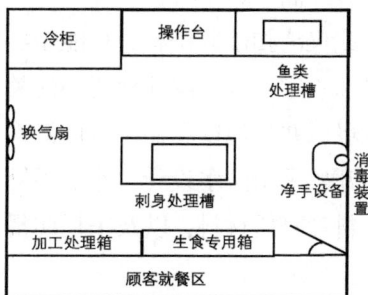

●**食肉销售业·餐饮店（配菜）**

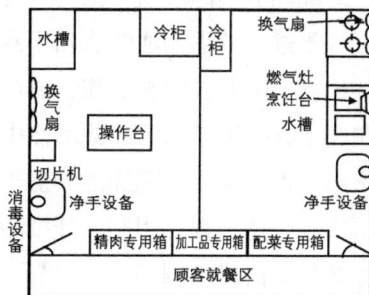

用水区域（净手设备·排水槽或隔油池）

~净手设备必须常备消毒液~

● 净手设备注意事项

必须配置从业者专用的净手设备，并确保净手所需的消毒液能够持续供应和使用。举例来说，神户市基于食品卫生法制定的公共卫生措施标准相关条例（2006 年 4 月条例第 2 号、2008 年 12 月 18 日修订条例第 26 号）规定，净手设备必须配备肥皂·指甲刷·纸巾·消毒剂以及其他物品。在实际操作中，净手设备规格太小时，会造成从业人员洗手不便，东京都的标准一般在宽度 36cm×深度 28cm 以上。

净手设备的水龙头最好选择全自动式（从洗手到烘干）·自动龙头·脚踏式·肘开式水龙头等便于使用的样式。若采用从上方转动龙头的样式（一般水龙头），已经清洗消毒的手指在关闭龙头开关时，可能会黏附细菌，再次造成污染。

● 排水槽或隔油池的清扫

为了防止废弃物流出，需要对排水槽或隔油池进行必要的清扫整修。大阪府的食品卫生法施行条例规定，必须设置排水槽，排水槽的底面应为圆角等易于清扫的结构。实际操作中，通常使用滤污器或隔油池的滤污篮等工具来防止垃圾或油污的流出。

不过，若隔油池的清扫不到位，或仅清扫部分结构，可能会导致排水槽阻塞、出现逆流，或产生异味、害虫等。隔油池清扫的关键在于，必须彻底清除滤污篮中的垃圾，并将池壁和盖子背面清理干净。近几年来，隔油池的盖子逐渐开始采用防水设计，除了不锈钢之外，还出现了铝制、纤维增强塑料等轻质材料，以及采用防滑工艺加工而成的制品。

（基于食品卫生法的自治体条例等）

净手设备

药用皂液稀
释后使用

皂液

需要每天进行干燥·清洗·消毒

指甲刷

○最好选择自动式龙头

保持瓶体
的清洁

酒精
喷雾

纸巾

设置在洗脸台旁边

×转动式龙头会使
手指粘上细菌

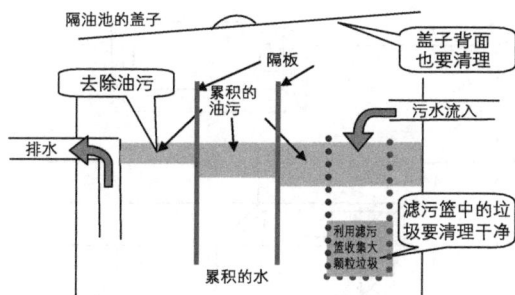

隔油池的盖子

盖子背面
也要清理

去除油污

累积的
油污

隔板

污水流入

排水

滤污篮中的垃
圾要清理干净

利用滤污
篮收集大
颗粒垃圾

累积的水

隔油池的作用
①顾名思义，用于隔离油污
（防止与废水一同排出）
②隔离大颗粒垃圾
③隔板用于隔离油污（第
1道隔板隔离的油污量
最大，第2道隔板之后
油污量逐渐减少）

地板·墙壁·天花板等

~墙面下半部分推荐选用不锈钢材料~

● 厨房所需的材料

厨房的地板应选取防水性材料，例如混凝土、砂浆、瓷砖等。关于厨房墙面，东京都条例规定距离地板 1m 以内的墙面应采用防水性材料装嵌，大阪府条例则要求 1.5m，地板与墙壁的接合部分应设置一定的弧度，便于清扫。

另外，厨房的天花板必须严丝合缝，应选择易于清扫的结构。从业者应时刻维持墙壁、天花板以及地板的清洁。

● **解除开店后顾之忧的方法**

①墙壁与地板之间使用不锈钢材料做成弧面。如此一来，仅通过冲水的方式就能将隐藏在机器设备后面的食材残渣等垃圾清理出来，便于隐蔽部位的清扫。及时清理残渣垃圾还能有效预防异味与害虫的产生。

②墙面下半部分的装修。考虑到材质的防水性，大多数店铺选择使用不锈钢材料装嵌墙面。装嵌高度应根据实际需求进行设计，例如炸锅附近需要防止溅油，要装嵌得高一些，这些措施能够提高开店后的清扫工作效率。

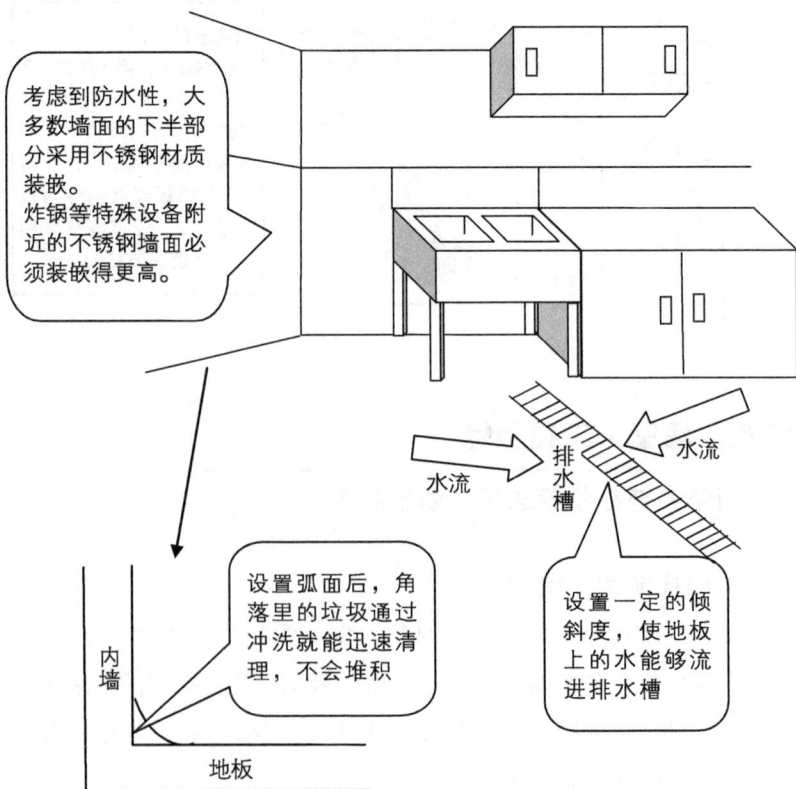

考虑到防水性，大多数墙面的下半部分采用不锈钢材质装嵌。
炸锅等特殊设备附近的不锈钢墙面必须装嵌得更高。

设置弧面后，角落里的垃圾通过冲洗就能迅速清理，不会堆积

内墙

地板

水流

排水槽

水流

设置一定的倾斜度，使地板上的水能够流进排水槽

③管道配线等不要外露，最好隐藏在天花板内，能够提高清扫工作效率。

- **怎样保持店铺的清洁卫生？**

通过使用清洁检测表来尝试维持清洁的店铺虽然不在少数，但这些清洁检测表往往成了一纸空文，店铺厨房依旧脏乱。保持店铺清洁的关键在于持续清扫，明确每天、每周、每月必须清扫的场所，再由部门负责人确认清扫完成情况，保证能够持续不断地做好清扫工作。

（基于《食品卫生法》的自治体条例等）

照度（亮度）与换气

~换气设备脏污也是火灾的成因！~

- **后台所需的照度是指多少？**

根据东京都食品卫生法施行条例的规定，设施照度应设置在 50 勒克斯以上。便当与配菜相关卫生标准规定，制造加工厂的照度必须在 100 勒克斯以上，且覆盖整个操作台面，因此加工厂窗户的面积应占地板面积的 1/4 以上，并选择便于采光的结构设计。

自然光线的照度不符合标准时，或在夜间进行制作加工作业时，需要另外配置照明设备。

- **加工厂荧光灯的管理**

下表所示的照度标准仅仅是相关项目种类的最低标准，在厨房进行实际操作时，需要保证更高的亮度。

另外，荧光灯作为照明器具之一，往往容易附着油污，其亮度也会随之降低。特别是进行配菜制作的后台等场所，尤其容易附着油污，必须定期对荧光灯进行清理。

还需注意的是，荧光灯可能会开裂并飞溅四散，可以用灯罩覆盖灯管部分，或采用涂覆了合成树脂的防碎型荧光灯等。

• 换气设备

为了将室内的油烟、蒸气等完全排出，保证充足的通风，必须配置换气设备。

店铺内的通风罩清理不及时或不彻底时，会导致换气设备功能下降，附着的烟尘或油污甚至有引发火灾的危险，必须及时清理干净。

（基于食品卫生法的自治体条例等）

照度标准（摘自 JIS①）

领域、作业或活动的种类		照度（lx）
商店常见共通项目	最重要的陈列部位	2000
	重要陈列部位	750
	电动扶梯的扶梯口	750
	电梯厅	750
	电梯	500
	收银台	750
	包装台	750
	咨询室	300
	休息室	100
	洗脸台	200
	洗手间	200
	楼梯	150
	走廊	100
	中庭·购物中心	300
大型店铺 （商场、量贩店等）	重要橱窗	2000
	重要陈列部位	2000
	一般陈列部位	1000
	重要楼层整体	750
	特卖会场整体	750
	店内整体	500
	接待台	1000
	咨询台	750
生鲜超市 （自助服务店等）	特别陈列部位	2000
	店面	750
	店内整体	500

---

① JIS：Japanese Industrial Standards，日本工业标准，由日本工业标准调查会（JISC）组织制订和审议，包括产品标准（产品形状、尺寸、质量、性能等）、方法标准（试验、分析、检测与测量方法和操作标准等）、基础标准（术语、符号、单位、优先数等）等内容。

领域、作业或活动的种类		照度（lx）
日用品店 （杂货、食品等）	重要陈列部分	750
	重要部分	500
	店面	500
	店内整体	300

※在大型店铺设置不同卖场，需要不同的营业效果时，适用对应的项目即可。

换气设备的清扫

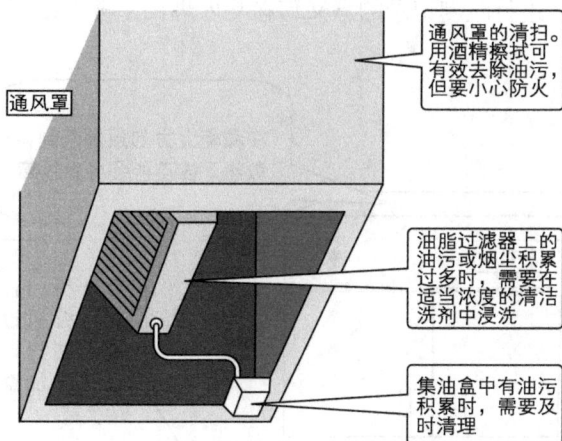

通风罩

通风罩的清扫。用酒精擦拭可有效去除油污，但要小心防火

油脂过滤器上的油污或烟尘积累过多时，需要在适当浓度的清洁洗剂中浸洗

集油盒中有油污积累时，需要及时清理

冷藏柜·冷冻柜

~冷藏温度为10℃以下，冷冻温度为-15℃以下~

● 冷藏柜、冷冻柜的温度

食品卫生法规定，冷藏温度为10℃以下，冷冻温度为-15℃以下。然而，根据冷冻加工食品的JAS标准①，冷冻食品的温度为

---

① JAS标准：JAS是日本农林标准的英文名称"Japanese Agricultural Standard"的缩写，对农林产品进行适当的标示，便于消费者选择购买。

-18℃。另外，根据食品添加剂等相关规格标准（厚生劳动省根据食品卫生法制订）的规定，部分食品的冷藏温度为 4℃以下，冷藏柜的温度至少应设置在 10℃以下，肉类或海鲜类食品则应设置在 4℃以下。冷冻柜的温度一般应设置在-15℃以下，部分自治区域则规定为-18℃以下。

● 冷藏柜·冷冻柜之温度记录的意义

许多店铺会对冷藏柜、冷冻柜或卖场冷柜所显示的温度进行记录。那么，进行温度记录的意义何在呢？理由主要有以下 2 点。

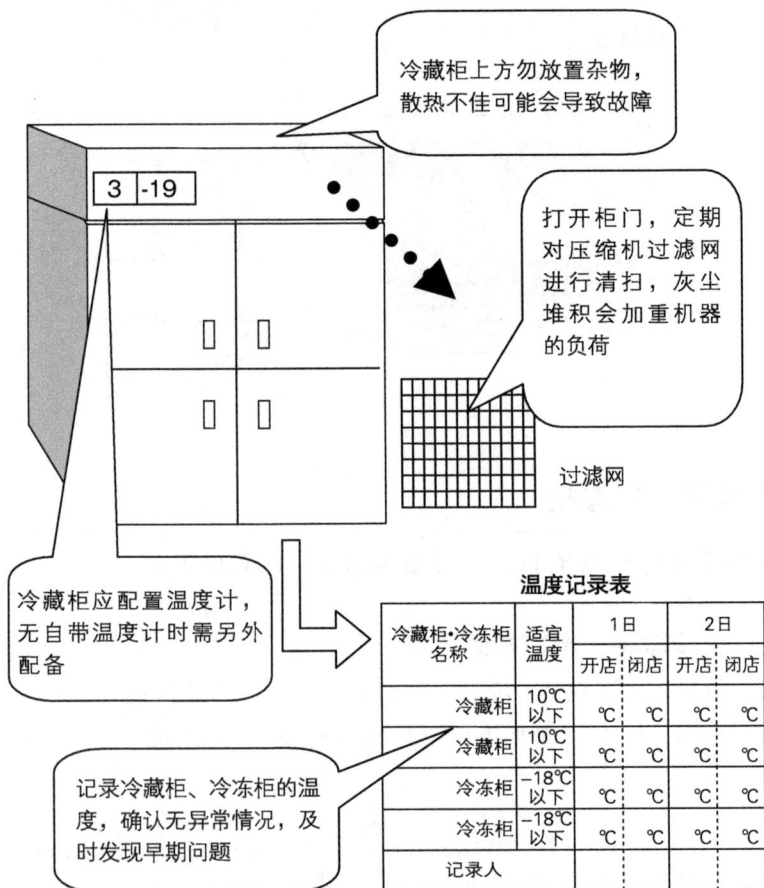

冷藏柜上方勿放置杂物，散热不佳可能会导致故障

`3` `-19`

打开柜门，定期对压缩机过滤网进行清扫，灰尘堆积会加重机器的负荷

过滤网

冷藏柜应配置温度计，无自带温度计时需另外配备

记录冷藏柜、冷冻柜的温度，确认无异常情况，及时发现早期问题

温度记录表

冷藏柜·冷冻柜名称	适宜温度	1日		2日	
		开店	闭店	开店	闭店
冷藏柜	10℃以下	℃	℃	℃	℃
冷藏柜	10℃以下	℃	℃	℃	℃
冷冻柜	-18℃以下	℃	℃	℃	℃
冷冻柜	-18℃以下	℃	℃	℃	℃
记录人					

①确认冷藏柜等设备的冷却功能是否正常。虽然冷柜温度会因柜门的开关而有所上升，但若每天的温度记录呈持续性上升的趋势，那么可以判断应该是发生了燃气泄漏等故障。

②证明冷藏柜等设备的温度不存在问题。食品卫生法第 3 条规定，"必须对相关重要信息进行记录，并尽量保存该记录""向地区、都道府县等提供该记录"，万一出现食物中毒等突发情况时，除了提供销售数量或从业人员的便检记录等数据之外，还可以通过温度记录数据，证明店铺的冷藏柜等设备不存在功能方面的问题。

● **防止功能下降的诀窍**

①定期对压缩机过滤网进行清扫。

②展示冷柜等类型的设备顶部为散热部分，勿放置杂物。

（基于食品卫生法的自治体条例等）

卫生间（员工专用·顾客专用）

~最好配备员工专用卫生间~

关于卫生间的标准，东京都实施条例规定："卫生间必须保持清洁，定期进行杀虫及消毒。"其他自治区域也颁布了相同内容的条例。基于食品卫生法制定的《食品经营者实施管理运营标准的相关准则》（政府方针）也明确规定："卫生间必须保持清洁，定期进行杀虫及消毒。"

● **提高对卫生间的认识**

卫生间属于污染风险极高的场所之一。使用卫生间后，通过遭受污染的手指或鞋，污染范围将进一步扩大。然而，就目前来说，能够在卫生间的卫生管理方面不出纰漏的店铺并不多。

由于顾客专用卫生间的使用人数较多，必须防止污染源从卫生间被带入店内而扩散。加工厂内的卫生管理固然十分重要，有意识地做好卫生间的卫生管理同样是防止发生食物中毒等问题的关键因素。

另外，顾客对于卫生间的投诉大多集中在脏、臭等方面。笔者曾经见过一则犀利的顾客留言："连卫生间的清洁也无法保证，贵店的卫生管理着实令人存疑。"这样的留言值得从业者认真对待与思考。

● 员工专用卫生间

便后未洗手或清扫不到位可能导致粪便引发的细菌性食物中毒感染，因此配备员工专用卫生间无疑是更好的选择。由于顾客专用卫生间的使用人数较多，若未配备员工专用洗手间，烹饪从业人员的感染风险将大幅度增加。

不过，在不得不与顾客共用卫生间的情况下，可以通过下述3条措施来降低细菌感染风险（摘自基于食品卫生法制定的《大量烹饪设施卫生管理手册》）。

①配备卫生间专用鞋。

②定期清扫，并用亚氯酸钠等进行消毒（营业开始前、营业中、营业结束后等）。

③进行烹饪作业时脱去外衣、帽子等。

另外，硬件方面的整顿虽然重要，提高烹饪从业人员的意识（软件方面）同样不容忽视。例如，实行2步洗手法，要求员工在便后和烹饪前均要洗手，便后洗手是为了防止将卫生间内的污染物带出，在厨房洗手则是为了保证烹饪过程的清洁卫生，这样能够降低细菌感染的风险。

洗手所需的药剂·备品等可参见"用水区域（净手设备）"（第27页）的内容。

● 顾客专用卫生间

为了防止卫生间污染的扩散，确保安心、舒适的使用环境，每日的清扫工作不可或缺。"卫生间清扫·管理清单"的应用无疑是落实清扫工作的有效手段。

"卫生间清扫·管理清单"不仅能够防止清洁人员的疏忽或遗漏，也是店铺卫生管理在有效运行的佐证，同时还能向顾客展示店铺在卫生管理方面投入的人力、物力。清单上必须包含清扫工作执行情况、备品的补充、废弃物的处理等项目。

此外，从安全的角度来看，"尿布更换台"的维护管理同样不容马虎。

日本消费者厅发布的"儿童安全邮件 from 消费者厅"栏目曾呼吁人们关注尿布更换台上发生的幼儿摔伤事故，幼儿跌落导致头部摔伤的事故也时有发生。为了杜绝此类事故，2010 年 12 月，日本消费者厅发出以下 2 条通知，要求强化对尿布更换台的管理。

①在尿布更换台的上方等醒目位置粘贴警告标示牌，提醒监护人注意儿童安全。

②确认尿布更换台没有出现晃动、安全带损坏、螺丝松动等问题或故障。

尿布更换台出现问题时，必须立即停止使用，并向制造厂家等提出修理申请。

（各自治体条例及食品经营者实施管理
运营标准的相关准则）

用水管理（井水·储水槽供水）

~开业前确认使用水的味道、颜色、浊度~

食品、添加剂等相关规格标准规定，食品设施所使用的水属于"食品制造用水"。"食品制造用水"则是指符合水道法相关法律标准的水。

● 自来水？还是井水？

首先应确认设施所使用的水（以下简称使用水）属于哪一种供给类型。设施是否使用了井水或溪水等自来水以外的水源，在使用自来水供水的情况下是否安装了水箱以及水箱的容量大小（有效容量），受这些因素的影响，需要进行的管理项目也有所区别。使用井水进行供水时，根据水道法的规定，必须定期对水质进行检测。另外，即便使用的是自来水，当水箱的有效容量超过 10m³ 时，按照水道法的规定，属于简易专用供水设施，必须进行水质检测、水箱清扫、检查维护等。

摘自《东京都保障小规模储水槽等供水设施饮用水安全卫生相关条例》

<小规模储水槽供水等设施的划分>

将自来水储存在水箱内进行供水的设施	水箱的有效容量	超过10m³	简易专用供水（适用于水道法）	小 规 模 储 水 槽 供 水 等
		10m³以下	小规模储水槽供水（适用于条例规定）	
将井水或溪水储存在水箱内进行供水的设施	提供饮用水的水井中，不适用于水道法或确保建筑物环境卫生相关法律（建筑物管理法）的水井		饮用水井等（适用于条例规定）	
	除了自来水供水之外，居住人口在101人以上，每日提供饮用水或其他生活用水的最大供水量达到20m³以上，且拥有自身水源等		专用供水（适用于水道法）	

※小规模储水槽供水等设施中，符合下述任何条件时，根据条例规定，必须进行卫生管理
・水箱的有效容量超过 5 m³时
・学校、医院等条例规定的设施机构

符合：特定小规模储水槽供水等⇒根据条例规定，必须进行卫生管理
不符合：特定小规模储水槽供水等之外的小规模储水槽供水⇒有义务进行卫生管理
〈根据条例规定的相关标准必须进行的卫生管理事项〉

1. 储水槽的清扫（条例第 7 条第 1 项第 1 号）
   定期进行水槽清扫，每年至少 1 次
2. 检查・维护设施的管理状况（条例第 7 条第 1 项第 2 号以及第 3 号）
   定期进行水泵等水管设施的管理状况检查，每年至少 1 次
   采取必要的措施防止供水受到有害物质或污水的污染
3. 文件保存（条例第 7 条第 2 项）
   设施的检查记录、水质检测记录等文件资料形成后需保存 5 年
4. 特定饮用水井等的水质检测（条例第 7 条第 1 项第 5 号）
   使用井水或溪水的特定饮用水井设备运营者应对水质进行检测，以确保安全
   (1) 在专门的水质检测机构进行检测（每年至少 1 次）
      检测项目（10 项+按需进行的项目）应向该区域的管辖保健所咨询
      常见细菌、大肠杆菌、硝酸盐氮及亚硝酸盐氮、氯离子
      有机物［总有机碳（TOC）的量］、pH 值、味道、气味、色度、浊度
   (2) 开始供水时的检测
      开始进行供水时，根据水道法规定的有关水质标准的所有项目进行全面检测

此外，水道法没有明确规定的小规模储水槽供水设施也与简易专用供水设施一样，按照各自治体条例制定的标准进行严格的管理。

● 出现棕色的水时……

清早起床准备洗脸时，水管中流出的水却是棕色的，这种经历想必也有读者体验过。但是，若这种情况发生在店铺里，淘米或清洗鱼肉所用的水是污浊的，那后果……

为了防止这类情形的发生，需要在店铺开业前对使用水的"味道·气味·颜色·浊度"进行确认，并预先制定出现异常情况时的应对措施。特别是在台风或地震等灾害发生时，水质更加容易恶化，需要每天进行检测。此外，从水箱内部风险管理的角度来看，还应定期对水箱下水道的锁定状态以及防虫网的破损状态进行确认。

（水道法、食品经营者实施管理运营标准的相关准则）

3 从业人员卫生相关法律

从业人员健康检查

~兼职人员也属于检查对象~

● 检查人员的范围界定

根据劳动安全卫生法的规定,检查人员是指"长期雇佣员工",其范围界定应满足以下 2 个条件。

①合同上未规定雇佣期限的长期员工。此外,即使签订的短期合同,合同续约后的预计雇佣时间超过 1 年的短期员工也属于检查对象。

②在同一工作场所内,若该员工每周的工作时间在从事同样工作的普通员工工作时间的 3/4 以上时,应接受健康检查(超过工作时间 1/2 的员工最好也进行健康检查)。

简而言之,即使是临时工或兼职员工,若实际雇佣时间或预计雇佣时间在 1 年以上,就必须接受健康检查。法律上并不按照正式员工和兼职员工的区别来划分检查对象。

此外,对于健康检查必须进行的检查项目,法律上有明文规定,所需相关费用原则上由企业全额承担。另外,法律还规定,违反相关法律法规将处以 50 万日元以下的罚款。

● 健康检查的时机与频率

法律明确规定,企业每年必须至少进行 1 次定期健康检查,费用由企业方面承担。

另外,通常企业举办健康检查时,从业人员有接受该检查的义务,虽然法律没有明文规定,不过,若企业多次要求员工接受健康检查而该员工拒绝，可以从法律上施以"惩戒处分"。

若员工因为自身情况未在公司指定的检查机构进行检查，而在自己选择的机构接受检查，在没有事先获得公司许可的情况下，公司可不予支付相关费用。

● 录用新员工时的健康检查

招录新员工时，根据法律规定，企业可以要求应聘人员提供健康检查报告，以示企业对新录用员工的健康状况负责。目前，录用新员工时的健康检查相关费用通常由员工自己承担。

招录时应聘人员提交的健康检查报告的检查时间在录用前 3 个月之内有效。不过，若不予录用，必须将检查报告退还给应聘人。

若招聘的临时工或兼职员工符合上述"长期雇佣员工"的条件，也应提交健康检查报告。不符合条件的短期员工则无须提供。

● 健康检查数据的保存

法律规定健康检查的相关数据至少应保管 5 年以上。另外，法律还明确规定，企业应根据健康检查的结果制订员工的"健康检查个人卡"，并进行保管。

雇佣员工在 50 人以上的企业每年应向劳动基准监督署提交健康检查的结果。

最后需要注意的是，健康检查个人卡等属于重要的"个人信息"。为了防止个人信息对外泄露，企业在进行健康检查之前，应事先指定或完善管理人、管理场所等管理相关事项，严格制订信息的应用查询等相关程序。

（劳动安全卫生法第 44 条、66 条，厚生劳动省令）

便检

~生鲜部·配菜部的短期兼职人员也应接受便检~

● 进行便检的原因

便检是企业风险管理预防措施的重要环节，相当于缴纳后不退还费用的损害保险。虽然因食物中毒致死的人极少，然而一旦发生食物中毒事故，涉事企业往往会成为媒体的攻击目标。

健康带菌者的存在是企业需要进行便检的具体原因。健康带菌者是指自身无发病症状，但体内携带引发食物中毒的细菌，细菌排出后能导致他人感染的健康人群。

带菌者虽然自身没有发病症状，但由于携带引发食物中毒的细菌，使用卫生间之后若没有彻底净手，携带细菌的手在接触到食材或器具之后容易导致细菌转移，进而引发食物中毒事故。这种情况虽然罕见，但在医学界不足为奇。

便检作为相关从业人员的健康证明，最好每月至少进行1次。

目前，便检所需的费用已大幅度降低，建议企业每月进行便检的保健所也逐渐增多。

● 便检的法律依据

食品卫生法中虽然没有明确以"便检"为名的独立条目，但其第3条"食品从业者的责任义务"中提到，"保留防止商品销售等发生危害时所需的个人记录，在相关行政机构要求提供时，提供该记录"。

另外，根据食品卫生法制定的《大量烹饪设施卫生管理手册》（2016年6月修订版）明确规定，在同一菜单1次提供300份以上，或1天之内提供750份以上的烹饪设施内，烹饪从业人员每月应至少进行1次包括肠出血性大肠杆菌检测在内的便检。此外，10月~3月，建议企业根据需要进行诸如病毒的检测。

除此之外，虽与国家法律有所区别，不过各都道府县均根据食品卫生法颁布了各自的施行条例，制定了管理运营相关标准，要求从业人员每年至少进行1~2次便检。

近来，保健所开始参照大量烹饪设施的管理标准进行指导，要求大型生鲜超市加工厂每月进行1次便检的情况也屡见不鲜。

便检的检测项目主要包括以下3项。

①痢疾杆菌

②沙门氏菌属（伤寒、副伤寒、沙门氏菌）

③肠出血性大肠杆菌（O-157、O-111、O-26 等）

肠出血性大肠杆菌的检测除了 O-157 血清型之外，通常还包括 O-111、O-26 等。

● 便检对象

《大量烹饪设施卫生管理手册》规定的便检对象为"烹饪从业人员"，可见从事生鲜、配菜相关工作的人员均属于便检对象。在这种情况下，短期兼职人员同样需要进行便检。

举例来说，关东地区在举办学园祭等活动时，营业时间虽然只有短短的两三天，但便检却是不可或缺的许可条件，管理十分严格。

此外，在超市的生鲜部帮忙装盘的管理人员或监督人员，或者仅在年末或盂兰盆节等特定的繁忙时期，到生鲜部帮忙的后方管理部门的从业人员，也必须事先接受便检。

收银员原本不属于便检对象，但由于直接接触食材的情形较多，参照相关条例规定，要求收银员每年至少进行 2 次便检的超市也在逐渐增加。

（食品卫生法第 3 条第 3 项）

何谓感染性疾病

~是指因病毒等引发的疾病~

● 感染性疾病与传染病的区别

感染性疾病是指因空气、水、土壤、人、动物等媒介中存在的病原性微生物（寄生虫、细菌、病毒、霉菌等）入侵人体而引发的疾病。在感染性疾病中，通过人体向人体感染的疾病则称为"传染病"。

● 感染性疾病的名称起源

日本在 1897 年制定了《传染病预防法》，这项法律的制定使"传染病"的说法固定下来。

然而，随着医学技术的进步，此前未曾发现的细菌、病毒、寄生虫等被陆续发现，比传染含义更广的"感染"一词开始广泛使用。

最终，日本于 1999 年 4 月开始实施《关于感染症预防及感染症患者医疗的法律》（一般称为"感染症法"）。

● 感染性疾病的分类标准

现在（2016 年 9 月），根据感染力、危险性以及传染力等特征，感染性疾病主要分为 8 大类。而在 1999 年开始实施"感染症法"时，感染性疾病主要分为 4 类，另外还包括指定感染症和新感染症两类。

然而，受到 2003 年中国的严重急性呼吸综合征（SARS／非典）、2007 年美国的系列生物恐怖事件、2008 年的禽流感、新型流感等事件的影响，加上医疗技术的进步，人们对于感染性疾病危险度的认识也在发生改变，数次进行法律修订，最终于 2008 年 5 月将现在的分类方法确定下来。

● 感染性疾病的分类及其主要内容

感染性疾病按照危险度从高到低的顺序分为第 1 类至第 5 类，发现病症时，医生有义务向行政机关报告。

除了上述 5 类外，例如新型流感等人们暂时不具备免疫能力的感染性疾病则被划分为"新型流感等感染症"。此外还有 1999 年制订感染症法时确定的"指定感染症"和"新感染症"2 类，共计 8 类。

其中，指定感染症是指没有被划分到第 1 类至第 5 类以及新型流感等类别中的已知感染性疾病。

另外，新感染症，顾名思义，是指与现有感染性疾病不同，感染力强，症状严重，危险性高的疾病。

发现第 1 类至第 4 类感染性疾病时，医生有义务立即向保健所报告。第 5 类感染性疾病则应在 7 日内进行报告。

此外，关于第 1 类、第 2 类、新型流感等感染性疾病，法律还有详细规定，发现有疑似感染的症状时，应立即采取让患者住院，限制活动，并对遭受污染的区域进行消毒等措施。

（关于感染症预防及感染症患者医疗的法律）

感染性疾病的分类

~发现流感有义务向保健所报告！~

- **第 1 类感染症**

第 1 类感染症主要列举了 7 种感染性疾病，主要以天花、鼠疫、埃博拉出血热、拉沙热等为代表，感染力极强，危险度极高。

发现疑似感染时，应立即送往各都道府县的第 1 类感染症指定医疗机构（各都道府县至少设立 1 所）。

此外，应对包括患者的工作场所在内的高危感染区域采取限制出入、封锁等措施。

患者的医疗费除了医疗保险报销的部分之外，剩余部分均由国家承担。

- **第 2 类感染症**

第 2 类感染症主要列举了 5 种感染性疾病。主要以结核病、白喉、禽流感（H5N1）等为代表，感染度仅次于第 1 类感染症，应将患者送往都道府县指定的第 2 类感染症指定医疗机构住院治疗，并对患者活动的高危感染区域进行消毒。患者的医疗费与第 1 类感染症一样，由国家负担。

- **第 3 类感染症**

第 3 类感染症多为人们熟悉的感染性疾病，主要有霍乱、细菌性痢疾、肠出血性大肠杆菌感染、伤寒、副伤寒 5 种。

感染性虽次于第 1 类、第 2 类感染症，但若在学校等集中生活的场所发生感染，感染范围无疑会大面积增加。必须采取限制活动、设施消毒等措施。如需住院，在普通医疗机构就医即可。

● 第 4 类感染症

相对于人与人之间的感染，第 4 类感染症大多是指以动物或饮食为媒介进行感染的疾病。如甲肝、狂犬病、包虫病（狐狸为主要感染源）、鸟热、疟疾、H5N1 以外的禽流感等，共有 41 种。

应采取动物处理、设施消毒等措施。如需住院，在普通医疗机构就医即可。

● 第 5 类感染症

第 5 类感染症也包括 41 种疾病，以流感（禽流感、新型流感等流感除外）、耐甲氧西林（抗生素无效）金黄色葡萄球菌感染、梅毒为代表。此类感染性疾病也应向保健所报告。国家有义务进行数据采集和分析，并尽早公布分析结果，防止病情的发生和扩大。如需住院，在普通医疗机构就医即可。

● 新型流感等感染症

新型流感等感染症分为 2 种，即新型流感与再现传染病。

新型流感是指病原体获得具有从人体向人体传染能力的新型病毒感染。由于人们对新型病毒没有免疫力，容易使新型流感迅速蔓延。

再现传染病是指曾经在世界范围内大规模流行，并在销声匿迹了很长一段时期之后再次爆发的传染病，由厚生劳动大臣进行判定。对再现传染病具有免疫力的人通常十分少见，因此其危险性并不亚于新型流感。

此类感染性疾病原则上需要立即在国家指定的特定感染性疾病医疗机构住院就诊，费用由国家全额承担。同时还应采取封锁建筑物、交通管制、限制活动等相关措施。

● 指定感染症

2013 年 4 月 26 日，日本颁布政令，将禽流感（H7N9）列为

"指定感染症"。

● 新感染症

2012 年出现了以蜱虫为传播媒介的病毒感染致死案例,该感染性疾病被指定为"新感染症"。这种感染性疾病的病原体为"SFTF"病毒,疾病名称为"发热伴血小板减少综合征"。

(关于感染症预防及感染症患者医疗的法律第 6 条)

新型流感

~事先制订应急措施~

● 新型流感的定义

新型流感是指病原体获得具有从人体向人体传染能力的新型病毒感染。

由于人们对新型病毒没有免疫力,新型流感一旦出现,往往在人群中迅速蔓延,无论年轻人或是老年人均容易被感染。

零售业接触到的顾客多且杂,源源不绝,感染或传播新型流感的风险之高可想而知。正因为如此,从业者不能简单地将新型流感视为普通流感的延伸,必须重新思考应对措施。

● 感染途径

新型流感的感染途径主要包括"飞沫感染"、"接触感染"和"空气感染"三种。

①飞沫感染是指病毒通过患者的咳嗽、喷嚏等与飞沫一同喷出,其他人吸入飞沫后引发的感染。飞沫传播的范围通常在 2m 以内。

②接触感染是指患者在咳嗽、擦拭鼻涕之后,用感染病毒的手指等部分接触了桌子、水龙头、门把手等场所,其他人触碰到相同场所后,再接触自己的嘴巴、鼻子或眼睛等部位而导致的感染。

③空气感染是指第①点中飞散的病毒随着水分的蒸发而飘散在空气中,其他人吸入病毒后引发的感染。

● 基本预防措施

个 人

①保持健康生活的规律——禁止熬夜。

②勤洗手——外出、回家、使用洗手间、接触脏污物品之后务必要认真洗手，洗 2 次效果更佳。

③勤漱口——外出、回家、工作告一段落后，用一次性纸杯和自来水至少漱口 3 次。

④出现咳嗽、打喷嚏等症状时要戴口罩，口罩选择与脸部更加贴合的产品，口罩与脸部之间尽量不留缝隙——远离咳嗽患者。

公 司

①对公司所有的员工定期进行流感疫苗接种——首先对常规类型的流感病毒进行彻底预防。

②制订员工本人或家人感染时的应对和联系措施——员工家人感染时，原则上也应让员工本人休假。根据医生的诊断结果决定回到工作岗位的时间。

③确认清扫场所——以人们频繁用手接触的场所为中心再次进行整顿。明确清扫人员和清扫时间。

④统一清扫方法——售货柜台与顾客接触的部位较多，统一使用酒精浸湿纸巾后进行简单地擦拭。

⑤确认发生新型流感时的应急措施——店铺责任人代理、行政机关或顾客、员工出勤情况等各方面信息采集的方法等。

⑥确认发生新型流感时的销售区应对措施——缺勤人数较多时，暂停生鲜·配菜等的店内加工，将人手分配到销售区。同时注意更改销售区指南。另外，对店内的员工全面进行重新配置，优先保证收银台和商品补充等岗位的人员。最后，还需应对断货、缺货、地区内新型流感的集体性暴发等突发状况。

⑦应急必需品的安排与储备——做好用于消毒的酒精、口罩、纸巾等日用品，以及用于通知顾客或员工的 POP 广告牌等相关物

资的安排储备。

（关于感染症预防及感染症患者医疗的法律第 6 条）

诺如病毒

~大拇指、指缝、指甲周围的清洗尤为重要~

● 诺如病毒的特征与应对措施

诺如病毒属于法定传染病第 5 类感染症中的"感染性肠胃炎"病原之一。

近 10 年来，食物中毒患者有集中出现在每年的 1 月或 2 月的倾向。导致产生这一倾向的原因正是诺如病毒，其特征表现在单次感染的患者数量较多。

据说牡蛎等双壳贝类是携带诺如病毒的主要食材，因为贝类的中肠腺能将诺如病毒与捕获的浮游生物一起消化积累。不过，最近的研究表明，诺如病毒可在人体肠道内增殖，或许人体才是最根本的传播媒介。

病发症状通常出现在感染后的 24 小时至 48 小时，最晚不超过 72 小时，感染力强，数十个病毒粒子就能引发感染症状。

诺如病毒的主要症状为强烈的反胃恶心、呕吐、腹泻、腹痛等。伴有发热现象，通常为 37℃左右的低烧。

感染症状通常在出现两三天之后迅速消退，不过病毒依然可以在人体内残留 1 周至 1 个月的时间。截至 2016 年 9 月，暂无针对该病毒的特效药。因此，即使员工的感染症状已有所缓解，也不能立即使其返回工作岗位。

想让员工尽快返回工作岗位，待该员工的诺如病毒便检结果呈"阴性"方可。

按照相关法律规定，法定传染病无须企业支付工资等费用，不过在目前，允许员工带薪休假的企业居多。

● **感染途径**

诺如病毒的感染途径主要分为 3 种类型：一是食用携带诺如病毒的双壳贝类或二次感染的食材、饮用受到病毒污染的饮料等而导致的感染；二是人体排出的粪便或呕吐物飞沫扩散导致的感染；三是吸入空气中飘散的诺如病毒而引发的感染。

最近的调查结果显示，食用牡蛎等贝类造成的食物中毒现象正在不断减少。

相对地，因烹饪从业人员在手部未彻底清洁的情况下进行装盘等工作而导致的二次污染，逐渐成为造成诺如病毒食物中毒事故的主要原因。

● **基本预防措施**

诺如病毒的基本预防措施与流感病毒的预防措施大致相同。不过，需要注意的是，普通的医用酒精对诺如病毒的杀菌效果不佳，需要使用次氯酸钠消毒剂才能起到较好的杀菌效果。

个　人

①健康管理——营业前对员工个人的健康状况进行确认，包括出现感冒症状的人在内，身体不适的员工不可进行烹饪作业。

②洗手——最重要的环节。大拇指、指缝、指甲周围、手腕、褶皱集中的部位等容易残留污垢，需要有意识地进行重点清洗。在烹饪作业或生食装盘之前，必须将手彻底洗净，至少清洗 2 次。

③漱口——漱口 3 次以上，用自来水即可。不过，漱口所用的杯子必须是个人专用或一次性杯子。

店　铺

①中止生牡蛎的分解处理（用于生食的牡蛎也有可能携带病毒）。

②确认发生感染时的应对措施——感染诺如病毒的员工在便检结果为"阴性"时方可返回工作岗位。

③确认清扫场所，尤其是卫生间的杀菌方法——使用 200ppm

以上（0.02%以上）的次氯酸钠消毒剂（通常作为漂白剂使用）。

④器具的清洗消毒。

⑤对食材进行充分加热——中心温度达到85℃以上，持续加热90秒以上。

⑥呕吐物的处理——在"4　器具·日常用具卫生相关法律"中进行详细说明。

（关于感染症预防及感染症患者医疗的法律第6条）

呕吐物的处理方法

~使用过的清洁物品必须丢弃！~

● **事先规定呕吐物处理方法的原因**

诺如病毒在干燥环境下依然具有极强的传染性，呕吐物的后续处理若不够彻底，通过空气感染可能导致患者增加。

例如，在宾馆的宴会厅内，若顾客因身体不适出现呕吐症状，宾馆的工作人员若仅对呕吐物进行清理，没有用次氯酸钠进行杀菌消毒，且在处理呕吐物之后继续穿着原来的制服和工作鞋，那么在接下来的数日内，很有可能连续发生食物中毒事故，甚至波及宾馆的工作人员。

也就是说，对呕吐物的处理必须慎之又慎，若没有事先规定呕吐物的基本处理方法和处理顺序，仅对呕吐物进行表面清理，那么感染范围将进一步扩大，员工受到感染的可能性极高。

● **呕吐物处理的基本原则**

①尽量减少处理呕吐物的员工人数

②不可徒手直接处理

③使用后的清洁物品必须丢弃

④呕吐物应由外向内收集

呕吐物的处理方法

呕吐物

※东京都的调查结果显示，呕吐物在地毯上的扩散半径约为1.8m，在聚氯乙烯地砖上的扩散半径约为2.3m

①一次性抹布或纸巾
②垃圾袋（若干）
③0.1%的次氯酸钠消毒剂
④一次性手套（长度到手肘）
⑤口罩

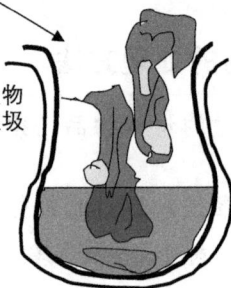

。禁止徒手处理！
。使用后的物品必须丢弃
。呕吐物由外向内收集！

。用抹布将呕吐物裹起来丢入垃圾袋中

。垃圾袋2层叠用，放置呕吐物

。用消毒剂将抹布等浸湿后围住呕吐物四周（防止扩散）

清理结束后务必洗手！

。呕吐物清理完毕后，再次铺放浸过消毒剂的抹布进行消毒
※注意地毯因消毒剂变色

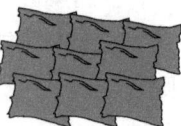

。将垃圾袋密封后再次套入垃圾袋

。使用过的手套、口罩等全部装入垃圾袋中密封

。处理呕吐物的工作人员必须换上干净制服，将脏污衣物装入垃圾袋中密封，清洗消毒

。洗手2次，认真漱口

● **清洁物品准备**

①一次性手套（长度最好到手肘）

②一次性围裙（没有一次性围裙时可用即将淘汰的旧围裙代替）

③一次性口罩（较为憋闷，但2层叠用更佳）

④纸巾100张

⑤垃圾袋2层叠用，准备3组

⑥抹布10片左右（干净的旧抹布亦可）

⑦鞋套2双左右

⑧用水稀释至0.1%左右的次氯酸钠消毒剂2桶左右

（关于感染症预防及感染症患者医疗的法律第6条）

4 器具·日常用具卫生相关法律

法律要求的器具·日常用具

~处理生食和熟食的菜刀要分开！~

食品卫生法对器具和日常用具有如下规定：

"用于食品经营的器具及容器包装等必须保证其清洁卫生。"

"禁止使用有毒、包含有害物质、携带有害物质、危害人体健康的器具或容器包装等从事食品经营。"

简言之，法律要求经营活动所使用的器具必须确保清洁卫生，不可含有或携带有毒、有害物质。

● **器具类的材质**

各都道府县条例对器具类的材质进行了明确规定。例如，大阪府食品卫生法施行条例第4条附表第3点的行业标准规定，"必须按照肉类、海鲜类、蔬菜类、生食类以及高温加热食品类等不同类别准备专用的砧板及菜刀"，"生食类及高温加热食品所用的砧板应由合成树脂（含合成橡胶，下同）材质制成"。

未加热的肉类可能会携带沙门氏菌或弯曲杆菌等细菌，未加热的鱼类可能含有副溶血性弧菌等细菌。

若未准备各类食品的专用器具，使用同样的菜刀或砧板进行加工处理，那么上述细菌可能会因此附着在生食类或高温加热的食品上。为了防止此类二次污染的发生，必须对器具进行区分使用。

此外，合成树脂材质具有较好的防水性，水分难以进入砧板内部造成腐蚀，保养维护也十分简单。

选择刀刃与刀柄一体化、易于清洗的产品

菜刀的清洗要点
· 刀柄（刀把、手柄部分）
· 刀刃与刀柄之间
· 刻印部分

刷子的刷洗方向

砧板的清洗要点
· 注意清洗菜刀造成的刀痕
· 擦去水汽，用酒精消毒
· 用适当的浓度进行漂白杀菌

刀痕的放大图

刀痕内容易残留污垢和细菌

<器具区分使用>
器具混用是交叉污染的根源

肉类专用

精加工专用

鱼类专用

蔬菜专用

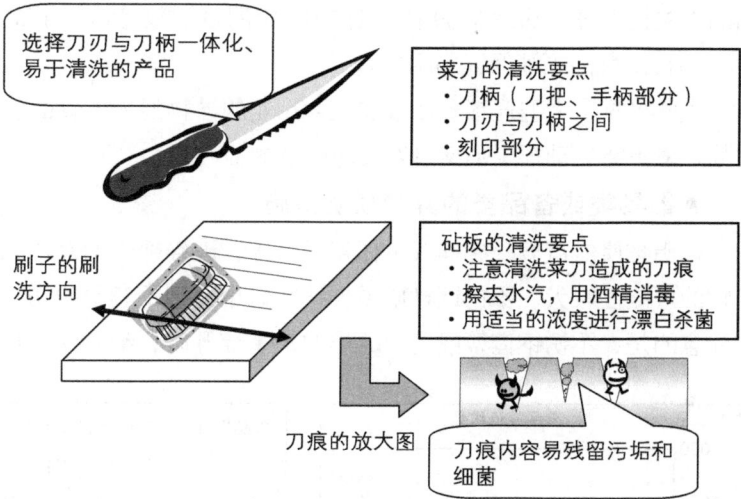

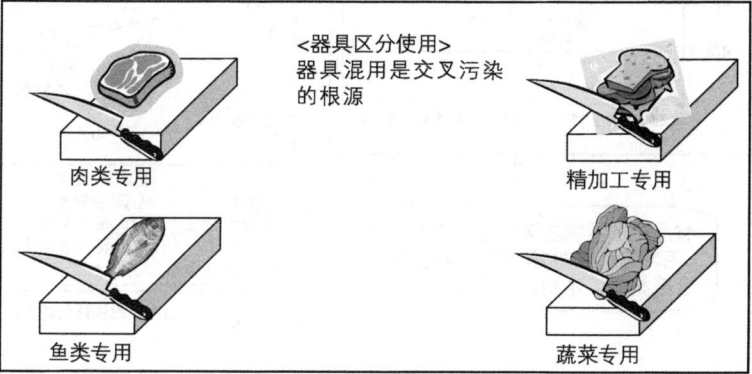

防止异物混入的器具 · 备品

~清洁球推荐使用尼龙制品~

● 异物投诉

食品卫生法规定，禁止销售"不洁、混入异物或其他添加物，可能危害人体健康的食品"。东京都地区的统计数据显示，食品方面的相关投诉每年约为 5000 件，而 2014 年的投诉数量达到了 5546 件（摘自东京都福祉保健局网页）。

由此可见，大型连锁餐厅或加工食品业的异物混入等食品安全事故频发不断，动摇了消费者对食品安全的信心。

● 器具类或备品类的异物预防措施

树脂材质的筐箩、碗钵或量杯容易破碎，破碎部分的碎片成为异物的可能性较大。不锈钢材质更加结实耐用，且不容易割伤。需要注意的是，不锈钢筐箩或用于油炸的笊篱绽开时，绽开的碎片可

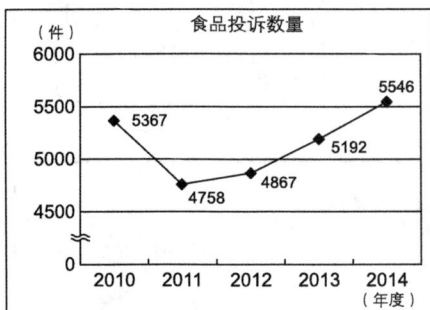

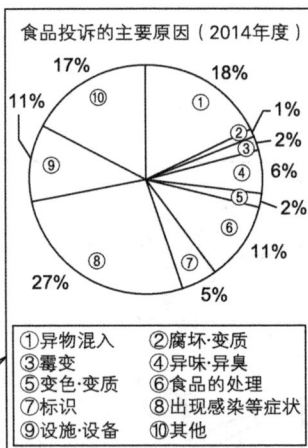

食品投诉数量

（件）
6000
5500 ― 5546
5367
5000 ― 5192
4867
4758
4500
0
2010 2011 2012 2013 2014（年度）

食品投诉的主要原因（2014年度）

17% ⑩
18% ①
11%
1% ②
2% ③
⑨
6% ④
2% ⑤
27%
⑧ ⑦ ⑥ 11%
5%

①异物混入　②腐坏·变质
③霉变　④异味·异臭
⑤变色·变质　⑥食品的处理
⑦标识　⑧出现感染等症状
⑨设施·设备　⑩其他

食品中的异物主要包括动物类异物（毛发等）、矿物类异物（石头等）、合成树脂、木屑、碎纸等

摘自东京都福祉保健局网页

<异物混入的预防措施>
1. 不要带入可能成为异物的物品
2. 加工厂内使用结实不易碎的器具

适合在加工厂内使用的器具、备品样例（从防止异物混入的角度）

不锈钢材质的筐箩　　按压式圆珠笔　　剪刀

能会混入食物中，所以必须进行替换。

此外，若使用金属制造的清洁球作为清洁用具，金属丝往往容易断裂并混入食物中。近来，使用尼龙或聚酯纤维材质代替金属材质清洁球的店铺和加工厂越来越多。

● 加工厂内使用的文具类

回形针或订书针体积较小，混入食品中很难发现，顾客食用时若不注意，很容易割伤口腔，因此不可在加工厂内使用。

另外，铅笔或自动铅笔的笔芯纤细易断，不可在加工厂内使用，应用圆珠笔代替。不过，由于拔帽型圆珠笔的笔帽容易混入食物中，最好选择按压式圆珠笔。折叠式工具刀的刀刃容易折断，推荐使用剪刀或单片式工具刀。

便于清扫的日常用具

~冷柜是否位于排水槽上方？~

● 清扫相关法律要求

食品卫生法要求加工环境必须保持"清洁卫生"，各都道府县的施行条例明确规定，不方便移动的机械器具等应放置在便于清洁打扫的位置。

● 加工厂内的布局

若在排水槽或隔油池的上方放置冷柜等设备，容易形成卫生死角，不利于排水槽或隔油池的清扫，甚至造成污垢堆积、散发恶臭、堵塞排水管道或出现害虫等不良后果。整理箱最好选用附带小脚轮、能够自由移动的类型。鲜鱼部等部门常用的冰盐水木桶应放置在手推车上，便于保管与移动。

部分店铺按照保健所的指导，将不锈钢橱架设置在距离地板60cm以上的高度，不仅便于设备的清扫和食材·器具的保管，还能防止污染。此外，在洗手设备上安装软管充当清扫专用设施的店铺虽然颇为常见，但在加工厂的布局上，最好充分考虑清扫因素，从一开始就配备清扫专用的管道更为妥当。

- **便于清扫（易于使用）的用具**

①冷柜——可以选用底座较高、与地板之间的空隙较大、便于清扫的样式。此外，冷柜门密封圈也有便于清理和更换的镶嵌式等类型。

②炸锅——可以选择四腿炸锅，锅体下方的空间完全开放，便于炸锅内部等死角的清扫。

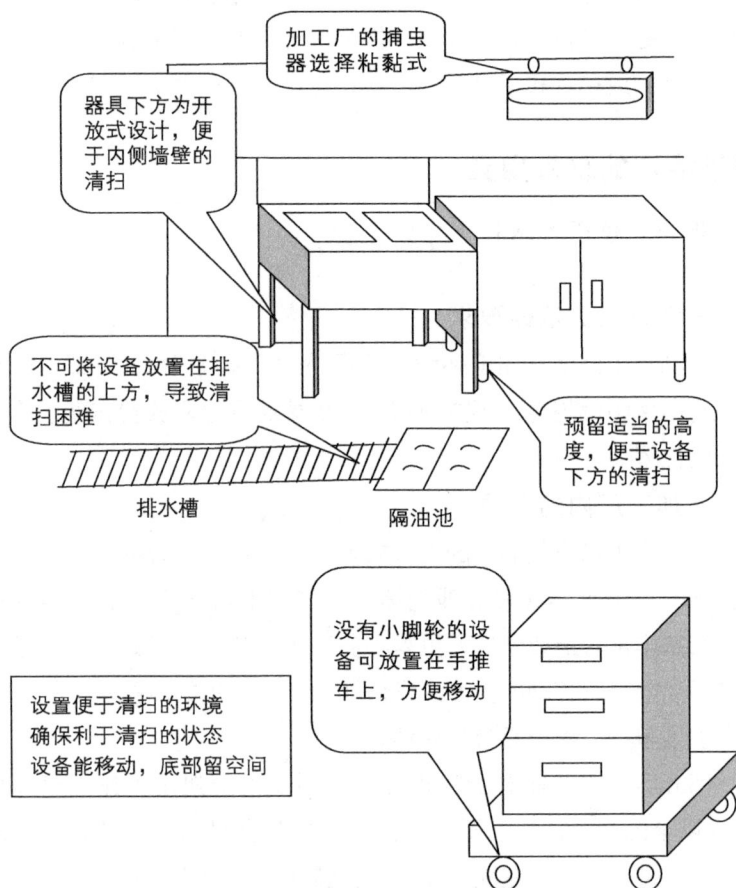

加工厂的捕虫器选择粘黏式

器具下方为开放式设计，便于内侧墙壁的清扫

不可将设备放置在排水槽的上方，导致清扫困难

预留适当的高度，便于设备下方的清扫

排水槽

隔油池

没有小脚轮的设备可放置在手推车上，方便移动

设置便于清扫的环境
确保利于清扫的状态
设备能移动，底部留空间

③捕虫器——捕虫器的选择与上一节的异物混入有一定的关联，过去使用电击杀虫器的店铺较多，但电击杀虫的方式往往导致虫体四散，容易混入食物中。加工厂内最好使用粘黏式捕虫器。

洗涤剂的种类、效果与作用

~去污剂必须使用液体型~

● 洗涤剂的标准

食品卫生法的食品、添加剂等相关规格标准规定，允许使用洗涤剂对蔬菜、水果或餐饮器具进行清洗。洗涤剂使用标准的相关规定具体如下。

①使用浓度：脂肪酸型洗涤剂的表面活性剂浓度应在 0.5% 以下，非脂肪酸型洗涤剂应在 0.1% 以下。

②浸泡时间：蔬菜或水果的浸泡时间不可超过 5 分钟。

③漂洗时间：蔬菜或水果应用符合饮用标准的清水冲洗 30 秒以上，餐饮器具应冲洗 5 秒以上，使用盆装水进行漂洗时应换水清洗 2 次以上。

● 加工厂使用的洗涤剂

选择商用洗涤剂时，通常需要稀释后再进行使用。此时，稀释浓度应严格按照商品标识进行配比。浓度过高时不仅容易导致手部粗糙，也会增加洗涤成本。为了减少损失，进行更加妥善的管理，部分工厂会将稀释管理等相关工作交给总务部门统一处理，而非通过各个部分进行分散管理。

①中性洗涤剂——用于清洗器具或操作台，其特点是不会对器具或备品造成损伤，在加工厂内具有十分广泛的用途。不过，当污垢严重时，洗涤能力相对较弱。

②弱碱性洗涤剂——与中性洗涤剂一样，广泛用于器具或操作台的清洗，对轻度油污也有很强的洗涤效果。在某些情况下，可能

会导致手部粗糙等问题，使用时建议佩戴手套。

③碱性洗涤剂——用于清洗炸锅、换气扇、地板等油污堆积严重的器具或场所。洗涤效果很强，但对人体的影响也很大，十分伤手，使用时务必佩戴手套。此外，还必须将洗涤剂成分清洗干净。

④漂白剂——用于砧板等器具或抹布的杀菌漂白。需要注意的是，使用氯系漂白剂时，氯系漂白剂中的"次氯酸钠"成分与酸性洗涤剂混合后会产生氯气，对人体有害。漂白剂也会造成手部粗糙或干裂，使用时必须佩戴手套。

⑤去污剂——用于对菜刀或不锈钢制品进行抛光打磨。去污剂中含有磨料，能对金属表面进行抛光研磨。若使用粉状去污剂，去污粉末容易在加工厂内四处飘散，必须使用液体型。

⑥酒精——用于对手指或器具进行杀菌消毒。其有效成分乙醇还可作为食品添加剂使用。用酒精对直接接触食品的手指、菜刀或砧板等进行喷洒即可。需要注意的是，喷洒对象表面残留的水分会降低酒精的浓度，影响杀菌效果，使用前应用干净的毛巾或纸巾擦干水汽。

清洗要点	油·脂肪 ◦拒水性 ◦长时间放置则固化 ◦温度过低时无法去除
1. 用温度适宜的热水清洗	
	淀粉 ◦黏性 ◦长时间放置则固化 ◦清洗前浸泡效果更佳
2. 初步清洗去除明显污垢	
3. 若不去除污垢，将难以杀灭污垢下隐藏的微生物	蛋白质 ◦凝固性 ◦高温下凝固 ◦长时间放置则固化

⑦洗衣液——清洗厨房内的抹布等衣料物品时，应使用专用洗衣液。市面上销售的洗衣液由于含有荧光剂等成分，不可使用。

包装材料的特性、使用与保管

~食品托盘不可朝上保管！~

● 安全包装材料

包装食品时使用的包装材料（即食品托盘等）与上述器具·备品一样，在食品卫生法中有明确规定：第 3 章第 15 条规定"用于食品经营的容器包装必须保证其清洁卫生"，第 16 条规定"不得使用包含有毒、有害物质或损害人体健康的容器包装进行食品经营"。

首先通过第 16 条的规定，从材质方面保证了包装材料的安全性。食品卫生法明确规定了合成树脂制造的容器包装的相关规格标准，出现容器包装方面的问题时，应要求制造商提供安全证书。

第 15 条的规定不仅关系到包装材料制造商，也与经营者收到包装材料之后的保管、处理等环节密不可分。

包装材料最终要用于盛放食品，若在最后的保管处理环节出现问题，那么无论制造商开发的产品多么优良也无济于事。

● 保管时的要点

①严禁朝上保管——保管包装材料时，应将商品盛放面朝下进行保管。这是为了防止包装材料中混入异物或虫类。

②防止过量取用——尽量将包装材料每日的取用量控制在当日所需的范围内，剩余的部分要用塑料袋包裹严实进行保管。

这样可以防止包装材料因静电而沾附灰尘。此外，开封后的包装材料若放置不管，在工作人员未察觉的情况下可能会有害虫侵入。

③注意保管场所——包装材料遇热时容易变形或起火，应避免放置在明火或热源（炸锅等）附近。

此外，若加工厂空间狭窄，不得不将包装材料存放在后备存储室通道等场所时，黏附上灰尘或害虫的风险也随之增高。因此必须在密封严实的状态下进行保管，并在送入加工厂之前，先将表面的灰尘擦拭干净（清理外包装）。

以前，某些生鲜超市尝试将平时不常用的大型食品托盘（用于盛放冷盘、寿司或刺身）放置在步入式冰箱内进行保管，结果托盘上长满了霉菌。

或许超市工作人员认为"放在冰箱里面应该没问题"，但冰箱内的湿度较高（尤其是鲜鱼），食品托盘放置数月后也会生长霉菌。

包装材料应避开高温高湿的环境，尽量存放在干净卫生的场所。

● 使用时的要点

①食品刚做好时要注意——即使包装材料使用的是耐热性材料（包括可以用微波炉加热的材料在内），刚出锅的油炸制品或刚做好的烤鱼也可能会导致食品托盘熔化，不能立即盛放在托盘内。

②禁止重复使用（再利用）——普通的食品托盘不适宜长期保存食品，不能重复进行使用。即使清洗干净也容易残留污垢或细菌，耐用性较差，出现破损、碎裂等问题。

③放置在销售柜台时也应朝下保管——配菜部进行油炸食品等熟食的自助销售时，经常会将食品托盘朝上放置。托盘的盛放面最好朝下，除了前面提到的原因之外，卖场内的顾客也会在意食品容器或许被喷嚏、咳嗽污染。

5 商品卫生相关法律

食品的规格标准

～仅 8 类农产品及其加工食品允许转基因～

我们所食用的食物源自各种各样的食材。人们通过食用这些食品来维持体魄和健康，因此必须极力排除对身体有害的物质。国家通过制订相关的使用标准和残留标准来确保商品制造各环节的安全，防止药物等对人体造成危害。

● 生鲜产品所使用的药物等

按照食品卫生法的规定，虽然鱼类养殖或家畜饲养业可在一定范围内使用医药品或消毒液等药物来防止养殖对象生病，但在流入市场之前，必须确保其体内没有药物残留。

蔬菜或水果在栽培过程中，通常会使用肥料、农药、杀虫剂、除草剂等各类农药。为此，食品卫生法制定了十分严格的农药残留标准。

此外，虽然转基因农产品正在不断普及，但在日本，只可对"大豆、玉米、马铃薯（土豆）、油菜籽、棉籽、苜蓿、甜菜、番木瓜"共计 8 种农产品及其加工食品进行生产经营。

转基因产品除了日本国内食用的农作物之外，花木的转基因技术也十分盛行。转基因玫瑰已经在市面上广泛流通，康乃馨等花卉的转基因产品也备受关注。

转基因花木在日本国内的媒体报道虽然较少，但其正逐步发展为世界顶尖水平。

● 食品添加剂

在进行食品加工时，通常会使用各式各样的食品添加剂来降低生产成本、确保产品稳定、提高产量、延长保质期、改善产品外观。

部分消费者虽然极端排斥食品添加剂，但产品的制造所需的添加剂较多是事实，其中最具代表性的是日式点心或面包中使用的食用酵母、豆腐凝固剂等。

加工食品中虽然确实存在不必要的添加剂，但为了延缓食物的腐败或变质，防腐剂或抗氧化剂等已然成为加工必备品。

● 安全性

食物中使用的农药或食品添加剂需要利用两代小白鼠反复进行毒性实验。此外，还要将人们的饮食习惯或食品的食用量等因素考虑在内，对农药或添加剂的使用量、残留量进行计算。虽然每个人的食用量有所区别，个体之间还存在体力或免疫力的差异，无法保证食品的"绝对"安全，但将使用量控制在标准范围内的话，基本上不用担心安全问题。

（食品卫生法第 7 条、第 10 条）

食品微生物的标准

~导致食物中毒的细菌大部分都无异味！~

我们无法通过食品的外观或气味来正确地判断其好坏。

根据笔者在食品零售或加工现场的经验，导致食物中毒的细菌大部分是没有异味的。产生异味的食品通常已经腐败变质，很容易引起人们的警觉，一般不会故意食用。

此外，除了微生物的标准外，食品卫生法还设定了 pH（氢离子浓度指数）等理化数值标准。

● 基本概念

不同类型的食材，其微生物标准也不同，例如刺身等直接食用的生食、加工好的直接食用的熟食、需要进行加热烹饪的食材等，各类食材的标准大不相同。即使是相同的食材，经过冷冻处理的与未经冷冻处理的标准也不一样。这是食品微生物标准的基本概念。

简而言之，直接食用的食物，其微生物标准的设定会更加严格。

另外，大部分食材存在于自然界中，加上人的接触（人也是污染源），不可能是无菌的。食品微生物的标准一般根据历史数据和经验值进行大致范围内的设定。

除了国家标准之外，各都道府县条例也有详细的标准设定，这一点需要注意。

● 微生物检测的数据查看

对于微生物的检测结果，有人认为："之前的数量明明是 2 万个，这次竟然增加到了 5 万个，看来是发生了大问题。"从算数的角度来看，这种想法并无不妥。但对于微生物而言，这种算法会导致错误的判断。

微生物属于生物的一种，并非均等地分布在食材表面，其数量也会因样品的场所、保管状况等因素的影响而发生变化。因此，查看检测数据时要按照位数（乘数）来判断。

在食品行业的管理层中，即使保健所采样检查（检测食品中的微生物）结果显示商品微生物数量符合标准，部分管理者也会提出"将细菌含量降为零"的要求。理论上虽然可以实现，但会导致商品成本大幅度增加，这种要求无疑是不切实际的，管理者应该认识到这一点。

不同商品的标准虽然有所区别，通常来说，细菌数量达到 100 万个至 1 亿个时，可以认定为初期腐败阶段。具体标准可参照下述章节中的规格标准一览表。

（食品卫生法第 7 条、第 10 条）

禁止销售·提供生食牛肝（肝脏）

~必须标注"加热食用"等标识~

● 全面禁止生食牛肝的注意要点

2012 年 7 月开始执行禁止生食牛肝的法律规定，生食牛肝的供应与销售被全面禁止。主要需注意以下 2 点。

①生牛肝必须全部作为"加热食用"食品销售。

店铺在销售或供应牛肝时，即使仅在口头上向顾客表示"本店可以提供牛肝刺身或生食"，也会受到相应的处罚。

②生牛肝必须通过书面形式明确标注应在充分加热后食用。此外，还需向顾客解释说明。

标注内容样例如下。

"牛肝均应加热后食用"。

"烹饪时必须进行充分加热"（必须在中心温度达到75℃的情况下持续加热 1 分钟以上）。

"可能导致食物中毒，请勿生食"等。

此外，生牛肝必须与其他食材分开放置，烹饪器具等也要分开使用（防止二次污染）。

● 除了保健所的指导外还面临检举揭发

该项法规执行后的 1 年 3 个月内，违规供应生食牛肝的店铺依然存在，但并未受到实际处罚，仅需接受保健所的指导进行整改。然而在 2013 年 10 月，出现了被捕案例。

京都的一家烤肉店违规提供生食牛肝，因弯曲杆菌感染导致 4 人食物中毒住院，该店的社长与店长均被逮捕。生牛肝必须在加热后食用，但在面对顾客的询问时，店方回答"牛肝可以生食"，且没有进行适当的书面标注，违反了食品卫生法的规定。

自此，以上述案件为先例，若店方在面对顾客的询问时，口头上回答"牛肝可以生食"而导致食物中毒，即便店铺进行了书面标注，依然会被作为检举对象。

● 新鲜牛肝不存在引发食物中毒细菌的想法大错特错

有人认为足够新鲜的牛肝内不存在引发食物中毒的细菌，这种想法无疑是大错特错的。细菌的存在与牛肝的新鲜度并无关联。

牛肝（肝脏）的有关调查显示，除了弯曲杆菌之外，牛肝中还有肠出血性大肠杆菌 O-157 等其他细菌，这些细菌不仅存在于肝脏表面，还潜藏在肝脏内部。

从2012年7月开始，法律禁止销售·提供生食牛肝（肝脏）。

为什么"牛肝刺身"不能吃？

肠出血性大肠杆菌 因为牛肝中携带的可能导致食物中毒。

◆ 牛肝内部可能携带"O157"等肠出血性大肠杆菌。
从屠宰场解剖出的牛肝（肝脏）内部，检测出了肠出血性大肠杆菌，这种细菌会引发食物中毒等严重疾病。即使牛肝十分新鲜，或在冰箱内冷藏，十分干净卫生，牛肝内部依然可能存在肠出血性大肠杆菌。

◆ 食物中毒事故屡有发生。
从1998年到2011年，因生食牛肝而导致的食物中毒事故共有128起（患者数量为852人），其中22起（患者数量为79人）由肠出血性大肠杆菌所致。厚生劳动省从2012年7月起要求限制生食牛肝的供应，但食物中毒事故仍然时有发生。

肠出血性大肠杆菌可能导致严重疾病或死亡。

◆ 肠出血性大肠杆菌可能引发溶血性尿毒综合征（HUS）或脑病等危险疾病，甚至导致死亡。
肠出血性大肠杆菌仅需2~9个病毒就能引发疾病。肠出血性大肠杆菌的感染者中，有10%~15%的患者出现HUS，HUS患者的死亡率为1%~5%。2012年，在肠出血性大肠杆菌引发的集体食物中毒事故中，5名患者不幸去世，令人痛心。

目前，不吃生食是唯一的预防措施。

◆ 目前尚未发现判断牛肝是否感染肠出血性大肠杆菌的有效检测方法，也未发现有效的清洗或杀菌等预防措施。

加热食用可确保安全。

~中心温度达到75℃时持续加热1分钟以上即可杀灭肠出血性大肠杆菌~

详细内容可参见厚生劳动省主页"牛肝不可生食"
http://www.mhlw.go.jp/seisakunitsuite/bunya/kenkou_iryou/shokuhin/syouhisya/110720/index.html

牛レバー 厚生労働省 検索

厚生労働省

摘自厚生劳动省主页

就目前来看，人们既无法确认引发食物中毒的细菌究竟隐藏在何处，也没有十分有效的杀菌或烹饪方法来确保生食牛肝的安全性。而且这类细菌仅需数十个就能引发食物中毒症状，十分可怕。

在发现切实有效的杀菌方法之前，禁止生食牛肝的相关规定将持续有效。

[食品卫生法 禁止提供未经加热的生牛肝（肝脏）]

生食牛肉（半熟牛肉①、生拌牛肉等）的提供

~必须选取特殊原材料~

●牛肉刺身类的销售条件

法律虽然允许牛肉刺身类的销售，但必须做好如下准备工作并向保健所提出申请。

〈准备工作〉

①生食牛肉的采购渠道

②生食专用厨房、设备及备品

③生食肉类认证经办人（食品卫生责任人亦可）

此外，埼玉县等部分地区还需要根据县条例获得专门许可。

尤其需要注意的是，生食牛肉原材料必须满足"肠内细菌群（※1）检测为阴性"和"阴性记录保存1年"等条件。此外，生肉原料还应遵守"宰杀后4日内可作为生食牛肉原料使用""1cm以上的表层肉用60℃高温加热2分钟以上，然后迅速冷却至4℃以下""禁止切除牛肉上的牛筋②"等规定。

为此，店铺在寻找合作对象时，要注意对方是否对原材料进行了加工时的温度管理或定期细菌检测，并要求对方保留相关的操作记录。

---

① 半熟牛肉：只对牛肉表层进行短时间加热，切开后内部依然为生肉。
② 牛筋受热后会收缩，日式半熟牛肉为了卖相好看通常会切除牛筋部分。

※1 肠内细菌群

简言之，肠内细菌群是指动物消化道内存在的全部细菌，比大肠菌群涵盖的范围更广。因此在对生肉进行细菌检测时，通常出现大肠菌群为阴性而最终结果为阳性的情况。所以，若对食材管理和加工的管理水平达不到一个相当高的水准，那么这项检测将无法呈现阴性的结果。

● 生食设施必须专用化

生食设施标准以专用化为条件，除了牛肉的生食之外，不得作为其他用途。另外，生食牛肉所用的器具类必须用83℃以上的热水进行清洗、消毒。

这对于普通店铺来说成本太高，十分不合算。

若以凸显差异化、强调店铺特色为目的进行生食牛肉的销售，采购外包商品进行销售无疑是明智的选择。不过，为了保证牛肉切口的新鲜度，在店铺内进行最后的切片操作时，必须准备专用的加工室和加工器具等。当然，若选择外包商品，采购的生肉原料必须注意下述事项。

● 生食牛肉原材料的标注

商品若未标注如下信息，不可作为生食牛肉出货。店铺进行采购或销售时务必要反复确认。若误售了没有标识信息的商品，将追究销售者的责任，这一点需要注意。

〈生食牛肉原材料的标识〉

· "生食用"为基本标识

· 屠宰场名称与所在地

· 加工设施名称与所在地

· 生食的风险标注以及其他标识等。

上述内容均为销售生食牛肉必须注意的要点。初次尝试采购、供应生食牛肉的店铺应先咨询所在区域的管辖保健所，再从事相关业务。

（食品卫生法　生食牛肉的提供）

禁止销售·提供生食猪肉

~猪肝同样不能生吃~

● 禁止生食猪肝的经过

自 2012 年 7 月开始禁止生食牛肝的销售后，通过调查发现，关东等地区的餐饮店开始提供生食猪肝。一直以来，生食猪肉的危险性被媒体反复宣传报道。

猪肉中可能携带寄生虫或沙门氏菌等引发食物中毒的细菌，有感染戊型肝炎（※）的风险，虽然行政机关一直致力于猪肉卫生方面的普及，但本次的调查结果显示，生食猪肝的供应依然十分普遍。

另外，根据厚生劳动省在 2008—2012 年度开展的店铺调查结果，猪肉、猪肉末中的细菌阳性率分别为大肠杆菌 65.8%，沙门氏菌 2.4%，弯曲杆菌 0.1%。通过对 6 月龄生猪的不同部位进行戊型肝炎基因检测，结果显示，猪肝（肝脏）的阳性率可达 2.5%～6%，而在屠宰场检测时，猪肝的戊型肝炎基因检测基本合格。

这一结果表明，餐饮店与消费者尚未完全理解猪肉卫生方面的知识和现状。

在此背景下，厚生劳动省以食品卫生法为依据，于 2015 年 6 月 12 日开始禁止销售或提供生食猪肉和猪肝。

※戊型肝炎（简称 HEV）

根据感染症法的规定，戊型肝炎属于第 4 类感染症。肝炎病毒一般在猪、野猪、鹿等动物的肝脏中增殖，通过粪便排出。但病毒不会在食品中增殖。感染后可能引发急性肝炎，症状通常表现为黄疸、食欲不振、呕吐、全身无力等。大多数患者在就医后静养即可治愈，不过偶尔也有发展为重症致死的案例。

戊型肝炎的病死率通常为 1%~2%，妊娠期的死亡率则上升至 15%~20%。

● **店内销售的注意事项**

①猪肉（包括猪内脏）不可生食。必须作为"加热食用"的肉类进行销售。

②必须注明"充分加热后方可食用"等信息。

③使用猪肉或猪内脏等原材料进行配菜的制造、烹饪时，必须进行彻底加热。

·中心温度为75℃时持续加热1分钟以上，63℃时持续加热30分钟以上。

·使用猪肉末制作肉饼等料理时，持续加热至肉汁呈透明状，中间部分不再发红为止。

● **烹饪或制造时的注意事项**

①接触生猪肉或内脏后手上可能黏附细菌。

②使用生肉专用的夹具、筷子或碗盘等，烹饪后对器具进行彻底的清洗和消毒。菜刀与砧板也要做同样的处理。

③烹饪结束后，对手指进行彻底地清洗·消毒。

● **最近的问题**

日本近来十分盛行野味（野生鸟兽）风潮，食用野猪肉、鹿肉或内脏的人不断增加，戊型肝炎患者的感染数量也在上升。

全生或半生状态的野味肉类·内脏不可食用。生食肉类的卫生标准仅适用于牛肉或马肉，不可用于其他肉类。

日本人往往认为"生食＝新鲜度、味道"，食品卫生方面的知识与意识还有待进一步加强。

（食品卫生法第 11 条　猪肉相关食肉规格标准的设定）

摘自厚生劳动省 Hp

（参考 URL：http：//www. mhlw. go. jp/stf/seisakunitsuite/

bunya/0000049964. html)

寄生虫

~虽然以海鲜类为主，但马肉里也有~

● 寄生虫感染也属于食物中毒

日本人崇尚生食文化，但相关报道显示，除了鱼类之外，马等动物体内也发现了寄生虫。

另外，大部分读者恐怕还不知道，寄生虫感染其实也属于食物中毒的一种。

发生寄生虫感染时，由于引发感染的食材很容易查明，即使只出现 1 名患者也可认定为食物中毒。而且由于导致食物中毒的原因十分明确，一般来说，责任店铺只需要接受保健所的指导或"停业1 天"的整改即可。

近来，有些店铺在受到顾客的问询后，没有及时向保健所报告相关信息，因而受到"停业 3 天"的处罚。为此，店铺在发现疑似寄生虫感染的案例时必须尽快向保健所报告。

另外，店铺还应掌握基本的应对措施。接下来笔者将对常见寄生虫和当前备受关注的寄生虫进行简单的说明。

● 异尖线虫类的特征与症状

在寄生虫系统中，出现感染的案例大多由异尖线虫引起。异尖线虫类大多寄生在鲑鱼、鳕鱼、青花鱼、墨鱼、秋刀鱼等鱼类的体内，以异尖线虫和拟地新线虫为代表。

异尖线虫呈白色半透明状，虫体细长，长度通常在 2～3cm（鲸鱼等动物体内可生长至 15cm），发现时一般卷曲为螺旋状。

拟地新线虫与异尖线虫比较相似，呈茶褐色，但不卷曲，很容易分辨。在鱼的内脏或腹部等部位发现蚯蚓状的寄生虫时，通常可以判断为异尖线虫类。

食物中毒的症状在食用后 2~8 小时出现，引发急性肠胃炎，有时还会伴随呕吐或腹泻等症状。不过也有例外，少数情况下感染症状在数日后才会出现。

多次感染异尖线虫的人群可能会吸收幼虫的代谢物，体内携带致敏原，因而出现过敏症状。在这种情况下，若此类人群食用了含有异尖线虫幼虫或碎片的半熟料理，可能会引发极其严重的肠胃炎，这一点需要注意。

• 异尖线虫的应对措施

最好的应对措施是将鱼肉放置在-20℃的环境中冷冻24小时以上［欧盟（EU）标准，美国标准要求冷冻7天］，再作为生食原料使用。但如此一来，解冻时渗出的水分不好处理，作为生食材料进行加工时通常要注意以下事项。

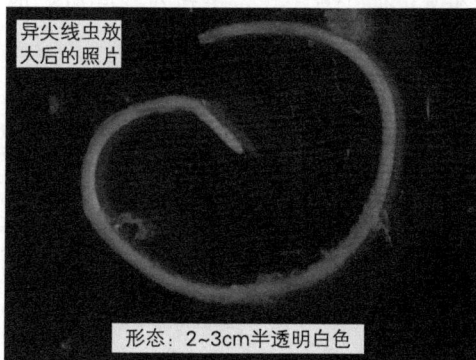

异尖线虫放大后的照片

形态：2~3cm半透明白色

采购后立刻将用于刺身的部分拆解下来，将内脏清洗干净，置于4℃以下的环境进行冷藏保管。烹饪加工时，仔细确认每1条鱼肉内部，发现寄生虫时用镊子取出。若在鱼肉内发现的寄生虫过多时，不要强行作为生食鱼肉销售，最好作为烤鱼等熟食材料销售。此外，在制作墨鱼刺身时，可在鱼肉上切出装饰性花刀①。虽然比

———————

① 装饰性花刀是指为了使食物更加入味或上色，在食材表面或内侧切出的装饰性刀口。作为寄生虫的处理方法之一，假设鱼肉内残留有异尖线虫，可利用装饰性花刀将其杀死。

较耗时，但对预防寄生虫感染十分有效。

● 奈氏绦虫

奈氏绦虫（Nybelinia）主要寄生在鳕鱼、鱿鱼、白鲑鱼等鱼类上。体长约6mm，外形与米粒相似。这种寄生虫的主要特征是头部长有4只角一样的筒状器官。外形十分丑陋，属于顾客投诉较多的一种寄生虫。

其应对措施与异尖线虫一样。

● 备受关注的寄生虫——库道虫

近年来，因食用人工养殖的比目鱼而反复出现腹泻或呕吐的病例十分常见，3年内共出现198起（截至2011年3月末），且一直病因不明。之后，随着电子显微镜等技术的进步，发现比目鱼体内存在一种肉眼难见的微小寄生虫，学名为"库道黏孢子虫（Kudoa septempunctata）"，通常简称为"库道虫"。

● 马肉中的寄生虫

另外，类似的情况也发生在马肉上，3年内共出现33起（截至2011年3月末）。同样是由一种肉眼难以看见的微小寄生虫引起，一般寄生在筋肉内，被称为住肉孢子虫（Sarcocystis fayeri）。经检测发现，这种寄生虫大多存在于进口马肉中，日本国内所产的马肉中基本不存在。

因此，目前较为有效的应对措施主要有以下几种。一是选择可信度较高的合作对象，采购生产履历明确的日本产马肉刺身原料；二是将进口马肉作为加热熟食材料，不作为刺身处理；三是使用经过冷冻加工的马肉①作为刺身原料。

（食品卫生法）

---

① 用于制作刺身的进口冷冻马肉必须选用在-20℃以下的低温环境持续冷冻48小时的产品。

基于便当·配菜卫生规范的商品标准

~因店内加工的情况较多而设定~

便当和配菜属于容易产生问题的代表性商品，商品成品通过微生物等相关标准进行约束。

在生鲜超市经营的所有商品中，便当·配菜最能体现店铺特色，实现差异化竞争。因此各家超市都会在店内加工方面投入较大的精力，试图通过商品的味道和新鲜度来彰显自身特点。

店铺内销售的便当·配菜通常要经多人之手，在顾客食用之前，其放置的时间往往较长，容易出现问题，因此严格制定了以下标准。

● 商品标准的具体内容

便当·配菜标准的内容其实十分简单。除了都道府县附加的条例之外，便当·配菜的卫生规范具体如下。作为生鲜超市的管理层也应掌握下述内容。

①煎鸡蛋、油炸食品等热加工食品

· 细菌数量（活菌计数）——10万以下/g

· 大肠杆菌——阴性

· 金黄色葡萄球菌——阴性

※细菌数量（活菌计数）

活菌计数是指在35~37℃的温度环境下培养24小时至48小时所得的细菌数量。除了特殊细菌之外，大多数细菌为生长状态，因此检测出的数值可以反映食品的污染状态。

②沙拉、生蔬菜等未加热食品

· 细菌数量（活菌计数）——100万以下/g

蔬菜本身携带的细菌数量较多，因此可能造成危害的数值与第①项不同。

③食用油脂标准

·烟点——低于170℃时不可使用

烟点是指油脂分解产生烟雾时的温度。反复使用后，油脂的烟点会下降。

·酸价——超过 2.5 的油脂不可使用，否则将违反食品卫生法。

酸价显示了油脂与空气中的氧气产生化学反应后的酸败程度。光、热和金属等因素会导致油脂酸败，荧光灯的光照也有影响。

·羰基价——超过 50 的油脂不可使用

油脂反复使用后会产生化学变化，脂肪酸氧化形成羰基化合物。羰基价即为羰基化合物含量，反映了油脂的酸败状态。

④食品制造所用的水

请参见"加工厂用水管理"一节的内容。

（便当配菜卫生规范）

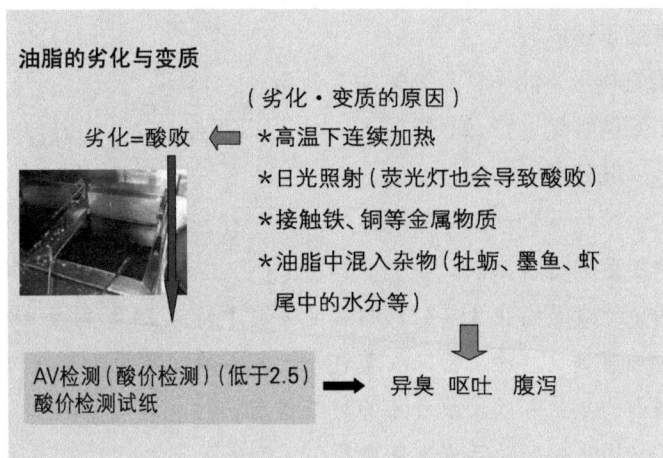

油脂的劣化与变质

（劣化·变质的原因）

劣化＝酸败 ⇐ ＊高温下连续加热

＊日光照射（荧光灯也会导致酸败）

＊接触铁、铜等金属物质

＊油脂中混入杂物（牡蛎、墨鱼、虾尾中的水分等）

AV检测（酸价检测）（低于2.5）
酸价检测试纸 → 异臭 呕吐 腹泻

食品的保存温度

~蔬菜为 10℃左右，鱼类最好在 4℃ 以下！~

● 食品微生物的特征

食品中的微生物通常在满足"温度、水分、养分"的条件下生长，时间越久生长数量越多。另外，在 pH 4.0 以下（酸性/中性为 7.0 左右）的环境中，除了霉菌和酵母菌之外，其他微生物基本无法生长。

也就是说，要控制食品微生物的数量，就必须控制以上几方面的因素。由于养分对于人体而言同样不可或缺，因此重点在于温度、时间的控制。

● 温度管理的重要性在于哪些方面？

控制食品微生物的方法多种多样，除了温度管理之外，还有调节食品的 pH、水分活性、添加防腐剂、使用盐或糖等。

不过，在保留原材料或完成品的食品特征的前提下，温度管理可谓是有效控制食品微生物的最简单的手段。通过冷却、冷藏、保温、冷冻等实现温度管理，既方便又简单，可在短时间内让全体员工掌握。

因此，为了确保商品的品质，食品卫生法根据不同食品的需求明确了相应的保存温度。

除了国家法律之外，部分都道府县的施行条例或自主管理标准也提出了详细的温度管理相关要求。

主要的保存温度标准请参见下表。

（食品卫生法第 7 条　便当配菜卫生规范）

规格标准一览表

食品名称		类别	标准	保存温度
水产冷冻食品	生食类水产冷冻食品（金枪鱼刺身、墨鱼刺身等）	细菌数	10 万以下 /g	10℃以下（4℃以下最佳）
		大肠菌群	阴性	
		副溶血性弧菌	100 以下 /g（最可能数）	
		挥发性盐基氮	20mg/100mg 以下	
	生食牡蛎	细菌数	5 万以下 /g	10℃以下
		E.coli	230 以下 /g（最可能数）	
		副溶血性弧菌	100 以下 /g（仅限购）	
		挥发性盐基氮	20mg/100mg 以下	
	煮制章鱼	细菌数	10 万以下 /g	10℃以下
		大肠菌群	阴性	
		副溶血性弧菌	阴性	
	煮制蟹类（食用时需加热的产品）	细菌数	10 万以下 /g	10℃以下
		大肠菌群	阴性	
		副溶血性弧菌	阴性	
	煮制蟹类（食用时无须加热的产品）	细菌数	10 万以下 /g	10℃以下
		大肠菌群	阴性	
	加热食用的水产冷冻食品（用于煮制的鱼肉块等）	细菌数	500 万以下 /g	10℃以下
		大肠菌群	阴性	
		挥发性盐基氮	25mg/100mg 以下	
农产冷冻食品	冻结前未加热的产品	细菌数	300 万以下 /g	10℃以下
		E.coli	阴性	
	冻结前加热过的产品	细菌数	10 万以下 /g	10℃以下
		大肠菌群	阴性	
	鲜切水果等	细菌数	110 万以下 /g	10℃以下
		E.coli	阴性	
	鲜切蔬菜等（水果类之外的产品）	细菌数	300 万以下 /g	10℃以下
		E.coli	阴性	
畜产冷冻食品	猪肉块等	细菌数	500 万以下 /g	10℃以下（4℃以下最佳）
		沙门氏菌	阴性	
		挥发性盐基氮	25mg/100mg 以下	
加工冷冻食品	食用时需要加热的产品	细菌数	300 万以下 /g	−15℃以下
		E.coli	阴性	
		金黄色葡萄球菌	阴性	
		沙门氏菌	阴性	
	食用时无须加热的产品	细菌数	10 万以下 /g	−15℃以下
		E.coli	阴性	
		金黄色葡萄球菌	阴性	
		沙门氏菌	阴性	
	鲸鱼肉制品、鱼糜制品	大肠菌群	阴性	10℃以下
	非加热肉制品	E.coli	100 万以下 /g	水分活性0.95 以上时 4℃以下未达到 0.95 时 10℃以下
		金黄色葡萄球菌	1000 万以下 /g	
		沙门氏菌属	阴性	
	特定加热肉制品	E.coli	100 万以下 /g	水分活性0.95 以上时 4℃以下未达到 0.95 时 10℃以下
		梭状芽孢杆菌属	1000 万以下 /g	
		金黄色葡萄球菌	1000 万以下 /g	
		沙门氏菌属	阴性	
	加热肉制品（包装后加热杀菌的产品）	大肠菌群	阴性	10℃以下
		梭状芽孢杆菌属	1000 万以下 /g	
	加热肉制品（加热杀菌后包装的产品）	E.coli	阴性	10℃以下
		金黄色葡萄球菌	1000 万以下 /g	
		沙门氏菌属	阴性	
其他	食用冰（冰水）	细菌数（溶解水）	100 万以下 /mL	−15℃以下
		大肠菌群	阴性	
	矿泉水	细菌数	100 万以下 /mL	10℃以下
		大肠菌群	阴性	
	杀菌蛋液	沙门氏菌	阴性 /25g	10℃以下
	未杀菌蛋液	细菌数	100 万以下 /g	10℃以下
	经油脂加工的点心	（1）酸价 3 以下且过氧化值 30 以下		—
		（2）酸价 5 以下且过氧化值 350 以下		
	方便面	酸价 3 以下，或过氧化值 30 以下		—

卫生规范一览表

食品名称		类别	标准
便当及配菜	煎蛋、油炸类等经过加热处理的产品	细菌数	10 万以下 /g
		E.coli	阴性
		金黄色葡萄球菌	阴性
	沙拉等未加热处理的产品	细菌数	100 万以下 /g
	油脂的标准	烟点	不满 170℃
		酸价	2.5 以下
		羰基价	50 以上
	食品制造用水	一般活菌数	100/mL 以下
		大肠菌群	阴性
		镉	0.01mg/L 以下
		汞	0.0005mg/L 以下
		铅	0.1mg/L 以下
		砷	0.05mg/L 以下
		六价铬	0.05mg/L 以下
		氰	0.01mg/L 以下
		硝酸盐氮及亚硝酸盐氮	10mg/L 以下
		氟	0.8mg/L 以下
		有机磷	0.1mg/L 以下
		锌	0.1mg/L 以下
		铁	0.3mg/L 以下
		铜	1.0mg/L 以下
		锰	0.3mg/L 以下
		氯离子	200mg/L 以下
		硬度（Ca、Mg 等）	300mg/L 以下
		蒸发残留物	500mg/L 以下
		阴离子表面活性剂	0.5mg/L 以下
		酚类	0.005mg/L 以下
		有机物等高锰酸盐消耗量	10mg/L 以下
		pH	5.8 以上 8.6 以下
		味道	无异常
		气味	无异常
		色度	5 度以下
		浊度	2 度以下
西式点心	产品	细菌数	10 万以下 /g
		大肠菌群	阴性
		金黄色葡萄球菌	阴性
		油脂	3 以下
		过氧化值	30 以下
	原材料的成分规格	小麦粉	耐热性细菌数（芽孢菌）
		淀粉	1000/g 以下
		砂糖	
		坚果类	黄曲霉素阴性
	乳及乳制品的成分规格	生牛乳	细菌数 400 万以下 /g
		牛乳	细菌数 5 万以下 /g
			大肠菌群阴性
		浓缩乳	细菌数 10 万以下 /g
		奶油	细菌数 10 万以下 /g
			大肠菌群阴性
		加糖炼乳	细菌数 5 万以下 /g
			大肠菌阴性
		无糖炼乳	细菌数 0/g
		乳酪、黄油	大肠菌阴性
		脱脂乳、脱脂奶粉	细菌数 5 万以下 /g
			大肠菌群阴性
		冰淇淋	细菌数 10 万以下 /g
			大肠菌群阴性
		冰牛奶	细菌数 5 万以下 /g
			大肠菌群阴性
		乳酸冰淇淋	细菌数 5 万以下 /g
			大肠菌群阴性 B
生面类	生面	细菌数	300 万以下 /g
		E.coli	阴性
		金黄色葡萄球菌	阴性
	煮面	细菌数	10 万以下 /g
		大肠菌群	阴性
		金黄色葡萄球菌	阴性
	配料中的天妇罗、汤汁等加热食品	细菌数	10 万以下 /g
		E.coli	阴性
		金黄色葡萄球菌	阴性
	配料中的生蔬菜等未加热的食品	细菌数	300 万以下 /g

名称		可能导致感染的食品	症状	特征	备注
细菌	金黄色葡萄球菌	饭团 便当 三明治 手工制作食品等	呕吐、恶心 腹痛 部分伴有发热	增殖时分泌耐热性肠毒素 呕吐一两次至十数次，偶尔伴有发热 急性肠胃炎症状	1~3日恢复
	副溶血性弧菌	海鲜类及加工食品 寿司 刺身等	多次腹泻 发热 部分伴有呕吐	嗜盐性细菌，对淡水·自来水抵抗较弱 繁殖速度快 水样腹泻，上腹疼痛	数日~1周
	蜡样芽孢杆菌·腹泻型	便当 布丁	腹泻 腹痛	产芽孢，耐热 在食物中增殖时分泌毒素 以腹泻、腹痛为主	1、2日内恢复
	蜡样芽孢杆菌·呕吐型	炒饭、炒荞麦面 意大利面	恶心 呕吐	产芽孢，耐热 在食物中增殖时分泌毒素 症状发作时间短 以呕吐为主	1、2日恢复
	沙门氏菌	肉类 蛋类、蛋制品 （因肠炎沙门氏菌导致的事故频发）	多次腹泻 发热 呕吐	通常因细菌大量增殖导致发病，少量细菌导致发病的例子也偶有发生，尤其是儿童或老年人更易发病 发烧37℃以上	1~4日恢复
	弯曲杆菌	肉类及加工品 尤其是鸡肉	腹泻 腹痛 发热 肌肉疼痛	氧气含量较少时（3%~15%）依然生长（大气中的氧气含量约为20%） 腹泻（2~6次/天） 腹痛持续数日	1周左右治愈
	产气荚膜梭菌	使用了受到污染的肉类、海鲜类的食品、咖喱或汤类等大量调味品	腹泻 腹痛	产芽孢，耐热 无空气状态下也能生长 主要症状为腹泻、腹痛、腹部胀气	1、2日内恢复
	肉毒杆菌	根茎类、真空包装产品 瓶装罐头、罐头	视力低下 发声困难 呼吸困难	无空气状态下也能生长 毒素导致全身性神经麻痹	可能造成死亡
	腹泻原性大肠杆菌 ·肠致病性大肠杆菌 ·肠产毒性大肠杆菌 ·肠侵袭性大肠杆菌 ·肠黏附性大肠杆菌	便当、供餐等，大规模烹饪所导致的事故较多	腹泻 呕吐 腹痛	自然界中分布广泛 主要症状为腹泻，偶尔伴有便血	可能出现持续腹泻2周以上的情况
	肠出血性大肠杆菌 （以O-157为主，包括 O-26·O-111）	被牛粪便污染的肉类及其加工品 井水	腹泻 发热 腹痛	少量细菌可致病 发烧多为37℃，腹痛、便血为严重症状	可能在2周内从早期的腹泻发展为重度并发症
病毒	诺如病毒	双壳贝类 经过烹饪者污染的食品等	呕吐、恶心 腹痛 腹泻	少量细菌可致病 在肠道内增殖 喷出状呕吐	1、2日恢复 出现严重腹泻时应住院接受注射等治疗
	轮状病毒	受到污染的水、食物	腹泻 呕吐 发热	导致出生后6个月~2岁的婴幼儿发病 腹泻，大便呈白色	3~8日后治愈

名称		潜伏期	增殖温度	预防方法	备注
细菌	金黄色葡萄球菌	30分钟~6小时	增殖温度 5~47.8℃ 最适温度 30~37℃	手部粗糙的人避免直接用手烹制 不用手指直接接触加热烹制后的食品 使用一次性手套、佩戴口罩、帽子	健康人群的细菌携带率为20%~30% 肠毒素可耐受100℃ 30分钟不被破坏
	副溶血性弧菌	10~24小时 12~18小时	增殖温度 10~37℃ 从20℃开始急速增加	低温管理（4℃以下较为理想）；淡水洗净；器具、操作各分离	5~10月发生 7~9月为多发期
	蜡样芽孢杆菌·腹泻型	8~16小时	增殖温度 10~46℃	缩短烹饪加工的时间；煮制后的米饭、炒饭不可保存于10~50℃ 避免放置2小时以上	呕吐型的事故常见于米饭（炒饭等）或意大利面 腹泻型则多种多样
	蜡样芽孢杆菌·呕吐型	1~5小时 平均2~3小时	增殖温度 10~46℃		
	沙门氏菌	6~48小时 12~18小时	增殖温度 6.5~43℃	防止二次污染 加热烹饪60℃、20分钟以上 中心温度75℃、1分钟以上	需要通过便检判断细菌携带者
	弯曲杆菌	2~7日 平均2~3日	增殖温度 31~46℃	防止生肉的二次污染 充分加热	5~6月、9~10月为多发期
	产气荚膜梭菌	6~18小时 多在12小时之内	增殖温度 12~51℃	缩短提供食物的时间 保存时的温度为10℃以下或55℃以上	常见于便当、派对等复合烹饪食品
	肉毒杆菌	8~36小时	增殖温度 3~37℃	充分加热烹制 散发丁酸般发酵气味（酸败黄油味）的食品应丢弃	致死率较高，抗毒疗法普及后仍达4%
	腹泻原性大肠杆菌 ·肠致病性大肠杆菌 ·肠产毒性大肠杆菌 ·肠侵袭性大肠杆菌 ·肠黏附性大肠杆菌	12~72小时	—	做好食品提供之前的温度管理，严格遵守黄味期限 做好肉类割身、生食肝脏的自控，以及已加工食材的管理	通过患者的粪便、呕吐物感染 彻底清洁手部，防止二次感染
	肠出血性大肠杆菌 （以O-157为主，包括 O-26·O-111）	3~5日	—	充分加热烹制（中心部位75℃、1分钟） 通过便检判断细菌携带者 器具、操作各分离	1个O-157病菌也有可能引发病症 夏季多发
病毒	诺如病毒	24~48小时	—	手指清洁消毒，烹饪器具二次污染 加热烹饪（中心温度85~90℃、90秒以上） 供水设施的卫生管理	发生时期 11~3月多发
	轮状病毒	24~72小时 约2日	—	常见于儿童；呕吐物呈淘米水状 手指清洁消毒 与诺如病毒的预防措施相同	发生时期 1~4月流行

关于食品的期限标识

~消费期限、赏味期限以及使用期限分别是指什么？~

● 消费期限是指什么？

消费期限是指生鲜商品、便当·配菜或烹饪面包等易腐类商品的期限标识。

这个标识代表商品的食用期限最好不要超过商品的消费期限，主要用于标注保质期较短的商品。消费期限的前提是商品包装完好，且满足制造商的储存条件。

● 赏味期限是指什么？

赏味期限是指将腐败速度相对较慢的食品按照制造商指定的保存条件进行保存，在不开封的情况下，制造商确保能够维持食品风味和品质的时间期限（时期）。制造商为了确保食品的安全性，通常会将赏味期限设定为实际保质期限的8成到9成。

赏味期限一般用年月日的方式进行标示，不过罐头等保存时间较长（3个月以上）的食品可以省略具体日期，仅用年月进行标示。

● 无保质期的特殊商品

盐（加工过的风味盐除外）、砂糖、口香糖、冰、冰淇淋等商品能够保存很长的时间，可以省略赏味期限的标注。不过，必须以制造商指定的保存条件为前提。

● 使用期限是指什么？

与消费期限或赏味期限不同，使用期限并非按照法律的规定进行设定，而是在商品开封后，由商品使用者设定的期限。出于实际操作的需要，生鲜超市配菜部或美食广场使用的调味料或罐头上通常会标注该商品的使用期限。

商品开封前由制造商负责，开封后由商品使用者负责，因此使用者要以食品微生物、简单的理化检查或官能检验以及自身的经验为依据，在充分考虑食品安全性的基础上来设定商品的使用期限。

在这种情况下，问题最大的是生鲜类商品的期限设定，由于个体差异、季节、运输条件等因素对商品品质的影响较大，不能机械式地设定期限。因此，更加实际的做法是按照商品类别分开制定采购标准和使用标准。

（食品卫生法第 19 条、JAS 法）

使用期限的设定方法

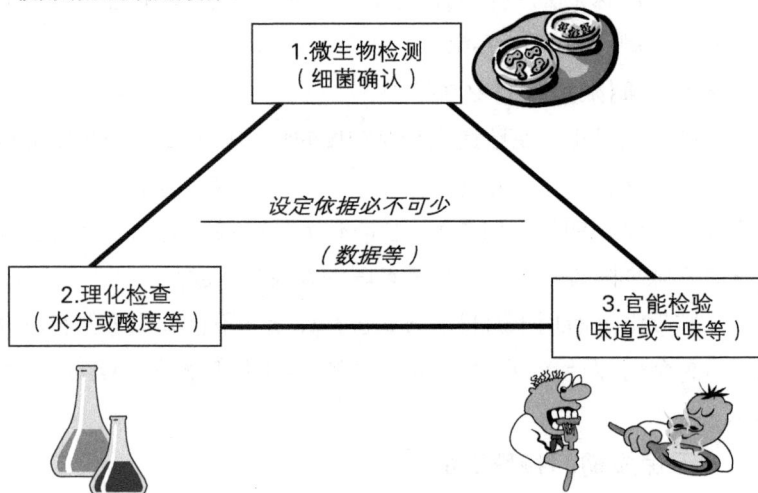

1.微生物检测
（细菌确认）

设定依据必不可少
（数据等）

2.理化检查
（水分或酸度等）

3.官能检验
（味道或气味等）

6 食品辐射相关规定

射线的使用与放射能污染

~射线·放射能·放射性物质的区别~

射线·放射能·放射性物质在许多情况下会被混为一谈，如下图所示，三者其实各有所指。"射线"是指放射性物质释放的能量，"放射能"是指释放射线的能力，"放射性物质"则是指放出射线的物质，三者分别指代不同的内容，弄清楚这一点很重要。

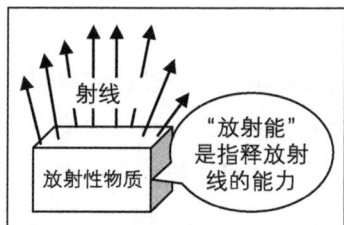

- **射线与放射性物质**

射线是指放射性物质中包含的不稳定原子核衰变为另一种稳定原子核时释放的多余能量。射线具有穿透物质的特性，穿透后通常不会残留在该物质上。

由于放射性物质具有释放射线的能力，一旦附着在物质上，将持续释放射线，直至失去释放能力（放射能）为止。

- **射线的使用**

如上所述，射线穿透物质时不会残留，因此被有效应用于各个领域。就身边的例子来说，医疗机构或机场安检使用的 X 射线、CT 扫描、癌症治疗等用途广为人知。在日本，射线还被应用于医疗器具或微生物检测的培养皿、检测专用袋的灭菌处理（※1）等，市场规模可达 3000 亿日元左右，射线的应用范围正在不断扩大。

※1 灭菌

灭菌是指杀灭或祛除全部微生物的状态。与灭菌不同，杀菌包括保留部分微生物的状态或接近灭菌的状态，二者需要明确区分。

射线在食品领域的应用也越来越广泛，利用适当强度的射线对食品进行辐射，可在不加热、保证食品品质的情况下完成杀菌处理。美国、加拿大利用射线对香料等食品进行杀菌，除了日本之外，在亚洲各国，利用 X 射线或伽马射线进行食品辐射杀菌的技术应用正在不断普及。

通过射线照射进行食品的杀菌、灭菌处理，作为一种安全有效的处理方法已获得国际社会的普遍认可，ISO 也制定了食品辐照的国际标准。

近几年的调查结果显示，射线过强或辐照时间太长时，肉类等食品的气味和口感会发生变化。然而，在美国，射线对微生物或寄生虫的杀灭效果受到广泛认可，部分冷冻肉或冷冻鱼、生肉等食品也会使用辐照技术。在食品领域，射线照射主要用于杀菌、杀虫、防止发芽、延缓成熟时间等方面。据调查，截至 2014 年，允许使用食品辐照的国家达到了 52 个，食品种类达 100 种以上。

在日本，根据**食品卫生法第 11 条**的规定，除了部分特殊情形之外，禁止使用射线对食品进行照射。这里的特殊情形是指，在食品的制造工序、加工工序的管理中，允许"使用 X 射线异物检测机对食品中的异物混入情况进行检查"或"确认食品的厚度"，以及通过辐照防止马铃薯发芽，这是食品辐照获得许可的唯一例子。1972 年，通过厚生省食品卫生调查会的审议，以防止马铃薯发芽为目的，允许在钴 60（伽马射线）的吸收剂量不超过 150 戈瑞的范围之内使用射线照射。

在此背景下，从 1974 年开始，北海道的士幌农协尝试将食品辐照技术实际应用于马铃薯的发芽预防上，但采用了辐照技术的马铃薯的上市量止步于 8000 t 左右，至今仍徘徊在实验销售阶段。

此外，根据《食品卫生法》施行规则第 21 条的规定，使用辐照的食品必须明确标注"采用辐照的目的"。

《食品卫生法》中的"食品辐射相关规定"节选

《食品卫生法》第 1 条

本法旨在确保食品的安全性，从公共卫生的角度出发，通过必要的法规或措施，防止出现饮食导致的公共卫生问题，保护国民的健康。

《食品卫生法》第 6 条第 2 号（节选）

第 6 条

禁止销售（包括向不特定多数人出让等销售之外的情形。下同）或以销售为目的对下述食品或添加剂进行提取、制造、进口、加工、使用、烹调、储藏或陈列。

2. 包含或附着有毒、有害物质，或疑似此类情形的。但不包括厚生劳动大臣认定的对人体健康无害的食品添加剂。

基于《食品卫生法》第 11 条的规定（节选）

《食品制造、加工以及烹饪的一般标准》

·进行食品制造或加工时，禁止使用射线照射食品。

·下述情形允许使用射线照射：

①在食品的制造或加工过程中，通过射线照射对制造或加工工序进行管理时。

②各条款项目中有特殊规定时。

《食品保存的一般标准》

·禁止以食品的保存为目的使用射线照射。

● 放射能污染

食品方面的放射能污染主要表现在，放射性物质附着在农作物上，持续释放射线，随后被人体食用摄取，或以家畜为媒介被人体食用摄取，致使人体内部受到辐射侵害。

东日本大地震导致福岛第一核电站发生严重事故后，就食品摄入方面的放射性污染，厚生劳动省于 2011 年 3 月 17 日起，重新制定了食品内所含的放射性物质的暂定规定值标准，按照放射性物质的种类，分别设定了碘、铯、铀等物质的规定值。之后，考虑到人体内部辐射侵害的长期性，厚生劳动省再次于 2012 年 4 月制定了新的标准值。其详细内容将在下一节进行说明。

（《食品卫生法》第 1 条、《食品卫生法》第 6 条第 2 号、《食品卫生法》第 11 条、核能基本法）

放射能灾害与出货限制

~通过出货限制和摄入限制来防止人体内部的辐射侵害~

● 核灾害时的防灾措施

核设施内的放射性物质或射线释放已经出现异常，或出现异常的可能性较大时，根据**灾害对策基本法**以及**核灾害对策特别措施法**的规定，国家·地方公共团体·核能运营者应按照各自的防灾计划，采取必要的防护措施。

此外，作为核灾害时的防灾措施之一，厚生劳动省还制定了《紧急情况下食品放射能测定手册》。在发生食品方面的核恐怖主义或核设施事故等紧急情况时，该手册可作为确认食品安全性的参考。

手册的内容由"基本思路"、"食品所含放射能的各类分析法"、用于参考的"应急监测计划下的放射能测定·分析"以及"辐射剂量等的估测、评价以及解释"等部分构成。

● 检测出放射性物质时的出货限制和摄入限制

出货限制是防止出现人体内部辐射侵害的措施之一，当发现食品中的放射性物质超过食品卫生法设定的暂定规定值且波及区域较广时，可通过出货限制手段控制人们对含有放射性物质食品的摄取。根据核灾害对策特别措施法的规定，先由核应急响应总部部长（内阁总理大臣）向涉事地区的知事下达指令，再由该地区知事根据指令要求相关经营者停止出货。

另外，在国家采取出货限制措施之前，若农协或该县根据自身的判断，已经对超出暂定规定值的农作物进行了出货限制，应在该县或农林水产省的网页上公示相关信息。

摄入限制则是在出货限制的基础上进一步强化的防灾措施。当在农作物中监测出极高浓度的放射性物质时，除了出货限制之外，针对农作物所有者根据自身判断进行食用的情况，核应急响应总部部长还将向涉事地区的知事下达摄入限制指令。在这种情况下，生产者必须严格控制对自己栽培或家庭菜园种植的农作物的摄入。

● 出货限制、摄入限制的品种、区域的设定条件

核应急响应总部的"检测计划、出货限制等品种、区域的设定及解除的概念"中，对采取出货限制、摄入限制等措施的农作物品种及区域的设定条件做了如下规定。

①关于放射性物质超出暂定规定值的品种：当其生产区域波及面较广时，区域·品种均为限制对象。

②关于区域的设定：考虑到 JAS 法要求食品产地标识以县为单位，限制区域的设定原则上也以县域为准。不过，若县市村町的管理到位，也可将县内区域分为多个板块进行设定。

③关于品种的设定：在历史数据的基础上，对单个品种分别进行研究探讨。

④在限制设定的研究探讨阶段，应将每周采集的检测结果进行汇总，对其是否符合限制条件进行综合判断。必要时可要求增加检

测项目。

　　·若该品种所含的放射性物质超出了暂定规定值，但波及区域尚不确定时，应对周边地区进行检测，判断是否需要采取出货限制措施。

　　·若该品种检测出的放射性物质浓度极高，应无视该品种的样品数量，迅速设定为摄入限制。

● 食品中的放射性物质有关新标准

　　上文已提到，福岛核电站事故发生后，针对食品的放射性污染，厚生劳动省通过制订放射性物质的暂定规定值来确认食品的安全性。之后，考虑到人体内部辐射侵害的长期性，厚生劳动省再次制定了新的标准值，并于 2012 年 4 月 1 日开始执行。

　　标准值的设定以放射性铯为主要对象，也包含锶、钚等物质。关键要注意以下 2 点变化。

　　（1）年辐射剂量从原来的 5 毫希沃特 （※1） 减少至五分之一，为 1 毫希沃特。

　　（2）商品的划分从 5 大类减少为 4 大类（饮用水、牛乳、一般食品、婴儿食品）。

　　另外，经过干燥处理的蔬菜或鱼类等食品的检测方法进一步明确，以实际的食用方式为标准进行了具体化。各类商品的标准值可参照下文的图表。

　　※1 毫希沃特 （mSv） 是指……

　　毫希沃特是辐射剂量的基本单位之一，表示射线对人体产生影响的程度，是希沃特 （Sv） 的 1/1000。用微希沃特 （μ） 表示时，则为希沃特的一百万分之一。另外，大气中的辐射量用单位时间进行表示，如 0.1 微希沃特/时等。此外，辐射强度单位用 "贝克勒尔 （Bq）" 进行表示，1 贝克勒尔等于放射性物质每秒钟衰变 1 次的放射能。同一种放射性物质的含量与放射能成正比，因此放射能数值的大小显示了放射性物质的含量。

不过，贝克勒尔与希沃特是两种不同的计量单位。在对吸收的放射能（贝克勒尔）影响程度进行调查时，需要用贝克勒尔乘以不同种类的放射性物质所对应的换算系数来计算希沃特值。年辐射剂量1毫希沃特的标准直接采用食品法典委员会（※2）制定的标准，该标准现已成为国际化标准。根据食品上限值的计算结果，饮用水的年辐射剂量约为0.1毫希沃特，其他食品的年辐射剂量约为0.9毫希沃特。

※2 食品法典委员会是指……

食品法典委员会是由联合国粮农组织（FAO）和世界卫生组织（WHO）共同建立的政府间组织，负责制订国际贸易中的食品标准和食品卫生有关条款。

● 各类食品标准值的设定依据

各类食品标准值的设定依据具体如下。

①饮用水

每个人都需要摄取饮用水，水具有不可替代的重要作用，其标准值采用的是世界卫生组织（WHO）制定的饮用水标准值（1kg/10贝克勒尔）。其中包括可在一定范围内替代饮用水的茶饮料。

②婴儿食品（请参见第2章第6部分"婴儿标准适用的食品"）

婴儿是指不满1周岁的儿童。为了以防万一，确保食品放射能标准达到上限也可安全食用，婴儿食品的标准值为一般食品的一半，即50贝克勒尔（1kg）。这里的婴儿食品除了健康增进法规定的食品之外，还包括外包装类似婴儿食品的产品。

③牛乳

幼儿（12岁以内）阶段的食品安全同样需要特别注意，因此与第②类的婴儿食品采取相同的措施，标准值为50贝克勒尔（1kg）。

该类食品不包含乳酸菌饮料、奶酪、酸奶等发酵乳制品。仅以乳类相关省令中规定的牛乳（牛奶、低脂肪奶、含乳饮料、加工牛奶等）为对象。

④一般食品

过去的暂定规定值将生鲜食品单独分为一类，而新标准为了方便大众理解，将①②③类之外的所有食品均划分为一般食品。

其中，经过干燥处理的蔬菜、海藻类、海鲜类等食品根据食用的实际状态，分为原材料状态（海苔、鱿鱼干、葡萄干等）和食用状态（泡发后的状态，干裙带菜或干蘑菇等），按照一般食品的标准分别进行检测。此外，茶或米糠油等需要提取后饮用或使用的食品，则不再对原材料阶段的辐射强度值进行检测。

2011 年 3 月 18 日至 2016 年 10 月，目标区域内的食品已定期接受放射性物质相关检测，检测结果也已在厚生劳动省的主页上进行了公示。这些检测结果显示，虽然与暂定规定值相比，新标准值要严格得多，但除了部分野生鸟兽肉（熊、野猪等）之外，检测数据均控制在标准值之内。

● **提供正确的知识和信息尤为必要**

从宇宙、大地到吃的食物，我们随时随地都置身于辐射当中，而且我们自身也在不断释放射线，这就是所谓的天然辐射。据调查，全世界的平均天然辐射剂量约为 2.4 毫希沃特，日本则为 1.5 毫希沃特。

我们不应盲目地害怕辐射，而是要通过认真地学习了解，使自己具备做出正确判断的能力。同样，对于受灾地区的食品，不应简单粗暴地完全予以排斥，应向消费者提供正确的辐射信息和检测状态，在此基础上尝试进行销售。并且，这对灾后复兴而言也能发挥十分重要的作用。

（《食品卫生法》第 6 条第 2 号、灾害对策基本法、核灾害对策特别措施法）

食品新标准的设定

<暂定规定值>

放射性铯的年辐射剂量上限
为5毫希沃特

放射性铯的暂定规定值

食品类别	标准值
饮用水	200
牛乳·乳制品	
蔬菜类	500
谷物类	
肉·蛋·鱼·其他	

（单位：贝克勒尔/kg）

※规定值的设定包括放射性锶。

<2012年4月的新标准>

放射性铯的年辐射剂量上限为
1毫希沃特

放射性铯的新标准值

食品类别	标准值
饮用水	10
牛乳	50
一般食品	100
婴儿食品	50

（单位：贝克勒尔/kg）

※新标准值的设定包括放射性锶、钚等。

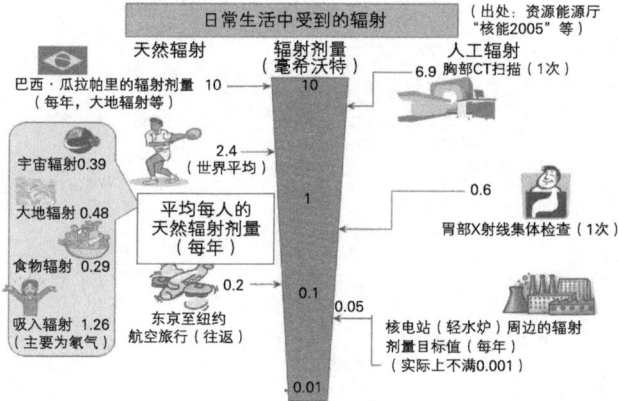

日常生活中受到的辐射

（出处：资源能源厅
"核能2005"等）

天然辐射　　辐射剂量
（毫希沃特）

人工辐射
6.9 胸部CT扫描（1次）

巴西·瓜拉帕里的辐射剂量 10
（每年，大地辐射等）

10

2.4
（世界平均）

宇宙辐射0.39

1

大地辐射 0.48

平均每人的
天然辐射剂量
（每年）

0.6

胃部X射线集体检查（1次）

食物辐射 0.29

0.2

0.1

吸入辐射 1.26
（主要为氡气）

东京至纽约
航空旅行（往返）

0.05

核电站（轻水炉）周边的辐射
剂量目标值（每年）
（实际上不满0.001）

0.01

摘自厚生劳动省主页

第 2 章

商品与标识相关法律

2015 年以来的法律修订动向

原料产地名标识的扩大与人口老龄化应对措施

2015 年 4 月 1 日，日本的食品标识领域开始施行新食品标识法，市面上销售的常见生鲜食品和加工食品的标识制度也发生了很大的改变。其中，加工食品首次要求明确标注"营养成分标识"。由于这条规定主要针对通过容器包装进行销售的加工食品，因此在流通行业也备受关注。

● 食品标识法施行后的过渡期

食品标识法各项制度的导入需要一个过渡时期，这个时期被称为政策执行过渡期。从食品标识法施行之日起算，生鲜食品的过渡期为 1 年 6 个月，加工食品则为 5 年。在这个时期内，各类食品标签和容器标识必须按照要求进行更新。目前，生鲜食品的过渡期已经截止，从 2016 年 10 月 1 日开始，商品标注的内容若不符合食品标识法的规定，则视为违法。尤其需要注意的是，若在生鲜食品的容器包装上标注"富含维生素"等内容，根据食品卫生法的规定，可认为该商品"试图标注营养成分"，即使是生鲜食品，也必须明确标注"热量、蛋白质、脂肪、碳水化合物、食盐相当量、维生素 C"等营养成分。

此外，加工食品的相关规定同样发生了较大的变化，其过渡期截至 2020 年 3 月 31 日，即东京奥林匹克运动会开幕之年。做好食品标签修订的准备工作尤为关键。然而，虽然食品标识法的实际标识规则已经通过食品标识基准进行了规定并施行，但从大的方面来说，包括规定了具体的食品标识规则的食品标识基准 Q&A 等公示内容在内，制造所固有记号①的处理等相关规定相继出现更改或修订，导致细节部分始终难以确定。

● 新法施行后标签文字数量增加的应对措施

在流通行业的作业现场，原料与添加剂的区分标识、致敏标识的标注方法发生了较大的改变，原则上需要在每项原材料的后面单独进行标记，特殊情况下允许使用统一标记，但必须将原材料中记载的致敏原全部重复进行标注，这导致标签的文字数量在旧制度的基础上进一步增加，被迫更改标签机设定的企业想必不在少数。最初，不少企业试图将消费税提高至 10% 的时期与食品标识更改的过渡期相结合，一次性进行标签的调整，以此达到减少成本的目的。但除了消费税的增加可能出现延期之外，作为当前热门话题的食品原料原产地标识也在预测合适的切换时机，这些影响因素都是企业方面必须考虑的。

● 食品标识的发展趋势

食品标识法规定的标识基准于 2015 年 4 月开始施行，而后重新修订的制造所固有记号制度于 2016 年 4 月开始施行并落地，此前遗留的"原料原产地标识的扩大"将在今后发生重大变化。

在关于加工食品原料原产地标识制度的研讨会上，随着原料原产地标识相关探讨的不断深入，2016 年 10 月，出现"所有的加工食品都必须标注重量百分比最高的原料的原产地"的发展倾向。此外，由于原产地标识制度的探讨对象为"在日本国内进行制造或加工的所有加工食品"，可想而知对流通行业也有相当大的影响。

另外，根据进货情况从多个国家采购原材料时，应以认可预先

---

① 制造所固有记号：食品标识基准要求商品原则上必须标注制造厂所在地及制造商的姓名或名称等信息，不过在标识面积不够、制造厂商在各地拥有多个分厂等情况下，可以使用字母、数字等事先向消费者厅备案的符号来代替，这些字母、数字及其组合就是制造所固有记号。

标注多个国家名称的"可能性标识"为条件，要求"在标注原料原产国的同时，必须在容器包装上注明是根据过去的实际使用记录等进行的标记，避免消费者产生误解"，食品标签的文字数量有增加的倾向。不过，与营养成分标识一样，在"食品制造或加工的场所进行销售时"或"不使用容器包装进行销售时"，不需要标注原产地。

● 老龄化社会的应对措施

另一方面，针对老龄化社会的食品环境改善过程也在不断推进，例如农林水产省的"微笑护理食品"或日本护理食品协会等民间组织的"看护食品（Universal Design Food）"等。不过也有一些问题有待解决，微笑护理食品根据牙齿咬合力度的大小使用数字进行编号，这与看护食品所使用的分类编号正好相反，需要进行调整。

1 食品标识相关法律

向食品标识法过渡（食品标识的一元化）

~生鲜食品从 2015 年 10 月开始，加工食品从 2020 年 4 月开始~

- **食品标识向一元化推进**

食品标识通过准确地提供食品相关信息，保证消费者能够安全地摄取食品，在商品的选择上发挥着重要作用。

此外，为了适应食品多样化（包括食品的全球化）、国民人口老龄化、信息通信技术发展等各种社会变化，食品标识的相关制度也在不断完善。但由于颁布的法令法规数量较多，管辖机关又各不相同，导致食品标识制度变得错综复杂。

为了解决长期以来的制度改善难题，《食品卫生法》、《关于农林物资标准化及质量标识正确化的法律》（旧 JAS 法）以及《健康增进法》等法律规定的食品标识相关标准的制订现统一由消费者厅负责，以此推进食品标识相关法律制度的一元化。

- **食品标识法的制订**

为了确保食品摄入时的安全性和一般消费者自主合理地选择食品的机会，对食品卫生法、JAS 法以及健康增进法的食品标识相关规定进行整合，建立了全面统一的食品标识相关制度，即 2013 年 6 月新制定的《食品标识法》，并于 2015 年 4 月 1 日开始施行。

这项法律的颁布有望发挥一举多得的作用，不仅制定了统一规范的食品标识基准，便于消费者和从业人员双方更好地了解食品信息，而且有利于消费者做好日常的饮食生活管理，加强营养均衡、促进健康，并促使法律法规的执行更加高效有序。

其实在此之前，"制造""加工"等词语根据不同的法律目的会产生不同的理解，食品标识法对这些内容进行了整合和统一。为了促进消费者的健康，以加工食品为对象，此前可任意标识的"营养成分标识"被要求强制性标注。

● 食品标识法的目的

在食品标识法实施之前，各项相关法律分别出于不同的目的进行食品标识，食品卫生法的目的在于"防止出现卫生危害，保护国民健康"，JAS法在于"食品品质的正确标识"，健康增进法的目的则是"促进国民的健康"。

食品标识的主要作用在于确保食品摄入时的安全性，且保证一般消费者拥有自主合理地选择食品的机会，因此，食品标识法通过制订食品标识基准及确保其合理性等方式，在保障一般消费者利益的同时，达到保护并促进国民健康、实现食品生产流通的便利化、根据消费者的需求振兴食品生产等目的。

● 标识的规制对象

通过3种法律的整合统一，除了食品卫生法的规制对象之外，旧JAS法中不包含的"酒类"也被列为规制对象。

● 食品标识法的执行

食品标识法在对标识制度进行规范整合的基础上，进一步强化了监督、指导、处罚等条款，提高了法律执行的效果和效率。

举例来说，具体对以下几项进行了强化：当食品出现与事实严重不符的标识行为或疑似情形时，与特定商业交易法或赠品标识法一样，可由具备资质的消费者组织依法行使禁止请求权；违反事项对安全方面产生重大影响时的罚金由1亿日元以下提升至3亿日元以下；一般消费者可向内阁总理大臣等申述食品标识的缺陷。

其他相关内容已简单归纳至下表，供读者参考。

内容	概要
3法统一	整合《食品卫生法》《JAS法》《健康增进法》的规定
目的	统一3法的目的 确保食品摄入时的安全性，且保证一般消费者拥有自主合理地选择食品的机会
对象	JAS法未涉及的酒类也被列为规制对象
处罚	违反事项对安全方面产生重大影响时的罚金由1亿日元以下提升至3亿日元以下
措施	对指示・命令・公开、现场检查等行政措施相关的监督、执行权限进行强化
禁止请求权	当食品出现与事实严重不符的标识行为或疑似情形时，具备资质的消费者组织可行使禁止请求权
申请制度	消费者可向内阁总理大臣述说不正确的食品标识，该申请制度适用于所有标识
标识内容	对食品卫生法、JAS法等法律规定的标识事项进行整合・统一
营养标识	营养标识的强制化

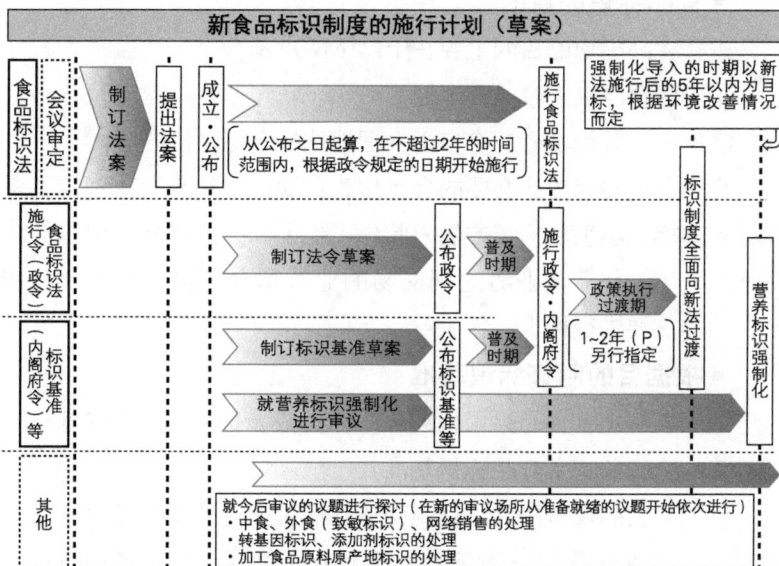

新食品标识制度的施行计划（草案）

食品标识法

会议审定 → 制订法案 → 提出法案 → 成立・公布 → 从公布之日起算，在不超过2年的时间范围内，根据政令规定的日期开始施行 → 施行食品标识法

强化导入的时期以新法施行后的5年以内为目标，根据环境改善情况而定

施行令（政令）食品标识法

制订法令草案 → 公布政令 → 普及时期 → 施行政令・内阁府令

政策执行过渡期 1~2年（P）另行指定

标识制度全面向新法过渡

（内阁府令）等 标识基准

制订标识基准草案 → 公布标识基准等 → 普及时期

就营养标识强制化进行审议

营养标识强制化

其他

就今后审议的议题进行探讨（在新的审议场所从准备就绪的议题开始依次进行）
・中食、外食（致敏标识）、网络销售的处理
・转基因标识、添加剂标识的处理
・加工食品原料原产地标识的处理

出处：消费者厅主页　食品标识法说明会相关资料　资料1
http：//www.caa.go.jp/foods/pdf/130924shiryo1.pdf

● 用于过渡的政策执行过渡期

食品标识法从 2015 年 4 月 1 日开始施行，在旧制度向新制度转变的政策执行过渡期之内，依然可按照旧制度进行食品标识。不过，生鲜食品（包括一般用和业务用）的过渡期目前已经终止。

【政策执行过渡期】

加工食品以及添加剂（一般用·业务用）

· 一般用：2020 年 3 月 31 日之前制造、加工或进口的商品。

· 业务用：2020 年 3 月 31 日之前销售的商品。

食品标识的目的与主要法律

~所有销售的食品都必须进行标识~

● 食品标识的目的

进行食品标识的目的主要在于以下两点：

①确保食品摄入时的安全性

②保证一般消费者拥有自主合理地选择食品的机会

为了向消费者传达必要的食品信息，通过法律等形式规定了食品标识的标识事项和标识方法。此外，除了向一般消费者出售的食品之外，相关行业从业者之间交易的业务用食品也要提供食品信息，同样需要进行标识。

● 根据目的制订标识基准

如下表所示，食品标识相关法律种类较多，不同的法律基于不同的目的分别制定了食品标识基准。

例如，食品标识法为了达到确保食品摄入时的安全性这一目的而制定的"致敏原""保存方法"等标识，为保证消费者拥有自主合理地选择食品的机会而制定的"原产地""原材料名称"等标识；资源有效利用促进法为抑制废弃物的产生并促进回收再利用而制定的"塑料容器及包装回收标志""纸类标志"等。

另外，也有专门对侵害消费者利益的"不当标识"进行规制的法律，例如反不当赠品和不当标识法（赠品标识法）。

食品制造或销售的相关从业者不能仅仅局限在对一部法律的了解上，必须在遵守所有相关法律的前提下进行食品标识。

法律	管辖机构	标识目的
食品卫生法	消费者厅、劳动厚生省	防止出现饮食导致的卫生方面的危害
JAS法（关于农林物资标准化及质量标识正确化的法律）	消费者厅、农林水产省	质量相关标识的正确化
健康增进法	消费者厅	促进国民健康

⬇ 上述法律中的食品标识相关规定均已与食品标识法整合统一。不过，在政策执行过渡期之内，依然可以按照上述法律规定的旧制度进行标识。

食品标识法	消费者厅	·确保食品摄入时的安全性 ·保证一般消费者拥有自主合理地选择食品的机会
赠品标识法（反不当赠品和不当标识法）	消费者厅	防止利用不当赠品或不当标识诱导顾客
计量法	经济产业省	制订计量标准，确保计量实施的正确性
资源有效利用促进法（关于促进资源有效利用的法律）	财务省、厚生劳动省、农林水产省、经济产业省、国土交通省、环境省	抑制废弃物的产生，促进资源的再利用
牛肉可追溯法（关于牛个体识别的信息管理和传达的特别措施法）	农林水产省	确保牛个体识别信息的正确管理
大米可追溯法（关于谷物交易等相关信息记录及产地信息传达的法律）	农林水产省	防止缺乏食品安全性的谷物类在市面上流通，确保标识的正确化
药械法（关于确保医药品、医疗器械之品质、有效性及安全性等问题的法律）	厚生劳动省	禁止食品声称拥有医药品性质的功能或效果
酒业法（酒税保全及酒业协会法）	国税厅	制订酒类标识的标准
禁止未成年人饮酒法	国税厅	防止未成年人饮酒

加工食品与生鲜食品的区分(根据食品标识法进行分类)

~二者的标识基准各不相同~

● 加工食品与生鲜食品的标识基准

加工食品与生鲜食品的食品标识内容大不相同。食品标识法按照加工食品和生鲜食品的分类形式，分别制定了不同的标识基准。因此，在进行食品标识时，需要确认标识对象到底属于"加工食品"还是"生鲜食品"。

具体内容如下。

〔**加工食品**〕加工食品的定义是制造或加工而成的食品。《食品标识法》对就《JAS 法》的分类方法进行了整合，将制造定义为"生产出的产品与所使用的原料有着本质上的不同"，加工则被定义为"在保留原材料本质的情况下，对产品附加新的属性"。

实际上，经过调味或加热处理的食品也属于加工食品。另外，多种食品组合拼装的水果拼盘或刺身拼盘也属于加工食品，这一点需要注意。

除此之外，《食品卫生法》曾将经过少量撒盐、干燥、过水、调味等简单加工的食品（例如干枞果等）归类为生鲜食品，而在新食品标识法中被划分为加工食品，这些食品也必须明确标注致敏原、制造厂所在地等标识。

〔**生鲜食品**〕生鲜食品的定义是加工食品及添加剂以外的食品。除了蔬菜、水果、鲜鱼、精肉等未加工的食品之外，将其进行简单的切分、切片处理，或冷冻、冷藏、解冻等处理的食品也属于生鲜食品。

● 食品标识法规定的标识事项

食品标识法针对加工食品中的一般用加工食品和业务用加工食品分别制定了通用标识事项和个别标识事项。

通用标识事项作为向一般消费者销售的、经过容器包装处理的加工食品标识标准，主要包括以下内容：①名称；②保存方法；③消费期限或赏味期限；④原材料名称；⑤添加剂；⑥净含量或固形物含量以及内容总量；⑦营养成分及热量；⑧食品相关经营者的姓名或名称以及地址；⑨制造厂或加工厂所在地，以及制造商或加工者的姓名或名称等。

生鲜食品也与加工食品一样，按照一般用和业务用两类分别制定了通用标识事项和个别标识事项。

通用标识事项为向一般消费者销售的生鲜食品标识标准，除了"名称"和"原产地"之外，根据不同的食品种类单独进行个别标识的情况也十分常见，比如水产品需要标注"养殖""解冻"等标识，这一点需要注意。

（食品标识法·食品标识基准）

加工食品与生鲜食品的区分

未加工的蔬菜、水果、鲜鱼、精肉	生鲜食品
仅经过切分、切片、去壳等处理的食品 切分后的水果、鱼肉片、刺身等（1种）	生鲜食品
仅经过冷冻、冷藏、解冻处理的食品	生鲜食品
加热过的食品 水煮蔬菜、烤鱼、半生鲣鱼、蒸鸡等	加工食品
经过调味或佐料加工的食品 盐渍鲑鱼、味噌腌鱼、调味肉等	加工食品
盐腌食品、干燥食品 咸干菜、鱼干、盐渍裙带菜、牛肉干等	加工食品
多种食材混合的食品 水果拼盘、刺身拼盘、混合绞肉等	加工食品

加工食品所需的标识（基于食品卫生法、JAS 法、计量法）

~明确所有的相关法律规定~

● 食品卫生法、计量法规定的标识内容

上文介绍了食品标识法规定的标识事项，但在实际的食品标识中，某些情况下还需要根据食品卫生法、计量法等其他法令规定的内容进行食品标识。

食品卫生法制定了标注"添加剂"时的名称及"保存方法"中应标注的温度等保存基准。

加工食品的标识事项

	JAS法	食品卫生法	计量法
名称	○	○	
原材料名称	○		
添加剂	○※1	○	
原料原产地名称 ※2	○		
净含量	○		○※3
期限标识	○	○	
保存方法	○	○	
原产国名称 ※4	○		
制造商 ※5	○	○	○※3
致敏标识		○	
转基因标识	○※6	○	

※1：根据JAS法的规定，作为原材料的添加剂也属于原材料名称的标识对象
※2：以部分加工食品为标识对象
※3：仅以特定商品为标识对象
※4：仅以进口商品为标识对象
※5：某些情况下标识为销售商、进口商或加工者
※6：《转基因食品相关品质标识基准》规定了转基因标识基准

计量法的特定商品（各商品的计量公差）

计量法第 12 条第 1 项的特定商品	特定计量单位	特定商品计量公差	适用上限
精米及精麦	质量	表（一）	25kg
豆类（未成熟的豆类除外）以及豆馅儿、煮豆和其他豆类加工品 （1）未加工的豆类	质量	表（一）	10kg
（2）加工品	质量	表（一）	5kg
米粉、小麦粉等其他粉类	质量	表（一）	10kg
淀粉	质量	表（一）	5kg
蔬菜（包括未成熟的豆类）及其加工品（酱菜以外的盐腌蔬菜除外） （1）生鲜蔬菜及冷藏蔬菜	质量	表（二）	10kg
（2）罐装或瓶装罐头、西红柿加工品及蔬菜汁	质量或体积	表（一）或表（三）	5kg 或 5L
（3）酱菜（罐装或瓶装商品除外）及冷冻食品（仅限于将加工后的蔬菜冷冻并用容器盛放或进行包装的商品）	质量	表（二）	5kg
（4）除（2）或（3）之外的加工品	质量	表（二）	5kg
水果及加工品（水果饮料原料除外） （1）生鲜水果及冷藏水果	质量	表（二）	10kg
（2）腌制水果（罐装或瓶装商品除外）及冷冻食品（仅限于将加工后的水果冷冻并用容器盛放或进行包装的商品）	质量	表（二）	5kg
（3）除（2）之外的加工品	质量	表（二）	5kg
砂糖	质量	表（一）	5kg
茶、咖啡以及可可粉调制品	质量	表（一）	5kg
香辛料	质量	表（一）	1kg
面类	质量	表（二）	5kg
年糕、燕麦粥及其他谷物类加工品	质量	表（一）	5kg
点心类	质量	表（一）	5kg
肉类（鲸鱼肉除外）及其冷冻品、加工品	质量	表（一）	5kg
蜂蜜	质量	表（一）	5kg
牛乳（脱脂乳除外）、加工乳及乳制品 （1）奶粉、黄油及奶酪	质量	表（一）	5kg
（2）除（1）之外的商品	质量或体积	表（一）或表（三）	5kg 或 5L
鱼类（含鱼子）、贝类、乌贼、章鱼及其他水产动物（仅限于可食用动物，哺乳类除外）及其冷冻品、加工品 （1）生鲜产品及冷藏、冷冻品	质量	表（二）	5kg
（2）干燥或熏制商品、冷冻食品（仅限于将加工后的水产动物冷冻并用容器盛放或进行包装的商品）以及鱼肉松、甜料酒鱼干等调味加工品	质量	表（二）	5kg
（3）除（2）之外的加工品	质量	表（一）	5kg
海藻及其加工品	质量	表（二）	5kg
食盐、味噌、味精、风味调料、咖喱调料、食用植物油、起酥油以及人造黄油类	质量	表（一）	5kg
酱汁、面类汤汁、烤肉酱汁以及汤类	质量或体积	表（一）或表（三）	5kg 或 5L
酱油及食醋	体积	表（三）	5L
熟食商品 （1）即食年糕小豆汤及即食年糕片小豆粥	质量	表（一）	1kg
（2）除（1）之外的商品	质量	表（二）	5kg
清凉饮料的粉末、甜烹海味、拌饭调味粉、芝麻盐、煎芝麻、芝麻粉以及炒芝麻	质量	表（一）	1kg
饮料（医药用品除外） （1）不含酒精的饮料	质量或体积	表（一）或表（三）	5kg 或 5L
（2）含酒精的饮料	体积	表（三）	5L

计量公差（按政令规定的误差）

※计量公差适用于实际含量与标识含量不同的商品。

计量公差表 表（一）

标识含量	误差
5g 以上 50g 以下	4%
超过 50g 且 100g 以下	2g
超过 100g 且 500g 以下	2%
超过 500g 且 1kg 以下	10g
超过 1kg 且 25kg 以下	1%

计量公差表 表（二）

标识含量	误差
5g 以上 50g 以下	6%
超过 50g 且 100g 以下	3g
超过 100g 且 500g 以下	3%
超过 500g 且 1.5kg 以下	15g
超过 1.5kg 且 10kg 以下	1%

计量公差表 表（三）

标识含量	误差
5mL 以上 50mL 以下	4%
超过 50mL 且 100mL 以下	2mL
超过 100mL 且 500mL 以下	2%
超过 500mL 且 1l 以下	10mL
超过 1L 且 25L 以下	1%

用语注释：
< 标识含量 >
特定商品的净含量，按照法定计量单位进行标注
< 实际量 > 测量仪器显示的净含量
< 特定计量单位 > 不同特定商品按政令规定的计量单位
< 误差 > 标识含量 – 实际含量
< 误差率（%）>［（标识含量 – 实际含量）÷ 标识含量］× 100%
< 误差率实例 >
标识含量为 200g，实际含量为 190g 的商品的误差率
（200 – 190）÷ 200 × 100% = 5%

计量法将以下四种商品定为"特定商品"：①全国性流通的商品；②生活消费相关商品；③销售者、消费者双方对计量消费意识较高的商品；④计量销售在一定程度上已经渗入现实的商品。这些商品必须标注"净含量"和"标识者姓名或名称·地址"等标识。

此外，净含量按照规定的"克（g）""千克（kg）""毫升（mL）""升（L）"等单位进行标识，并确保不超过下述计量误差（计量公差表）限定的范围。

● 加工食品必须标注的事项

在加工食品的标识事项中，名称、净含量等由多部法律规定的标识事项必须满足所有相关法律的规定。例如，"名称"标识的标注除了食品标识法之外，还必须遵守 JAS 法或食品卫生法的相关规定。

另外，102 页表归纳了加工食品的常见标识事项，不过，根据不同的食品种类，或许会出现可以进行省略或必须增加标识项目的情况，必须按照不同种类的食品单独进行确认。

（食品卫生法·计量法第 13 条）

容器包装的识别标志

~根据容器包装的材质进行标识~

● 容器包装的识别标志

资源有效利用促进法的目的在于抑制废弃物的产生，同时促进再生资源的有效利用。

为了促进用于商品容器包装的包装袋等包装材料的分类排放和收集，法律要求商品必须标注显示容器包装材质的识别标志。识别标志分为塑料、纸、铝、钢、聚乙烯塑料瓶（PET）等，根据商品包装的材质进行标注。

另外，饮料包装使用的纸盒、瓦楞纸、可回收玻璃瓶、饮料·酒类之外的钢易拉罐等没有法律要求的统一标志，由各行业组织自主进行标识。

- **识别标志的标识对象**

识别标志的主要标注对象为盛放肉类·鲜鱼的托盘或保鲜膜、便当·配菜的包装容器等塑料材质的包装材料。托盘或便当容器若

容器包装的识别标志与标识对象

识别标志	标识对象
	饮料·酒类使用的铝罐 <铝罐回收协会>
	饮料·酒类使用的钢罐 <钢罐回收协会>
	下述食品使用的聚乙烯塑料瓶 特定调味料（酱油、酱油加工品、甜料酒风味调料、食醋、含乳饮料、清凉饮料、酒类） <PET塑料瓶回收推进协会>
	纸制容器包装 （饮料包装使用的纸盒<不含铝>和瓦楞纸除外） <纸制容器包装回收推进协会>
	塑料制容器包装 （PET塑料瓶等PET标志的标识对象除外） <塑料容器包装回收推进协会>

各行业组织自主进行标注的标志

清洗后回收	饮料使用的纸盒 <饮料包装纸制容器回收协会> <全国牛乳容器环境协会>		可回收玻璃瓶 <日本玻璃瓶协会>
	瓦楞纸 <瓦楞纸回收协会>		饮料·酒类之外的钢易拉罐 <全日本一般罐工业团体联合会>

事先已经标注了塑料标志（通过刻印或压花的方式进行标注），则无须再次进行标注。

保鲜膜等塑料制品若没有塑料标志则需要进行标注。由于在保鲜膜上直接进行标注比较困难，可以将塑料标志标注在商品粘贴的热敏标签上。

包装农产品所使用的塑料袋虽然也属于塑料制容器包装，但若使用纯色无花纹的塑料袋且没有其他标识时，塑料标志可以省略。

不过，若使用印有图样的塑料袋或在塑料袋上标注了原产地等信息时，则必须标注塑料标志。

（《资源有效利用促进法》第 24 条）

单位价格标识

~仅以条例等规定的地区为对象~

● 单位价格标识

单位价格是指某种商品在质量、长度、面积、体积等一个数量单位下所需的价格，例如"每 100 克 200 日元""每 100 毫升 150 日元"等。

市场上，同一种产品的净含量、销售价格等可能各不相同，消费者在购买商品时，仅凭商品销售价格难以进行价格比较。因此，在对不同商品的价格进行比较和判断时，通过制订单位价格标识来提供更多有帮助的信息。

● 制订单位价格标识的条例法规

单位价格标识并非由法律制订，而是根据自治体（都道府县、制订都市）的条例等进行标注。因此，需要标识的品种和标识单位并没有全国统一的规定，其内容因地而异。

需要标识的品种以与生活消费紧密相关的商品为中心，除了食品之外，生活用品也是单位价格标识的对象。此外，销售面积达到一定程度的店铺也需要进行单位价格标识。需要标识的商品、店铺以及标识方法因地而异，必须在确认店铺所在地的自治体条例法规基础上采取应对措施。

标注单位价格标识的场所主要有以下四种：①在商品上直接粘贴价格标签进行标注；②在商品陈列架上进行标注；③在商品附近设置告示牌或 POP 广告牌进行标注；④在商品附近设置一览表进行标注。

规定了单位价格标识的自治体

自治体	条例法规
北海道	商品单位价格等标识的相关标准
茨城县	单位价格标识相关基准
栃木县	单位价格标识基准相关规则
埼玉县	单位价格等标识规程
东京都	东京都消费生活条例
新潟县	单位价格标识相关基准
富山县	单位价格标识基准
长野县	单位价格标识相关基准
岐阜县	单位价格标识相关基准
三重县	三重县消费生活条例
京都府	单位价格标识基准
兵库县	单位价格标识相关基准
奈良县	单位价格标识实施纲要
广岛县	单位价格标识实施纲要
爱媛县	爱媛县商品标识基准
高知县	单位价格标识基准的设定
大分县	大分县民消费生活安定及提高相关条例
鹿儿岛县	商品单位价格标识相关基准
仙台市	仙台市消费生活条例
千叶市	千叶市消费生活条例
川崎市	川崎市消费者利益维护及促进相关条例
名古屋市	单位价格标识基准
京都市	京都市消费生活条例
大阪市	消费者保护条例
神户市	神户市民生活保护条例

商品的销售价格由销售商设置，制造商不能事先进行标识。因此，即便是名牌商品也需要由销售商进行单位价格标识。此外，当商品价格因特卖促销等活动发生变化时，单位价格标识也必须进行相应的变更，这一点需要注意。

（自治体条例等）

反不当赠品和不当标识法（赠品标识法）

~针对"优良误导"·"优惠误导"行为导入罚款制度~

● 赠品标识法的目的

赠品标识法的正式名称为反不当赠品和不当标识法。

顾名思义，赠品标识法的目的在于防止商品或劳务（服务）交易通过相关不当赠品或不当标识对顾客进行诱导，对妨碍一般消费者自主合理地选择商品或服务的行为加以限制和禁止，以此保护一般消费者的利益。

赠品标识法对商品或服务的品质、内容、价格等方面的虚假标识进行了严格的规制，同时，为了防止出现过量提供赠品等不良手段，通过对赠品的最高额进行限制等方式，维护消费环境，确保消费者能够自主合理地选择优质的商品或服务。

● 赠品标识法的规制

赠品标识法禁止利用不当赠品或标识诱导顾客，对"提供过量赠品""不当标识"等方面进行了规制，规制对象为提供商品或服务的相关从业者。

具体而言，该法律对以下内容进行了规制。

①关于提供过量赠品

就赠品类而言，赠品标识法规定了悬赏或向到店顾客提供赠品时的总额或最高额等。

②关于不当标识

对商品或服务的品质或价格进行显著夸大，使消费者误以为比实际商品或服务更加优良，或明显优惠的标识被称为"优良误导标识"或"优惠误导标识"，法律对这些不当标识予以明令禁止。除此之外，内阁总理大臣认定（布告）的不当标识同样受到禁止。

提供过量赠品与不适用情形

附赠品

附赠品是指向所有到店顾客或商品购买者提供的赠品。

交易价额不满 1000 日元时，能够提供的赠品类的最高额为 200 日元；交易价额超过 1000 日元时，赠品类最高额为交易价额的两成。

无论是否购买商品和购买金额，统一向顾客提供赠品时，原则上交易价额为 100 日元，赠品类的最高额为 200 日元。

试用品（样品）的处理

试用品（样品）等用于宣传的物品或服务按照正常的商业惯例被认为合理时，属于附赠品不适用的情形。

这种情况下，即使是最小标识单位，也必须明确标注出试吃、试用的目的。

折扣券的处理

向购买商品的顾客提供本店专用的折扣券时，若按照正常的商业惯例被认为合理，则不适用于赠品规制。

不过，只能兑换特定的商品或服务、只能在其他店铺使用或利用抽签等悬赏方式提供赠品等情况，则适用于赠品规制或悬赏规制。

并且，若商品标识属于不当标识，无论标注者是无意还是故意为之，均视为违法行为。

法律规制的对象标识为从业人员在提供商品或服务时用来诱导顾客的标识。除了下文列举的标注在纸面或网络上的标识之外，口头广告也属于规制对象标识。

规制对象标识

- 商品、容器或包装上的广告或其他标识以及其附加品上的广告或其他标识
- 样品、传单、宣传手册、说明书或其他类似物品上的广告或其他标识（包括直邮广告或传真通信等）、口头广告及其他标识（包括电话广告）
- 海报、广告牌（包括标语牌以及建筑物、电车或汽车等载体上设置的广告牌）、霓虹灯广告、广告气球以及其他类似的物品广告、陈列品或演出广告等
- 报纸、杂志及其他出版物、广播（包括有线电信设备或扩音器广播）、投影、戏剧或灯光广告
- 信息处理专用设备投放的广告及其他标识（包括网络广告、电脑通信广告等）

● 罚款制度的导入

针对优良误导标识和优惠误导标识等不当标识行为，日本从2016年4月1日开始导入罚款制度。

该制度通过对采取不当标识的从业者处以罚金，给违法从业者带来经济损失的方式，达到防止从业者利用不当标识诱导顾客的目的。另一方面，从加快挽回受害者损失的角度出发，若从业者能够主动退还钱款，可以采取相关措施对罚款金额酌情进行减免。

【罚款缴纳命令（第8条）】

· 罚款对象：以优良误导标识行为、优惠误导标识行为为对象。

  ※涉嫌虚假广告的标识必须在一定时期内提供相关资料作为

    支持该标识的合理根据，否则将认为该标识存在优良误导

    行为而处以罚金。

· 罚款金额的计算：使用不当标识的商品·劳务销售额乘

  以3%。

· 罚款期限：以3年为上限。

· 主观性因素：若违法从业者事先不知情或在知情后迅速整改，

  则不处以罚金。

罚款缴纳命令执行前的基本手续流程（流程图）

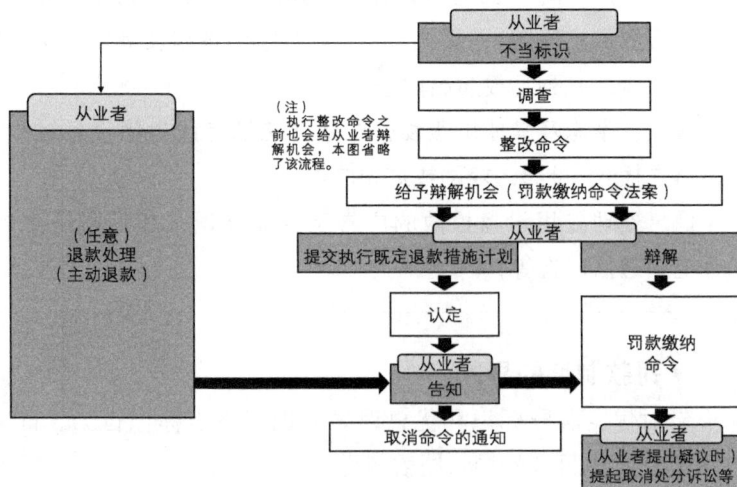

（注）以满足整改命令及罚款缴纳命令相关条件的案例为前提。

摘自：关于在赠品标识法中导入罚款制度的说明会 资料2
关于赠品标识法中罚款制度的导入
平成28年(即2016年) 消费者厅 标识对策科
http://www.caa.go.jp/policies/policy/representation/fair_labeling/pdf/160129premiums_1_2.pdf

不当标识的实例

优良误导标识
　　标注的商品内容等比实际商品更优良的不当标识。如下述各例：
- 将国外产的牛肉标注为"国产牛"
- 将合成肉标注为"沙朗牛排"
- 将人工养殖的海鲜类标注为"天然产品"
- 将肉鸡标注为"地鸡"
- 将没有减肥效果的食品标注为"吃了就可以瘦 5kg"

优惠误导标识
　　标注的内容比商品的实际交易条件优惠得多的不当标识。如下述各例：
- 在未对周边店铺的价格进行调查的情况下标注"本地区最低价"
- 在与购买单件商品价格相同的情况下标注"组合购买更优惠"
- 在只有 50 个名额的情况下标注"向前 100 名顾客赠送〇〇"

双重价格标识
　　双重价格标识是指将商品的销售价格和更高的比较对照价格，同时进行标注的标识，例如"本店原价 1000 日元的商品现价仅 500 日元"等。比较对照价格包括过去的销售价格、其他店铺的销售价格、厂商建议零售价等。过去的销售价格是指在过去 8 周之内具有 4 周以上销售业绩的价格。若商品销售时间不满 8 周，销售时期过半且具有 2 周以上的销售业绩，也可视为过去的销售价格。
　　不合理的比较对照价格标识可能会侵害消费者的利益，因此针对不当价格标识，消费者厅从赠品标识法的角度制定了相关规定。
　　另外，由于生鲜食品的商品一致性很难判断，除了限时优惠等情况之外，双重价格标识可能涉嫌不当标识行为。

● 波及流通业的重大违法案例
〈冷冻食品的优惠误导标识〉

2013 年 4 月，消费者厅根据调查发现，超市、药店等零售商所销售的冷冻食品价格标识中，多数零售商违反了赠品标识法的优惠误导相关规定，消费者厅对此进行了行政指导。

另外，为了防止发生违反赠品标识法的行为，保护消费者的权益，消费者厅对接受行政指导的对象和违法案例的重点内容进行了公开，要求零售商加盟的行业组织以及冷冻食品制造商等加盟的行业组织对冷冻食品的价格标识进行合理化。

近年来，在冷冻食品行业，制造商向个别批发商供应商品时，会单独标注"厂商建议零售价""厂商零售参考价"等价格标签，作为零售商向一般消费者销售时的参考，类似以下两种情况的不当标识行为时有发生：

·将未曾事先公开的价格声称为建议零售价格，作为比价对照价格使用，进行双重价格标识；

·制造商所设定的"建议零售价"确为零售商设定零售价格时的参考，但并未通过商品目录等方式向经营该商品的零售商广泛公示，将此价格作为比较对照价格实行双重价格标识。

这些均属于违反了赠品标识法的不当标识行为。

以下为接受行政指导的 3 起案例。

（1）将"建议零售价""厂商零售参考价"等作为比较对照价格的不当双重价格标识

案例 1

·店铺将冷冻食品的价格标签标注为"建议零售价格〇〇日元 现半价 △△日元"，通过将高于实际销售价格的"建议零售价"与该实际销售价格同时进行标注的方式，

标识实例（案例1）

〇〇〇制
△△△△△△△△△△
建议零售价500日元

半价
250日元

误导消费者认为实际销售价格比厂商建议零售价更加便宜，事实上，该商品并未有设置厂商建议零售价。

案例 2

·通过在报纸广告折页等宣传单上，将冷冻食品的价格标注为

"厂商零售参考价的□折"等方
式，误导消费者得出该商品的
销售价格比具有参考价值的一
般销售价格更加便宜的结论，
事实上，所谓的"厂商零售参
考价"是制造商按照零售商的

标识实例（案例2）

冷冻食品

厂商零售
参考价的

7折

要求单独提供的价格，作为零售商设置商品价格时的参考。由于上
述"厂商零售参考价"并未向经营该冷冻食品的所有零售商进行大
范围公示，因此在对零售商销售价格的高低进行判断时，不能作为
一般消费者的参考依据。

（2）将"本店原价"作为比较对照价格的不当双重价格标识

案例3

·通过店铺的 POP 广告牌
等，将冷冻食品的价格标注为
"每日特价　本店原价〇〇日元
　现特价△△日元"等方式，
将实际销售价格与高于该售价
的"本店原价"同时进行标注，

标识实例（案例3）

每 日 特 价

□□□制 〇〇〇〇〇〇〇〇〇〇
本店原价500日元

现特价250日元

误导消费者认为实际销售价格比"本店原价"更低，然而事实上，
所谓的"本店原价"并不是店铺近期的实际销售结果。

〈菜单标识的优良误导标识〉

2013 年，旅馆、宾馆、百货商店等场所提供的料理菜单标识曾
发生料理实际使用的食材与菜单标识不一致的严重问题。因此，消
费者厅对此类违法案例进行了归纳（详见下表），要求相关组织团
体对旗下的从业者就案例内容或概念等进行普及。

此外，消费者厅于 2014 年 3 月 28 日公布了《赠品标识法中关
于菜单·料理等食品标识的有关概念》，笔者选取了部分具体的
Q&A（常见问题和解答）进行了归纳总结，供读者参考。不过，由
于篇幅有限，更为详细的内容请访问日本消费者厅的官方主页。

食品标识相关违法案例一览表

（一）菜单标识相关案例

No.	处理日期	内容	违法种类
1	2005.11.15	关于牛肉料理原材料的不当标识	优良误导
2	2008.12.16	关于餐饮店所提供料理的原材料的不当标识	优良误导
3	2009.3.31	关于餐饮店所提供料理的原材料的不当标识	优良误导
4	2009.6.22	关于餐饮店所提供料理的原材料的不当标识	优良误导
5	2010.12.9	关于餐饮店所提供料理的原材料的不当标识	优良误导
6	2011.3.4	关于牛肉料理原材料的不当标识	优良误导
7	2011.10.28	关于生食牡蛎料理杀菌状态的不当标识	优良误导
8	2012.10.18	关于向住宿计划使用者提供的鲍鱼品种等不当标识	优良误导

（二）菜单标识以外的食品相关案例

No.	处理日期	内容	违法种类
1	2004.6.30	关于螃蟹种类的不当标识	优良误导
2	2004.7.13	关于袋装咖喱配料等的不当标识	优良误导
3	2004.10.4	关于点心原材料的不当标识	优良误导
4	2006.1.24	关于点心原材料的不当标识	优良误导
5	2006.3.23	关于食用海苔原材料的不当标识	优良误导
6	2006.3.29	关于水产加工食品原材料的不当标识	优良误导
7	2006.6.15	关于什锦雪蟹商品原产国的不当标识	优良误导
8	2007.3.26	关于观光土特产的巧克力原材料的不当标识	优良误导
9	2007.5.18	关于什锦牛肉商品内容的不当标识	优良误导
10	2007.12.14	关于马肉霜降标识的不当标识	优良误导
11	2008.5.13	关于鱼子酱品质及原产国的不当标识	优良误导 原产国
12	2008.6.17	关于矿泉水内容的不当标识	优良误导
13	2008.12.5	关于使用100%柠檬果汁的商品原料不当标识	优良误导
14	2008.12.10	关于咖啡原材料的不当标识	优良误导
15	2009.6.15	关于冷冻炸肉饼原材料的不当标识	优良误导
16	2009.11.10	关于饭团配料原产地的不当标识	优良误导
17	2010.3.29	关于蒲烧鳗鱼·鳗鱼饭原料原产地的不当标识	优良误导
18	2010.4.8	关于牛内脏商品原材料的不当标识	优良误导
19	2010.10.13	关于烤制点心原材料的不当标识	优良误导
20	2010.11.30	关于水产品原产国的不当标识	优良误导
21	2010.12.8	关于农作物化学肥料使用的不当标识	优良误导
22	2011.2.22	关于加工食品的菜单内容及销售价格的不当标识	优良误导 优惠误导
23	2011.3.3	关于牛肉加工食品原材料的不当标识	优良误导
24	2011.3.10	关于蜂蜜采集国家的不当标识	优良误导
25	2011.6.14	关于食盐制造方法的不当标识	优良误导
26	2011.9.9	关于干荞麦面原材料的不当标识	优良误导
27	2012.9.28	关于天然蜂蜜原产国的不当标识	原产国
28	2012.12.20	关于瓶装饮料水公共认证的不当标识	优良误导

注：本表主要列举了2004年4月至2013年10月的案例（所谓的"健康食品"相关案例除外）。处理日期在2009年8月以前的案例出自公正交易委员会。出处：2013年11月8日"就旅馆·宾馆菜单标识等向相关组织提出的要求"（消费者厅）

关于菜单标识的 Q&A

关于肉类的 Q&A

Q-1 餐饮店将烤制的牛肉合成肉^(※)料理标注为"牛排""牛扒"的行为是否合法?

※合成肉是指在牛肉的生肉、肥肉、内脏等成分中加入酶制剂或植物蛋白等进行人工合成、定型的肉。也被称为黏合肉或压制肉。

A 属违法行为。

Q-2 餐饮店将烤制的注入牛脂的加工肉料理标注为"霜降牛排""雪花牛排"的行为是否合法?

A 属违法行为。

Q-3 餐饮店将烤制的注入牛脂的加工肉料理标注为"牛排""牛扒"的行为是否违反了赠品标识法?

A 属违法行为。

Q-4 餐饮店菜单的标注为"日本产和牛牛排",但实际使用的并不是日本产牛肉,而是澳大利亚产的牛肉。这种行为是否违反了赠品标识法?

A 属违法行为。

Q-5 餐饮店菜单的标注为"烤制××地鸡肉",但实际使用的并不是××地鸡,而是普通的日本产鸡肉。这种行为是否违反了赠品标识法?

A 属违法行为。

Q-6 餐饮店菜单的标注为"鸭南蛮①",实际使用的是杂交鸭肉,这种行为是否违反了赠品标识法?

A 不属违法行为。

关于海鲜类的 Q&A

Q-7 餐饮店提供的料理使用草虾作为原材料,但在菜单上却声称使用的是日本对虾,这种行为是否违反了赠品标识法?

A 属违法行为。

Q-8 餐饮店提供的料理使用美国龙虾(有与小龙虾相似的螯足)作为原材料,但在菜单上却声称使用的是伊势龙虾,这种行为是否违反了赠品标识法?

A 属违法行为。

Q-9 餐饮店提供的料理使用国外产的南岩龙虾(没有与小龙虾相似的螯足)作为原材料,但在菜单上却声称使用的是伊势龙虾,并配有伊势志摩地区的风景图片,这种行为是否违反了赠品标识法?

A 属违法行为。

Q-10 餐饮店提供的料理使用红皱岩螺作为原材料,但在菜单上却声称使用的是海螺,这种行为是否违反了赠品标识法?

A 属违法行为。

Q-11 餐饮店提供的料理使用南美白对虾作为原材料,但在菜单上却声称使用的是黄新对虾,这种行为是否违反了赠品标识法?

A 属违法行为。

---

① 鸭南蛮:葱花鸭肉汤面,以鸭肉和葱作为荞麦面或乌冬面的配料。

Q-12　餐饮店提供的料理使用智利鲍鱼作为原材料，但在菜单上却声称使用的是鲍鱼，这种行为是否违反了赠品标识法？

A　属违法行为。

Q-13　餐饮店提供的料理使用北海道产的虾夷盘鲍作为原材料，但在菜单上却声称使用的是日本网鲍，并配有千叶县房总地区的风景图片，这种行为是否违反了赠品标识法？

A　属违法行为。

Q-14　餐饮店提供的料理使用虹鳟作为原材料，但在菜单上却声称使用的是王鲑，这种行为是否违反了赠品标识法？

A　属违法行为。

Q-15　餐饮店提供的料理使用新西兰产的王鲑作为原材料，但在菜单上却声称使用的是日高产的王鲑，这种行为是否违反了赠品标识法？

A　属违法行为。

Q-16　餐饮店菜单上声称提供的料理使用骏河湾产的鱼作为原材料，事实上，除了骏河湾产的鱼之外，还使用了其他地区产的鱼。这种行为是否违反了赠品标识法？

A　属违法行为。

Q-17　餐饮店菜单的标注为"法式黄油烤鲜鱼"，除此之外并没有特别强调所用原材料的新鲜程度。事实上，该料理使用的是解冻后的鱼肉，这种行为是否违反了赠品标识法？

A　不属违法行为。

Q-18　餐饮店菜单上声称提供的料理使用鱼子酱作为原材料，事实上，该料理使用的是盐渍圆鳍鱼子。这种行为是否违反了赠品标识法？

A 属违法行为。

Q-19 餐饮店菜单上声称提供的料理使用乌鱼子作为原材料，然而事实上，该料理使用的是鲨鱼或鳕鱼的鱼子等类似乌鱼子的食材。这种行为是否违反了赠品标识法？

A 属违法行为。

Q-20 餐饮店菜单上声称提供的料理使用鱼翅作为原材料，然而事实上，该料理使用的是人工鱼翅等类似鱼翅的食材。这种行为是否违反了赠品标识法？

A 属违法行为。

Q-21 餐饮店菜单上声称提供的料理使用岩海苔作为原材料，然而事实上，该料理使用的是人工养殖的黑海苔。这种行为是否违反了赠品标识法？

A 属违法行为。

关于农产品的 Q&A

Q-22 餐饮店菜单的标注为"使用△△（地区名称）的蔬菜"，然而事实上，该料理除了△△（地区名称）的蔬菜之外，还使用了大量其他地区所产的蔬菜。这种行为是否违反了赠品标识法？

A 属违法行为。

Q-23 餐饮店菜单上声称提供的料理使用日本九条葱作为原材料，然而事实上，该料理使用的是普通葱类。这种行为是否违反了赠品标识法？

A 属违法行为。

Q-24 餐饮店菜单上声称提供的料理使用法国产的栗子作为原材料，然而事实上，该料理使用的是中国产的栗子。这种行为是否违反了赠品标识法？

　　A　属违法行为。

　　Q-25　餐饮店菜单上声称提供的米饭使用"山形县生拔（haenuki）[①] 米"作为原材料，然而事实上，该米饭使用的是山形县产的混合大米。这种行为是否违反了赠品标识法？

　　A　属违法行为。

　　Q-26　餐饮店菜单上声称提供的沙拉使用有机蔬菜作为原材料，然而事实上，沙拉中的部分蔬菜并不是有机蔬菜。这种行为是否违反了赠品标识法？

　　A　属违法行为。

　　Q-27　餐饮店将提供的料理标注为"自制面包"，然而事实上，该店提供的是市面上销售的面包。这种行为是否违反了赠品标识法？

　　A　属违法行为。

　　Q-28　餐饮店菜单上声称提供的料理使用手打面作为原材料，然而事实上，该料理使用的是机械加工而成的面，并非手工制作。这种行为是否违反了赠品标识法？

　　A　属违法行为。

　　Q-29　餐饮店菜单上声称提供的料理使用鲜奶油作为原材料，然而事实上，该料理使用的是植物油打泡制成的生奶油，形状、颜色与鲜奶油相似，但没有使用牛乳作为原料。这种行为是否违反了赠品标识法？

　　A　属违法行为。

------

　　① 生拔：形容地道、纯粹，土生土长，原汁原味。

Q-30　餐饮店菜单上声称提供的料理使用卡门培尔奶酪作为原材料，然而事实上，除了卡门培尔奶酪之外，还使用了其他类型的奶酪。这种行为是否违反了赠品标识法？

A　属违法行为。

Q-31　餐厅将提供的饮料标注为"牛乳"，然而事实上，该店提供的是低脂牛乳。这种行为是否违反了赠品标识法？

A　属违法行为。

Q-32　餐饮店将提供的酒精饮料标注为"纯米酒"，然而事实上，该店提供的是使用酿造酒精等制成的清酒。这种行为是否违反了赠品标识法？

A　属违法行为。

Q-33　餐厅将提供的饮料标注为"香槟"，然而事实上，该店提供的是用酒杯分装的起泡葡萄酒。这种行为是否违反了赠品标识法？

A　属违法行为。

Q-34　餐饮店将提供的饮料标注为"鲜榨果汁"，然而事实上，该店提供的是成品果汁或用杯子分装的袋装果汁。这种行为是否违反了赠品标识法？

A　属违法行为。

2 生鲜食品相关标识

畜产品（肉类）必须履行的标识义务

~标识方法因容器包装的有无而有所区别~

● 畜产品（肉类）所需的标识事项

下表对肉类必须标注的标识事项进行了归纳。肉类的标识主要以食品标识法、计量法等为法律依据。另外，日本产牛肉还应遵照牛肉可追溯法的规定，增加牛肉个体识别编号标识。

除此之外，畜产品的标识还要以《关于食肉标识的公正竞争协议》为依据。该协议是行业自主约定的标识规则，虽然不具备法律效力，但协议内容的确立以正常的商业惯例为根据，若产品标识违反了该协议，可能出现违反赠品标识法等问题。

● 无容器包装的肉类（面对面销售、零卖商品）标识

由于计量法仅将带有容器包装的商品作为标识对象，因此无容器包装的食肉标识无须以计量法为依据。

此外，公正竞争协议并未将净含量、期限标识、保存方法、加工者等列为标识事项。

（食品标识基准第 2 章·第 3 章、计量法第 13 条、牛肉可
追溯法第 15 条、资源有效利用促进法第 24 条、
关于食肉标识的公正竞争协议）

主要肉类标识事项（经容器包装的商品）

标识事项	食品标识法	计量法	放射线污染检查	资源	公竞协	鸡肉零售标准
名称（食肉种类）	○				○	
部位					○	
原产地	○				○	
净含量	○	○			○	
期限标识	○				○	
保存方法	○				○	
加工者	○	○			○	
经过预处理需要加热食用的声明 ※1	○					
个体识别编号 ※2			○		○	
单位价格·销售价格					○	
冷冻等相关事项					○	○
去皮						○
容器包装的识别标识 ※3				○		

※1：经过预处理、可能导致病原微生物污染扩散至食品内部的商品
※2：日本国内饲养的牛所产的精肉
※3：使用了塑料制、纸制等容器包装时

主要肉类标识事项（无容器包装的商品）

标识事项	食品标识法	计量法	放射线污染检查	公竞协	鸡肉零售标准
名称（食肉种类）	○			○	
部位				○	
原产地	○			○	
个体识别编号※4			○	○	
计量				○	
单位价格·销售价格				○	
冷冻等相关事项				○	○
去皮					○

※4：日本国内饲养的牛所产的精肉

畜产品（肉类）的标识事项

~需要进行名称及原产地等 10 项标识~

①名称、部位名称

名称和部位名称标识通常采取食肉种类与部位名称组合的方式进行标注，如"牛里脊肉""鸡翅膀肉"等。

针对碎肉块等难以标注肉类具体部位的情况，则需要对食肉的种类和形态进行明确标注，如"猪肉碎""牛肉末"等。

食肉的种类还可以使用"Beef 或 Chicken"① 等外来语进行标注。出生不满 1 年的羊羔肉可标注为"Lamb"，出生 1 年以上的羊肉应使用"Mutton"作为标识。马肉则需使用"马"或"马肉"等汉字进行标注。

多个部位混合在一起时，应按照重量比例从高到低的顺序对各部位名称进行标注。

②原产地

日本产商品应注明日本国内所产的"国产"标识。进口商品则需标注原产国的国名，如"美国原产""巴西原产"。需要注意的是，"USA 原产"等英文标识在法律上不予承认。

日本产商品除了使用"国产"标识之外，还可以使用下列标识代替："北海道产""神户市产"等都道府县名或市町村名，"信州""土佐"等旧国名或旧国名的别称，以及"屋久岛"等大众熟知的地名等。

碎肉或肉末等肉类产品使用了多个地区的肉类原料时，需要按照各地区原料在产品中所占重量比例从高到低的顺序，标注出所有的原料产地。

---

① 原书中的"ビーフ"即"Beef"，"チキン"即"Chicken"。

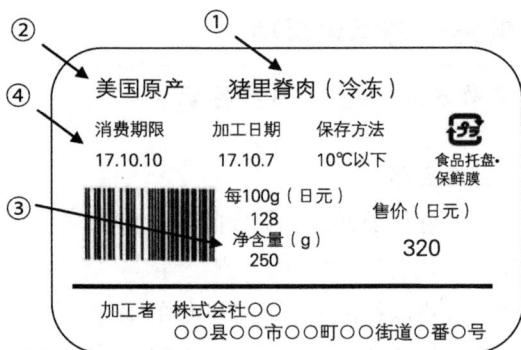

② → 美国原产　　猪里脊肉（冷冻）← ①

④ →

消费期限	加工日期	保存方法	食品托盘·保鲜膜
17.10.10	17.10.7	10℃以下	

③ →

每100g（日元）
128

售价（日元）

净含量（g）
250

320

加工者　株式会社〇〇
　　　　〇〇县〇〇市〇〇町〇〇街道〇番〇号

畜产品（肉类）的原产地标识

国产商品	A. 注明为国产 例如：国产 B. 除了国产标识之外，还可以使用下列标识 ·都道府县名、市町村名、郡名 ·旧国名：土佐、丹波等 ·旧国名的别称：信州、甲州等
进口商品	原产国名称：美国原产、中国原产等
不予承认的原产地标识	A. "和牛"标识 由于"和牛"属于品种名称，因此在表示原产地时必须明确标注为"国产和牛" B. "USA原产"等英文标识

小知识

〈饲养地在2个国家以上的畜产品原产地标识〉

例如，在美国饲养了一段时间以后，活体被运送至日本再继续饲养的牛等，畜产品的饲养地在2个国家以上时，将饲养时间最长的国家作为原产地。

若在美国的饲养时间为12个月，日本为18个月，则该产品为"国产"，若在美国的饲养时间18个月，日本为12个月，则该产品为"美国原产"。

同样地，在日本国内多个都道府县进行饲养的畜产品，若要以都道府县名作为原产地标识，则以饲养时间最长的都道府县名为准。

也就是说，当商品中的各地区原料占比分别为美国原产60%、国产30%、巴西原产10%时，商品原产地标识应为"美国原产、国产、巴西原产"。

③净含量

肉类产品的净重用重量（g，单位）进行标注。由于肉类产品的净含量不包括食品托盘、保鲜膜、吸水垫等皮重以及附加的酱汁包、调味料包等，因此净含量标识为除去以上附属物的净重。

④期限标识

期限标识使用公历或年号（平成），按照年月日的形式进行标注。

冷藏肉属于变质速度较快的食品，应使用"消费期限"进行标注。在按照规定的方法进行保存的前提下，确保产品在消费期限之内不会出现腐败、变质或其他品质方面的问题，保证产品的安全性。

相对地，在冷冻状态下销售的冷冻肉属于变质速度较慢的食品，应使用"赏味期限"进行标注。在按照规定的方法进行保存的前提下，确保在赏味期限之内能够完全维持产品的品质和风味。

⑤保存方法

食品卫生法明确规定了食品的保存标准，肉类和鲸鱼肉在冷藏条件下的保存温度为10℃以下，切分包装好的肉类和鲸鱼肉在冷冻条件下的保存温度为-15℃以下。按照食品标识法及上述标准进行标注。

另外，在生鲜市场处理的"半熟牛肉、牛肉刺身、生拌牛肉"等用于生食的加工食品属于"生食肉类（牛肉）"，为了防止出现因O-157导致的食物中毒等问题，根据食品卫生法的规定，应在4℃以下进行保存，切不可与普通肉类产品的保存温度相混淆。

⑥加工者

对处理肉类产品的加工厂所在地以及姓名或名称等进行标注。

⑦单位价格

对每 100g 对应的销售价格进行标注。除了直接标注在商品上之外，还可利用 POP 广告牌（吊牌、价格标签）等进行标注。用于制作鸡排、烤整鸡的鸡肉按照 1 块、1 片、1 只等单位进行分类时，其单位价格可标注为"1 片 798 日元（每 100g ○○日元）"或"每 100g 500 日元（1 片○○日元）"等。

⑧销售价格

原则上应标注包含消费税的销售价格。

不过，截至 2018 年 9 月 30 日，依然可以使用不含消费税的价格进行标注（详见第 129 页的"小知识"）。

⑨冷冻相关标识

冷冻后购入的肉类产品或在店铺内进行冷冻处理的肉类产品等应标注"冷冻""冰冻""解冻品"等相关标识。按照规定，解冻后的鸡肉应标注为"解冻品"，冷冻处理的鸡肉应标注为"冷冻品"，从业者必须严格遵守。

⑩容器包装的识别标志

资源有效利用促进法要求商品的容器包装必须标注表示回收利用的识别标志。

肉类产品的容器包装通常使用食品托盘、保鲜膜等塑料制品，塑料制品应标注"塑料标志"，包装纸等纸制包装应标注"纸类标志"。

此外，使用多个类型的包装材料时，应利用标签等方式，将托盘、保鲜膜等不同部位的名称和材质统一集中进行标注。

⑤ ⑨

美国原产　　猪里脊肉（冷冻）

消费期限	加工日期	保存方法	
17.10.10	17.10.7	10℃以下	

⑩ 食品托盘·保鲜膜

⑦

每100g（日元）
128
净含量（g）
250

售价（日元） ⑧
320

加工者　株式会社〇〇
　　　　〇〇县〇〇市〇〇町〇〇街道〇番〇号

⑥

标识文字的大小

　　A：名称、原产地、净含量、期限标识、保存方法、加工者使用JIS标准8磅以上的字号印刷。此外，容器包装的面积在150cm²以下时，商品的期限标识、保存方法可使用5.5磅以上的字号印刷。

　　B：塑料标志的长度在6mm以上，且在塑料标志上同时标注"托盘、保鲜膜"等容器包装的名称时，使用JIS标准6磅以上的字号印刷。

　　C：用吊牌、价格标签等标注单位价格时，吊牌尺寸应不小于纵向128mm×横向182mm，价格标签尺寸应不小于纵向55mm×横向90mm，使用42磅以上的粗体文字进行标注。

消费税转嫁对策特别措施法

　　伴随着消费税的提高，日本颁布了《消费税转嫁对策特别措施法（特措法）》，以确保消费税能够顺利且合理地进行转嫁，同时，为了减少更换价格标签等作业给从业者带来的负担，防止消费者将标识价格误认为含税价格，该法案制定了商品无须标注"含税价格（总价）"的特别规定。

　　该法律的有效期限原本为2013年10月1日至2017年3月31日，之后随着所得税法等部分内容的修订，延长至2018年9月30日。

　　根据特别规定，商品价格的标识方法主要有以下几种。

例1：通过价格标签、传单、海报、产品目录、网页等进行标注。

　　①〇〇日元（不含税）　　　　②〇〇日元（不含税价格）

　　③〇〇日元（本体价格）　　　④〇〇日元+税

例2：通过单个价格标签进行标注。

　　用"〇〇日元"的形式仅对商品的不含税价格进行标注，另外在店内的醒目位置，明确标示"本店商品的价格均为税前价格"，在消费者选择商品时给予提示。

个别商品标识1·日本产牛肉

~必须标注个体识别编号标识！~

● 个体识别编号

日本产牛肉必须按照牛肉可追溯法的规定标注个体识别编号标识。

个体识别编号能够对每一头牛进行识别，其目的是在发生牛脑海绵状病（BSE）等人畜共患感染病时，限制同一牧场内其他牛的活动，查明疑似感染的动物，迅速采取宰杀措施，防止 BSE 的蔓延。

● 标识对象

个体识别编号的标识对象为日本国内饲养的牛所提供的牛肉。另外，除了日本国内出生·饲养的牛之外，在国外出生后运送至日本饲养的牛也包含在内。

不过，以下几种产品并不属于个体识别编号的标识对象。

①以牛肉为原料制造·加工·烹饪的产品（汉堡牛肉饼、烤牛肉、调味肉等）

②肉末

③牛肉成形过程中产生的副产品（牛内脏·牛舌等副产品、肉碎·牛边角肉、用牛肉成形过程中产生的碎肉制成的产品）

● 标识内容

个体识别编号用 10 位数字进行标注。不过，若牛肉的数量来源在 50 头牛以下，为了便于识别牛肉的具体来源，可以使用多个个体识别编号进行标注。

另外，还可以标注与个体识别编号相对应的批次编号（批号）。在这种情况下，还需要一并标注出批号标注者的名称（公司名称）和电话号码等联系方式。

● 标注场所

可在商品的容器包装上粘贴标签条等进行标注，或在店铺内的醒目位置进行标注。

国产	牛腩	个体识别编号 0123456789	
消费期限 14.10.10	加工日期 14.10.7	保存方法 10℃以下	食品托盘· 保鲜膜
	每100g（日元） 298	售价（日元）	
	净含量（g） 250	745	
加工者	株式会社○○ ○○县○○市○○町○○街道○番○号		

小知识

访问独立行政法人家畜改良中心的网页，在牛个体信息检索服务中输入牛肉的个体识别编号，就可以查阅牛从出生到宰杀的全部履历。

履历内容包括牛的出生年月日、性别、品种、饲养所在县、运送日期等，读者可自行查阅。

个别商品标识2·鸡肉

~3月龄以内的鸡要标注为"幼鸡"~

本节将对畜产品（肉类）标识事项中的鸡肉相关注意要点进行说明。

● "幼鸡"标识

3月龄以内的鸡需将名称标注为"幼鸡"。

● 冷冻相关标识

冷冻状态下的鸡肉应标注为"冷冻品"，解冻后的鸡肉则标注为"解冻品"。

鸡肉的标注方法与牛肉等其他肉类有所区别，需要格外注意。

● 去皮净肉的标注

净肉类（去除骨头后的带皮鸡肉）进行去皮处理后应标注为"去皮净肉"。

巴西原产	幼鸡鸡腿肉	解冻品	
消费期限	加工日期	保存方法	♻ 食品托盘·保鲜膜
17.10.10	17.10.7	10℃以下	
‖‖‖‖‖‖‖‖	每100g（日元）138 净含量（g）200	售价（日元）276	
加工者　株式会社〇〇 〇〇县〇〇市〇〇町〇〇街道〇番〇号			

个别商品标识3·肉末

~按照重量比例标注所有的原产地~

用同一种肉类制成的肉末也属于生鲜食品中的畜产品类。标识内容与普通肉类基本相同，但需要注意以下几个方面。

● 名称

肉类的部位名称难以确定时无须标注名称，但要对肉的种类和形态进行标注，如"牛肉末"等。边角肉、碎肉等无法确定具体部位的肉类也做相同的处理。

● 原产地

将多个原产地的肉类混合而成的肉末产品需要按照重量比例从高到低的顺序，标注出所有的原产地。

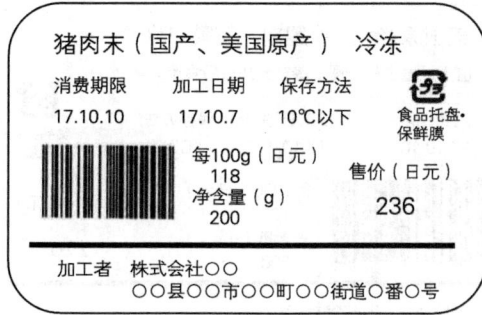

猪肉末（国产、美国原产） 冷冻			
消费期限	加工日期	保存方法	食品托盘·保鲜膜
17.10.10	17.10.7	10℃以下	

每100g（日元）
118
净含量（g）
200

售价（日元）
236

加工者　株式会社○○
　　　　○○县○○市○○町○○街道○番○号

● 个体识别编号

肉末产品不属于个体识别编号的标注对象。用日本产牛肉制成的肉末也无须标注。用牛肉成形过程中产生肉渣制成的边角肉、碎肉末等副产品也不用标注个体识别编号。此外，用牛肉或猪肉等不同种类的肉混合而成的肉末在食品标识法上属于加工食品。具体可参照"食肉加工食品的标识"一节。

个别商品标识4·筋膜切除肉

~防止食物中毒的重要标识~

经过筋膜切断处理或成形切块处理的肉类需要明确标注"由于经过了预处理，请充分加热后食用"等内容，提示消费者该肉类产品经过了预处理，在食用时必须充分加热。

这一标识是为了防止出现因肠出血性大肠杆菌 O−157 等病原微生物所导致的食物中毒事故。

病原微生物等细菌通常只存在于肉类表面，肉（筋肉）的内部受到污染的可能性较小。但经过筋膜切断处理等加工之后，病原微生物可能会进入筋肉内部。

肉的内部一旦被感染，仅对肉类表面进行加热的话无法完全杀灭细菌，可能会引发食物中毒。因此，通过标注"肉类经过预处

```
美国原产      牛腿肉（筋膜切除）
由于经过了预处理，请充分加热后食用。

消费期限        加工日期        保存方法              食品托盘·
17.10.10        17.10.7        10℃以下              保鲜膜

              每100g（日元）
                 138              售价（日元）
              净含量（g）
                 200                  276

加工者    株式会社○○
         ○○县○○市○○町○○街道○番○号
```

理"以及"食用时应充分加热"等标识来唤起消费者的注意，防止出现食物中毒事故。

＊筋膜切断处理——在保持肉类原本形态的基础上，利用刀具等工具将肉类的筋膜或纤维切断的处理方式。

＊成形切块处理——将肉块或肉末装入金属制的容器中，压实后冷冻成形，再切成一定厚度的处理方式。请参照"个别商品标识6·调味肉"一节。

零卖商品（面对面销售·称重销售）的标识

~标识字号应设置在42磅以上~

面对面销售、称重销售等不带容器包装销售的肉类需要标注下述标识事项。

其标识用标签卡（POP 等）进行标注。

标识内容与带容器包装进行销售的情况相同。

·名称

·原产地

·冷冻相关标识

·计量——按照"每 100g 298 日元"等方式标注每 100g 的销售价格。用于制作鸡排、烤整鸡的鸡肉按照 1 块、1 片、1 只等单位进行分类时，其单位价格可标注为"1 片 798 日元"或"每 100g 500 日元"等。

· 个体识别编号——日本产牛肉必须标注个体识别编号。

· 标签卡、字号——标签卡的尺寸应不小于纵向 55mm×横向 90mm，并使用 42 磅以上的字号进行标注。

标识卡示例

国产牛腿肉（冷冻）

个体识别编号
0123456789

每100g 298日元

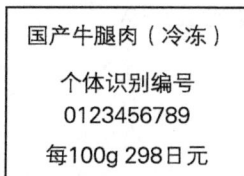

肉类加工食品的标识

~注意与生鲜食品标识区分开！~

● **属于加工食品的肉类产品**

根据食品卫生法的分类标准，多种食品混合的产品以及经过加热、调味、盐腌、干燥等加工处理的产品均属于加工食品。

畜产品（肉类）部门处理的商品中，多种肉类混合的肉末产品或烤肉拼盘、经过加热调味等加工的火腿、香肠、烤牛肉、调味肉、生肉类（牛肉）等均属于加工食品。此类产品需要标注的不是生鲜食品标识，而是加工食品相关标识。

此外，加工食品与生鲜食品的具体分类可参见上文"加工食品与生鲜食品的区分（根据食品标识法进行分类）"一节，加工食品所需的具体标识事项请参见下文"加工食品相关标识"。

（食品标识基准第 2 章·第 3 章、计量法第 13 条、
资源有效利用促进法第 24 条）

属于肉类加工食品的产品（基于JAS法）

① 多种食品混合的产品
例：烤肉拼盘、混合肉末等
② 经过调味·佐料加工的产品
例：调味肉（在生肉中放入烤肉酱汁等）、汉堡牛肉饼等
③ 经过加热调味的产品
例：火腿、香肠、烤牛肉、蒸鸡等
④ 将肉块表面进行加热杀菌处理的产品
例：生食肉类（牛肉）

加工食品的预包装①品、店内加工品、店内小包分装品

~相同加工食品所需的标识可能不同！~

● 店内加工品标识的相关处理

加工食品所需的标识根据预包装品、店内加工品和店内小包分装品的分类而有所区别。

加工食品的标识必须以食品标识法、计量法等法律为依据（参见上文"加工食品必须进行的标识"），"在食品制造或加工的场所进行销售"的食品属于"店内加工品"，作为食品标识法的特例，不需要标注"原材料名称""净含量""食品相关经营者的姓名或名称以及地址""营养成分含量及热量"等标识事项。

这是由于消费者可以从员工处获知店内加工品的原材料等品质相关信息。因此，店铺必须采取员工培训或完善商品信息等措施，保证员工能够向消费者提供正确的信息。

---

① 预包装：预包装是指商品不在零售店或超市内进行包装，而是预先包装好之后再配送至销售商店，简单来说是将包装作业外包的一种形式。

店内加工品之生汉堡牛肉饼标识

添加剂：调味料（氨基酸等）、乳化剂、香料、焦糖色素、（部分含蛋·乳成分·小麦·牛肉·猪肉·大豆）

生汉堡牛肉饼
食品添加剂·致敏原标注详见背面

消费期限	加工日期	保存方法
17.10.10	17.10.7	10℃以下

食品托盘·保鲜膜

净含量（g）
200

售价（日元）
198

加工者　株式会社○○
　　　　○○县○○市○○町○○街道○番○号

预包装品、店内小包分装品的生汉堡牛肉饼标识

原材料名称：牛肉（美国原产）、猪肉（国产）、面包粉、洋葱、鸡蛋、食盐、脱脂奶粉、香辛料/调味料（氨基酸等）、乳化剂、香料、焦糖色素、（部分含蛋·乳成分·小麦·牛肉·猪肉·大豆）
营养成分标识（每100g）
热量206 kcal、蛋白质11g、脂肪13g、碳水化合物11g、食盐当量1.2g

生汉堡牛肉饼
原材料名称等标注详见背面

消费期限	加工日期	保存方法
17.10.10	17.10.7	10℃以下

食品托盘·保鲜膜

净含量（g）
200

售价（白元）
198

加工者　株式会社△△制肉
　　　　△△县△△市△△町△△街道△番△号

由于店内加工品可以省略原材料名称、原料原产地名称标识，因此无须标注"牛肉（美国原产）、猪肉（国产）、面包粉、洋葱、鸡蛋、食盐、脱脂奶粉、香辛料"等内容。

此外，只有在同一场所的店铺销售店内加工品时，才能省略上述标识事项。在其他店铺销售时则与预包装品一样，需要明确进行标注。

主要标识事项的对比（容器包装的加工食品）

标识事项	预包装品	店内加工品	店内小包分装品
名称	○	○	○
原材料名称	○		○
添加剂	○	○	○
致敏原	○	○	○
原料原产地名称	○		○
净含量	○	○	○
期限标识	○	○	○
保存方法	○	○	○
原产国名称	○		○
制造商等	○		○
转基因	○		○
营养成分标识	○		○
容器包装的识别标志	○	○	○

个别商品标识 5 · 混合肉末

~按照所用肉类原料的重量比例进行标注~

混合肉末是指将不同种类的肉末混合而成的肉制品，属于加工食品。

● 名称

混合肉末的名称按照所用不同肉类原料的重量比例从高到低的顺序进行标注，如"猪肉·牛肉混合肉末""牛猪混合肉末"等。仅标注"混合肉末"等名称将不受法律认可。

```
牛猪混合肉末（解冻品50%）
牛肉（美国原产）、猪肉（国产、美国原产）

消费期限      加工日期      保存方法      [食品托盘·保鲜膜]
17.10.10     17.10.7      10℃以下

              每100g（日元）
              138          售价（日元）
净含量（g）                 276
200

加工者  株式会社○○
        ○○县○○市○○町○○街道○番○号
```

• **原材料名称**

按照所用原材料重量比例从高到低的顺序进行标注。

• **冷冻相关标识**

将冷冻肉类与非冷冻肉类进行混合时，必须进行明确标注。如上文所示，标注出解冻品的混合比例即可。烤肉拼盘等产品也需如此。

• **营养成分标识**

混合肉末属于加工食品，食品标识基准规定"原材料在极短的时间内发生变更的食品"可以省去营养成分标识，混合肉末由肉类的多种部位混合而成，属于原材料迅速变更的食品，因此无须标注营养成分。

个别商品标识 6·调味肉

~要注意致敏原（致敏物质）的标注~

调味肉由于经过了调味处理，属于加工食品。

• **名称**

用"调味牛肉（烤肉用）"等一般性名称进行标注。调味后的肉类不需要标注部位名称。

原材料名称：牛肉（国产）、酱油（含小麦·大豆）、白砂糖、苹果、大蒜、芝麻油、芝麻/调味料（氨基酸等）、增稠多糖类、香辛料提取物、焦糖色素、香料 营养成分标识（每100g）：热量240kcal、蛋白质12g、脂肪15g、碳水化合物14g、食盐当量1.8g	**调味牛肉（烤肉用）** 由于经过了预处理，请充分加热后食用。

调味牛肉（烤肉用）

由于经过了预处理，请充分加热后食用。

消费期限	加工日期	保存方法	食品托盘·保鲜膜
17.10.10	17.10.7	10℃以下	

净含量（g）200　　售价（日元）398

加工者　**株式会社○○**
○○县○○市○○町○○街道○番○号

• 原材料名称

按所用原材料重量比例从高到低的顺序进行标注。店内加工品无须标注。

• 原料原产地名称

对肉类原材料的原产地进行标注。店内加工品无须标注。

• 添加剂

按照调味肉所用添加剂重量比例从高到低的顺序进行标注。此外，调味液（烤肉酱汁等）原材料中所含的添加剂也属于标注对象。

筋膜切断处理	在保持肉类原本形态的基础上，利用刀具等工具将肉类的筋膜或纤维切断的处理方式
滚揉处理	将调味料完全渗透的处理方式
成形切块处理	将肉块或肉末装入金属制的容器中，压实后冷冻成形，再切成一定厚度的处理方式
浇汁处理	将小肉块装入容器包装后，加入调味液的处理方式
腌制处理	将小肉块浸泡在调味液中的处理方式
搅拌处理	在小肉块中加入调味料，使用搅拌器打散拌匀的处理方式

- **致敏标识**

原材料中包含食品标识法要求标注的致敏原（参见"加工食品的标识 2·致敏标识"一节）时应进行标注。

- **其他**

经过调味加工的肉类无须标注"冷冻相关标识""单位价格标识""个体识别编号"等。

- **注明已经过处理且须在加热后食用**

如上表所示，经过浇汁、腌制、滚揉等处理的肉类必须明确标注"由于经过了预处理，请充分加热后食用"等说明文字，提示消费者在食用前必须充分加热。

这一标识是为了防止出现因肠出血性大肠杆菌 O-157 等病原微生物所导致的食物中毒事故（标识目的在"个别商品标识 4·筋膜切除肉"一节中已有详细说明）。

此外，生汉堡牛肉饼等在外观上与未经处理的肉类产品有明显区别的产品可以省略经过处理的标注。

- **营养成分标识**

调味肉属于加工食品，经过容器包装的调味肉应按照食品标识基准标注营养成分。

个别商品标识 7·生食肉类　牛肉

~餐饮店发生的安全事故推动了法律修订~

过去，生食肉类的标识以 1998 年厚生劳动省颁布的"确保生食肉类的安全性"通知中的"生食肉类的标识基准目标"为依据，指导从业者进行适当的标注。然而，2011 年 4 月餐饮连锁店发生了因肠出血性大肠杆菌所导致的食物中毒事故，事故发生后，"标识基准目标"转变为具有强制性的法律规定，日本政府修订了食品卫生法施行规则，从 2011 年 10 月 1 日起要求从业者必须标注生食牛肉标识，之后，标识相关的具体内容也转移至食品标识基准之下。此外，由于"生食用肉类的规格标准"中的加工相关标准要求对肉块表面进行加热杀菌处理，因此生食牛肉并不属于生鲜食品，需要标注加工食品相关标识。

● 标识对象

生食牛肉的标识对象主要包括生拌牛肉、牛肉刺身、半熟牛肉等。另外，由于内脏不属于生食肉类的范畴，因此不属于标识对象。而且，食品卫生法明确禁止提供生食牛肝。

生食肉类　牛肉标识示例

个体识别编号：1122334455

名称	生食用牛腿肉
原材料名称	牛肉
原料原产地名称	○○县
净含量	150 g
消费期限	○○○○.○○.○○
保存方法	4℃以下保存
屠宰场	○○食肉中心（东京都）
加工设施	○○株式会社（东京都）
加工者	株式会社○○制肉 ○○县○○市○○町○○街道○番○号

※肉类生食可能导致食物中毒。
　儿童、老人以及对食物中毒抵抗力较弱的人群应避免生食。

● 标识事项

经过容器包装的生食牛肉需要标注以下①~⑤项内容。

①注明用于生食——明确标注"生食用""可直接生食"等用于生食的标识。"生拌用""牛肉刺身用""半熟牛肉用"等标识均未明确注明用于生食，不受法律认可

②屠宰场名称、屠宰场所属的都道府县名、屠宰场标识

③加工设施名称、加工设施所在的都道府县名、加工设施标识

④可能导致食物中毒等生食风险标识

⑤儿童、老人及其他对食物中毒抵抗力较弱的人群应避免摄入

生食肉类的提示

　　另外，在面对面销售、称重销售等情况下，也需要在店内的醒目位置标注第④项和第⑤项内容。此外，"生食肉类的烹饪标准"规定经过烹饪的生食肉类必须迅速提供，在销售生食肉类时，必须附上适当的消费期限，提示消费者尽快食用。

● 营养成分标识

　　生食牛肉属于加工食品，经过容器包装的生食牛肉应按照食品标识基准标注营养成分。

〔食品标识基准第 2 章·第 3 章、
生食用肉类（牛肉）的规格标准〕

小知识

禁止销售·提供生食牛肝

　　根据食品卫生法的规定，从2012年7月开始，生食牛肝脏（生牛肝）的销售·供应被全面禁止。

　　其原因在于，目前尚未发现安全食用生牛肝的方法，生吃牛肝可能会导致由肠出血性大肠杆菌引发的重度食物中毒事故。

　　牛肝必须作为"加热食用"的产品销售·供应。

　　此外，在销售·供应牛肝时，必须利用POP广告牌等方式，提示消费者务必进行高温杀菌处理，确保牛肝的中心部位也得到充分加热。

　　标识示例

　　"加热食用"

　　"烹饪时务必充分加热"

　　"可能导致食物中毒，不可生食" 等

个别商品标识 8·烤牛肉

~需要标注与一般加工食品不同的标识~

　　烤牛肉为调味加热处理的食品，按照食品标识法的分类，属于加工食品。

需要注意的是，烤牛肉的标识事项与一般加工食品有所不同。

● **特定加热肉制品的标识**

食品卫生法将烤牛肉等使用"在中心部位的温度达到 63℃时持续加热 30 分钟或具有同等功效的方法"之外的其他方法进行加热杀菌的肉制品（干燥肉制品以及非加热肉制品除外）划分为特定加热肉制品，其标签上应明确注明。

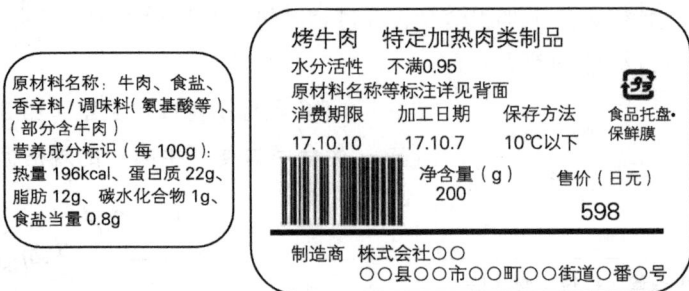

原材料名称：牛肉、食盐、香辛料/调味料（氨基酸等）、（部分含牛肉）营养成分标识（每100g）：热量196kcal、蛋白质22g、脂肪12g、碳水化合物1g、食盐当量0.8g	烤牛肉　特定加热肉类制品 水分活性　不满0.95 原材料名称等标注详见背面

```
烤牛肉    特定加热肉类制品
水分活性    不满0.95
原材料名称等标注详见背面
消费期限      加工日期     保存方法        食品托盘·
17.10.10     17.10.7     10℃以下        保鲜膜

              净含量（g）      售价（日元）
                 200             598

制造商    株式会社○○
         ○○县○○市○○町○○街道○番○号
```

● **水分活性**

水分活性是指食品中含有的微生物生长所需的水分比例。水分活性越低，微生物生长繁殖越慢，食品的储藏性随之增加。

● **保存方法**

食品的储藏性受水分活性影响，食品卫生法规定，水分活性在 0.95 以上时，应保存在 4℃以下；水分活性不满 0.95 时，保存条件为 10℃以下。

● **营养成分标识**

烤牛肉属于加工食品，经过容器包装的烤牛肉应按照食品标识基准标注营养成分。

个别商品标识 9 · 店内小包分装的火腿 · 香肠类

~店内小包分装不属于店内加工品~

店内加工品的定义为"在食品制造或加工的场所进行销售"的

产品，作为食品标识法的特定可以省去部分标识，而店内小包分装品并不属于此范畴，因此"原材料名称""净含量""食品相关经营者的姓名或名称以及地址""原料原产地名称""营养成分含量及热量"等标识事项均不可省略。

加热肉制品（加热后包装）
原材料名称：猪肉、鸡肉、黏合材料（淀粉、植物性蛋白）、食盐、麦芽糖、香辛料/调味料（氨基酸等）、磷酸盐（Na）、抗氧化剂（V.E）、发色剂（亚硝酸盐）、（部分含小麦·猪肉·鸡肉·大豆）
淀粉含量　7%
营养成分标识（每100g）：热量311kcal、蛋白质12g、脂肪28g、碳水化合物3g、食盐当量2.1g

维也纳香肠
原材料名称等标注详见背面
消费期限　加工日期　保存方法
17.10.21　17.10.7　10℃以下
净含量（g）　售价（日元）
150　　　　498
食品托盘·保鲜膜
加工者　株式会社〇〇
〇〇县〇〇市〇〇町〇〇街道〇番〇号

此外，火腿、香肠、培根为食品标识法规定的个别标识事项类，其标识事项与一般的加工食品有所区别，这一点需要注意。

- **加热肉制品标识**

火腿、香肠、培根属于肉制品中的加热肉制品一类，需注明。不过，有"法兰克福香肠""维也纳香肠"等标识时可省略。

- **包装后加热与加热后包装的区别**

火腿、香肠需注明是"包装后加热"或"加热后包装"。加热处理完成后在店内进行小包分装的产品属于"加热后包装"。

- **原材料名称**

店内小包分装的加工食品必须标注原材料名称。

- **淀粉含量**

使用淀粉（含加工淀粉）、小麦粉、玉米粉的产品应通过"淀粉含量"等标识事项注明其所含比例。另外，淀粉含量在5%以下时可省略标注。

- **加工者**

小包分装处理属于加工食品分类中的加工行为，需在标注"加工者"的同时，注明加工厂所在地及其姓名或名称。另外，对进口产品进行小包分装处理时同样需要标注加工者。

● 营养成分标识

火腿、香肠等加热肉制品属于加工食品，经过容器包装的加热肉制品应按照食品标识基准标注营养成分。

农产品（蔬菜、水果等）的标识

~容器包装的商品应履行的标识义务~

● 农产品（蔬菜、水果等）所需的标识事项

下表对农产品需要标注的事项进行了归纳。农产品应依照食品标识基准标注名称和原产地。

主要农产品的标识事项

标识事项	食品标识法	计量法	资源有效利用促进法
名称	○		
原产地	○		
转基因※1	○		
添加剂※2	○		
致敏原※3	○		
净含量※4		○	
加工者等	○※5	○※4	
期限标识※5	○		
保存方法※5	○		
栽培方法※6	○		
容器包装的识别标志※7			○

※1：转基因事项的标识对象为"实行区别性生产流通管理的转基因农产品"或"未区分转基因农产品与非转基因农产品时"。

※2：柑橘类、香蕉等允许使用防霉剂的农产品在使用了防霉剂的情况下需标注。

※3：允许使用防霉剂的水果使用包含源自特定原材料的添加剂时需标注。

※4：仅以经过容器包装密封后销售的豆类、精米、精白麦米为标识对象。

※5：仅以使用了防霉剂的水果为标识对象。部分情况下可省略。

※6：仅以香菇为标识对象。

※7：使用塑料制、纸制等容器包装时。

针对"大豆、玉米、马铃薯（土豆）、油菜籽、棉籽、苜蓿、甜菜、番木瓜"等 8 类转基因作物，若属于"实行区别性生产流通管理的转基因农产品"或"在生产或流通的任意阶段未对转基因农产品和转基因农产品进行区分的情况下"，需要在农产品名称后面用括号注明转基因标识，如"○○（转基因）""△△（转基因未区分）"等。

在"杏、樱桃、柑橘类、猕猴桃、石榴、李子、西洋梨、油桃、香蕉、枇杷、榅桲、桃以及苹果"等水果中使用防霉添加剂时，应注明物质名称及其用途。标识对象主要为使用塑料袋等进行包装处理后销售的产品，散称零卖时建议使用 POP 广告牌进行标注。

大豆、红豆等豆类，精米，精白麦米等产品经过容器包装密封后销售时，必须标注净含量（g）和标识者姓名或名称、地址等事项。

（食品标识法、计量法第 13 条、平成 27 年消食表 139 号通知、资源有效利用促进法第 24 条）

农产品（蔬菜、水果等）的标识事项

~ "美国原产" OK，"USA 原产" NG~

①名称

使用"苹果""卷心菜"等一般名称进行标注。

②原产地

日本产商品使用"北海道产"等都道府县名进行标注。进口商品使用"美国原产"等原产国的国名进行标注。"USA 原产"等英文标识在法律上不予承认。

日本产商品除了使用都道府县名标注之外，还可以使用"札幌市产"等市町村名、"信州""土佐"等旧国名或旧国名的别称以及"屋久岛"等大众熟知的地名进行标注。

进口商品除了使用原产国名之外，还可以使用"加利福利亚原产""福建省原产"等大众熟知的地名进行标注。

③添加剂标识

"杏、樱桃、柑橘类、猕猴桃、石榴、李子、西洋梨、油桃、香蕉、枇杷、榅桲、桃以及苹果"等食品卫生法允许使用防霉剂（防霉抗菌剂）的水果在使用了防霉剂的情况下需要标注添加剂标识。

具体的标注方法包括"防霉剂（抑霉唑）""防霉剂（TBZ、OPP①）""本产品使用咯菌腈作为防霉剂"等，注明添加剂的用途（使用目的）和物质名称。

④转基因

针对番木瓜或玉米等转基因农产品，若属于"实行区别性生产流通管理的转基因农产品"或"在生产或流通的任意阶段未对转基因农产品和转基因农产品进行区分的情况下"，需要在该农产品名称后面用括号注明转基因标识，如"○○（转基因）""△△（转基因未区分）"等。

⑤容器包装的识别标志

使用塑料袋或纸箱等容器对农产品进行包装后再销售时，需要标注容器包装的识别标志（塑料标志或纸类标志）。不过，若使用纯色无花纹的塑料袋且没有其他标识时，塑料标志可以省略（详见"容器包装的识别标志"一节）。

⑥标注场所

名称、原产地标注在容器包装上，也可选择在销售场所内用POP广告牌等进行标注，并设置在商品周围的醒目位置。

对于包装好的农产品，防霉剂标识应标注在容器包装上，在称重零卖的情况下，需要在卖场内设置POP广告牌进行标注。容器包装的识别标志可直接标注在容器包装上，或利用标签等印刷品进行标注。

---

① TBZ、OPP 分别指涕必灵和邻苯基苯酚。

⑦标识文字的大小

名称、原产地、添加剂标识使用 JIS 标准 8 磅以上的字号印刷。容器包装的识别标志（塑料标志、纸类标志）使用 6mm 以上的长度进行标注。

⑧农产品的什锦套装

土豆、洋葱、胡萝卜拼装的咖喱组合、各类水果组合拼装的什锦果篮等混装产品需要逐一标注各种农产品的名称和原产地。

⑨多个原产地的农产品混合销售时

在同一卖场内将多个原产地的农产品混合进行销售时，需要按照重量比例从高到低的顺序注明所有的原产地。

例如，在同一卖场内将北海道产的洋葱和佐贺县产的洋葱（北海道产的洋葱重量比例更高）混合进行销售时，应按照重量比例从高到低的顺序，用"北海道产、佐贺县产"的方式注明原产地。

⑩生鲜香菇的标识（栽培方法）

生鲜香菇需要标注栽培方法。原木栽培标注为"原木"，菌床栽培则标注为"菌床"。

将原木栽培和菌床栽培的香菇混合进行销售时，按照重量比例从高到低的顺序注明"原木·菌床"或"菌床·原木"。

此外，香菇以外的菌类不需要标注栽培方法。

农产品的标识示例

⑨
洋葱
北海道产、佐贺县产

③
佛罗里达原产
西柚
本产品使用防霉剂（抑霉唑）

⑩
香菇
中国原产
栽培方法 菌床

⑧
咖喱组合
土豆　北海道产
胡萝卜　埼玉县产
洋葱　新西兰原产

个别商品标识1·鲜切水果·鲜切蔬菜

~单一品种的鲜切商品·切片商品属于生鲜食品~

鲜切蜜瓜、切丝卷心菜等单种农产品的切片或切丝商品属于生鲜食品。

● 名称

使用"鲜切蜜瓜""切丝卷心菜"等一般名称进行标注。

● 原产地

原则上，日本产商品使用都道府县名、进口商品使用原产国名进行标注。除此之外，日本产商品还可以使用市町村名及其他大众熟知的地名，进口商品可使用大众熟知的地名等进行标注。具体的标注方法请参见"农产品（蔬菜、水果等）的标识事项"一节。

```
┌─────────────────────────────────────┐
│ 鲜切菠萝    菲律宾原产                │
│                                      │
│ 消费期限      加工日期    保存方法   ▣ │
│ 17.10.10     17.10.9    10℃以下  杯体·杯盖│
│                                      │
│ ‖‖‖‖‖‖‖‖‖‖‖‖      售价（日元）      │
│ ‖‖‖‖‖‖‖‖‖‖‖‖           198         │
│ ─────────────────────────────────── │
│ 加工者  株式会社○○                  │
│        ○○县○○市○○町○○街道○番○号   │
└─────────────────────────────────────┘
```

● 添加剂标识

柑橘类、香蕉等在使用了防霉添加剂的情况下需注明"防霉剂（抑霉唑）"等添加剂标识。标注方法请参见上一节的内容。

● 致敏标识

使用源自特定原材料的添加剂时应注明致敏标识。

● 加工日期、调整日期

根据各地的条例规定进行标注，东京的《东京都消费生活条例》要求标注加工日期，神户市的《神户市民生活保护条例》则要求标注调整日期。

个别商品标识2·鲜切水果拼盘·鲜切蔬菜组合

~多个品种混合的鲜切商品按加工食品处理~

鲜切水果拼盘等多种农产品切片混合的商品属于加工食品。加工食品所需的标识事项具体参见本章第3部分（3. 加工食品相关标识）的内容。

- **名称**

使用"鲜切水果拼盘"等一般性名称进行标注。

- **原材料名称**

按照所用原材料的重量比例从高到低的顺序进行标注。店内加工品可省略。

- **原料原产地名称**

重量比例达到50%以上的原材料需要标注原产地。店内加工品可省略。

- **净含量**

用"○○g""○人份""○个装"等标注商品的重量或个数。使用透明容器包装的商品，通过外观可以轻易判断其含量时，可以省略净含量标识。

添加剂标识、加工日期（或调整日期）请参见上一节的内容。

```
鲜切水果拼盘
菠萝（菲律宾原产）、蜜瓜（墨西哥原产）
消费期限        加工日期        保存方法        ♳
17.10.10       17.10.9        10℃以下       杯体·杯盖

商品含量        售价（日元）
1人份           258

加工者    株式会社○○
         ○○县○○市○○町○○街道○番○号
```

水产品（鲜鱼）的标识

~必须标注名称和原产地~

● 水产品（鲜鱼）所需的标识事项

下表对水产品需要标注的事项进行了归纳。

名称和原产地为食品标识基准要求的一般性义务标识事项，水产生鲜食品必须标注名称和原产地。此外，作为针对相应产品设置的个别义务标识事项，一般水产品还需注明"解冻品""养殖品"等标识。

另外，除了生牡蛎和河豚之外，用于生食的鱼片或贝肉等海鲜类产品（冷冻产品除外）需要标注"致敏原""添加剂""期限标识""保存方法""加工厂所在地及姓名或名称"以及"用于生食"等事项。冷冻食品中，除了生牡蛎之外的冷冻鱼片或贝肉等海鲜类产品需要标注"致敏原""添加剂""期限标识""保存方法""加工厂所在地及姓名或名称"以及"是否用于生食"等事项。

此外，按照计量法的规定，冷冻贝柱、冷冻虾、干青鱼子、盐渍鳕鱼子、鲑鱼子等水产品还需标注净含量（g）、标识者姓名或名称、地址等。

● 无容器包装的水产品（面对面销售、零卖商品）标识

按照食品标识基准的规定，无容器包装的水产品需标注名称、原产地、养殖、解冻等事项。由于计量法仅将带有容器包装的商品作为标识对象，因此不需要标注计量法规定的净含量等标识。

（食品标识基准第 2 章·第 3 章、计量法第 13 条、

资源有效利用促进法第 24 条）

主要水产品的标识事项（经过容器包装的产品）

标识事项	食品标识法	计量法	资源有效利用促进法
名称	○		
原产地	○		
解冻※1	○		
养殖※1	○		
是否用于生食※2	○		
添加剂	○		
致敏原※3	○		
期限标识※2	○		
保存方法※2	○		
加工者※2	○	○	
净含量※4		○	
容器包装的识别标志※5			○

※1：仅以养殖·解冻的产品为标识对象。

※2：仅以除了生牡蛎和河豚之外的用于生食的鱼片或贝肉等海鲜类产品（冷冻产品除外）以及除了生牡蛎之外的冷冻鱼片或贝肉等冷冻海鲜类产品为标识对象。

※3：包含源自特定原材料的添加剂时需标注。

※4：仅以经过容器包装密封后销售的冷冻虾、盐渍鳕鱼子等为标识对象。

※5：使用了塑料制、纸制容器包装时。

主要水产品的标识事项（无容器包装的产品）

标识事项	食品标识法
名称	○
原产地	○
解冻※1	○
养殖※1	○

※1：仅以养殖·解冻的产品为对象。

水产品（鲜鱼）的标识事项

~使用秋刀鱼、鲣鱼等一般名称进行标注~

● 名称

使用"秋刀鱼""鲣鱼"等一般名称进行标注。消费者厅制定的"食品标识基准相关通知·Q&A附页"明确了"海鲜类名称准则"，提供了标注名称时的思维方式和参考实例，可以此为依据注明标准日文名称（品种名称）或一般性名称。

根据"海鲜类名称准则"的规定，针对海外渔场的海鲜类和外来品种，禁止使用例如银牛眼青鲹、白花鲈等与高级鱼类相似但在分类学上毫无关联的名称进行标注。

这是由于消费者可能会将其误认为是牛眼青鲹、白花鲈等高级鱼类的相关品种，商家因此不当得利。根据名称准则的规定，银牛眼青鲹应标注为"南极鳕鱼"，白花鲈应标注为"尼罗尖吻鲈"。

● 原产地

日本产商品应用"三陆冲①""濑户内海""石狩川"等水产品的捕获水域名称进行标注。跨水域从事渔业活动、所捕鱼类的水域名称难以确定时，可标注"着陆港口名称"或着陆港口所属的都道府县名。

另外，也可以在捕获水域名称的后面同时标注着陆港口名称或着陆港口所属的都道府县名，如"三陆冲（宫城县产）"等。

此外，养殖的水产品可将养殖场所在的都道府县名作为原产地。

进口商品使用"中国原产"等原产国名进行标注，也可以同时标注水产品的捕获水域名称，如"中国原产（中国南海）"等。

---

① "冲"在日语中表示海域、洋面的意思。

154

名称标识注意事项

成长阶段名称、季节性名称	鱼类不同成长阶段相对应的名称（成长阶段名称）或与季节相呼应的名称（季节性名称）在大众能够普遍理解的前提下，可以作为名称标注。 成长阶段名称示例：小毛鱼→牛头怪→稚鰤→鰤鱼 季节性名称：秋鲑、秋竹荚鱼、时鲑、时不知鲑
地方特色名称	在消费者普遍理解的地域可以使用当地特色名称（地方特色名称进行标注。不过，在其他地区销售时，需要通过在地方特色名称后面同时注明标准日文名称等形式，便于一般消费者理解。 例如：枪乌贼在三陆、北海道等地通常被称为"柔鱼"，在三陆、北海道等地进行销售时，可以用"柔鱼"来标注。在其他地区销售时，则需标注为"枪乌贼""柔鱼（枪乌贼）"等。
品牌名称	"关青花""越前蟹""明石章"等品牌名称不属于一般性名称，应标注为"青花鱼""雪蟹""章鱼"等。

- **养殖**

人工养殖的水产品需标注养殖标识。将捕捞的野生金枪鱼进行蓄养时也要标注"养殖"标识。

养殖的定义为"以增加鱼苗的重量或提高其品质为目的，在上市出售之前投放饲料进行养育"，因此在不提供饲料的情况下进行养殖的牡蛎、扇贝等贝类以及海藻类不需要标注养殖标识。

- **解冻**

将冷冻的水产品解冻后进行销售时，需标注"解冻"标识。不过，在冷冻状态下进行销售时可省略。

- **生食用**

刺身、制作握寿司的鱼条、制作刺身的方形鱼块等用于生食的鱼肉或贝肉等海鲜产品需标注"生食用""刺身用"等标识。

水产品的原产地标识

日本产商品	①标注水产品的捕获水域名称 ②水域名称难以确定时，标注着陆港口名称或着陆港口所属的都道府县名 ③可在捕获水域名称后面同时标注着陆港口名称或着陆港口所属的都道府县名 ④养殖产品标注养殖场所在的都道府县名
进口商品	①标注原产国名称 ②在原产国名后面同时标注捕获水域名称

日本产商品的水域名称标识

①在大众熟知的地名后面加上"冲"字进行标注 　例如：千叶县冲、铫子冲、北陆冲、山阴冲 ②大众熟知的个别水域名称 　例如：陆奥湾、纪伊水道、玄界滩、琵琶湖、石狩川 ③依照日本渔获统计海区的水域名称 　例如：日本太平洋北部、日本海北部

● 期限标识

期限标识使用公历或年号（平成），按照年月日的形式进行标注。

冷藏销售的鲜鱼属于变质速度较快的食品，应使用"消费期限"进行标注。在按照规定的方法进行保存的前提下，确保在消费期限之内不会出现腐败、变质或其他品质方面的问题，保证产品的安全性。

冷冻销售品则属于变质速度较慢的食品，应使用"赏味期限"进行标注。在按照规定的方法进行保存的前提下，确保在赏味期限之内能够完全维持产品的品质和风味。

● 保存方法

用"10℃以下"等标注具体的保存方法。食品卫生法规定刺身等用于生食的海鲜类的保存方法为"10℃以下"。

标识示例1：生鲜整鱼

盐釜港产 秋刀鱼 （解冻）

消费期限	加工日期	保存方法
17.10.10	17.10.7	10℃以下

食品托盘·
保鲜膜

商品含量
3条

售价（日元）
300

株式会社○○
○○县○○市○○町○○街道○番○号

标识示例2：用于加热的鱼块

鹿儿岛县产 鰤鱼鱼块 （养殖）

消费期限	加工日期	保存方法
17.10.10	17.10.7	10℃以下

食品托盘·
保鲜膜

商品含量
2块

售价（日元）
516

株式会社○○
○○县○○市○○町○○街道○番○号

标识示例3：刺身

意大利原产 蓝鳍金枪鱼刺身

养殖·刺身用

消费期限	加工日期	保存方法
17.10.08	17.10.7	10℃以下

食品托盘·
保鲜膜

售价（日元）
680

株式会社○○
○○县○○市○○町○○街道○番○号

- **净含量**

用净含量（g）或内容个数（○条、○块、○人份等）进行标注。

使用商品内容清晰可见的容器包装进行销售时，可省略含量标识。

根据计量法的规定，冷冻贝柱、冷冻虾、干青鱼子、盐渍鳕鱼子、鲑鱼子等水产品需标注净含量（g）。

- **加工者**

在注明加工者事项的基础上，标注从事鲜鱼刺身等加工的加工厂所在地及姓名或名称。

- **识别标志**

使用托盘、保鲜膜等塑料制成的包装材料或容器时，需标注容器包装的识别标志（塑料标志）。

- **标识文字的大小**

使用 JIS 标准 8 磅以上的字号标注。容器包装的识别标志（塑料标志）使用 6mm 以上的长度进行标注。

零卖商品的标识

~需标注名称·原产地·养殖·解冻标识~

进行鲜鱼的零售（无容器包装的状态下销售）时，应标注 JAS 法规定的标识事项（名称、原产地、养殖、解冻）。

食品卫生法、计量法规定的标识事项（净含量、期限标识、保存方法等）则无须标注。

通过标识牌（POP 广告牌）等方式，在靠近商品的位置进行标注。

标识内容与经容器包装状态下销售的商品相同。

- **必须标注的事项**

"原产地""解冻""养殖"。

● 无须标注的事项

"名称""添加剂""致敏原""保存方法""消费期限或赏味期限""加工厂所在地及加工者的姓名或名称""用于生食""净含量"等。

标识牌示例

```
三陆冲产

秋刀鱼（解冻）

1条98日元
```

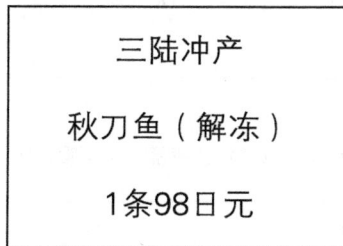

水产（鲜鱼）加工食品的标识

~多种产品混合的刺身拼盘属于加工食品~

● 属于水产加工食品的产品

多种食品混合的产品，经过加热、调味、盐腌、干燥等加工的产品，均属于加工食品。另外，过去食品卫生法曾将经过少量撒盐、干燥、过水、调味等简单加工的食品归类为生鲜食品，但根据新食品标识法的规定，此类食品均被划分为加工食品。

具体来说，水产（鲜鱼）部门经营的商品中，多种鲜鱼肉混合的刺身拼盘、经过调味加工的干货、味噌腌鱼、经过加热处理的烤鱼、煮鱼、烤鳗鱼等均属于加工食品。

这些食品并不属于生鲜食品，需要标注加工食品相关标识。加工食品与生鲜食品的详细分类可参见"加工食品与生鲜食品的区分（根据食品标识法进行分类）"一节，加工食品所需的具体标识事项请参见下一节的内容（3. 加工食品相关标识）。

属于水产加工食品的产品（基于 JAS 法）

①多种食品混合的产品
例：刺身拼盘

②经过调味・佐料加工的产品
例：干货、盐腌鱼制品、味噌腌鱼、酒糟腌鱼、咸鳕鱼子、咸鲑鱼子、醋腌青花鱼等

③经过加热调味的产品
例：烤鱼、煮鱼、烤鳗鱼、煮章鱼、煮蟹、半熟鲣鱼等

　　此外，店家加工品和预包装品虽然都属于加工食品，但两者所需的标识事项并不相同。具体可参考下文"个别商品标识 1・便当（预包装品）"之后的内容。

（食品标识基准第 2 章、计量法第 13 条、资源有效利用
促进法第 24 条）

个别商品标识 1・刺身拼盘

~按照重量比例从高到低的顺序标注原材料~

● **名称**

用"刺身双拼""金枪鱼・鱿鱼刺身双拼"等一般名称进行标注。

● **原材料名称**

按所用原材料重量比例从高到低的顺序进行标注。萝卜、紫苏等配菜作为配料不需要进行标注。

● **原料原产地名称**

刺身拼盘不需要标注海鲜原料的原产地。

刺身3拼（生食用）
原材料名称：金枪鱼、鱿鱼、甜虾
消费期限　　加工日期　　保存方法
17.10.08　　17.10.7　　10℃以下

食品托盘·
保鲜膜

售价（日元）
680

加工者　株式会社○○
○○县○○市○○町○○街道○番○号

- **添加剂**

醋腌青花鱼、煮虾等加工完毕的原料中加入添加剂时需标注添加剂标识。

- **致敏标识**

原材料中包含食品标识法要求标注的致敏原（参见"加工食品的标识2·致敏标识"一节）时，应按照规定的方法进行标注。虾、蟹等属于必须标注的产品，鲍鱼、鱿鱼、咸鲑鱼子、鲑鱼、青花鱼最好也注明致敏标识。

- **生食用**

用"生食用""刺身用"等标注。

- **营养成分标识**

刺身拼盘属于加工食品，原则上需要标注营养成分。

个别商品标识2·鳗鱼加工品的标识

~日本原有品种最好标注为"日本鳗"~

- **原材料名称**

按所用原材料重量比例从高到低的顺序进行标注。
〈原材料所用鱼类的名称〉
水产加工食品的鱼类原材料名称以"海鲜类名称准则"（食品标识基准相关通知·Q&A附页）中记载的标准日文名称为基本。

另外，2013 年 5 月，日本鳗鱼养殖主要选用的鳗鱼原有品种（学名为 Anguilla japonica）的标准日文名称从"鳗鱼"更改为"日本鳗"。随着名称的变更，为了向消费者提供正确的商品信息，鳗鱼原有品种及该品种的鳗鱼加工品也最好使用其标准日文名称"日本鳗"来标注原材料名称。

※在此之前，"鳗鱼"这一名称在指代"全体鳗鲡属"的同时，也作为日本从古至今一直食用的鳗鱼原有品种的标准日文名称使用，因此从名称上无法区分外来品种和原有品种。

- **原料原产地名称**

在日本国内制造·加工的"鳗鱼加工品"应按照鳗鱼食品标识基准对鳗鱼的原料原产地进行标注。

原料原产地的标注方法是，在原材料名称标注栏的"鳗鱼"字样后面，用括号注明原产地，如"日本鳗（国产）""鳗鱼（A国原产）"。

此外，将国内捕获·养殖的鳗鱼作为原料时，需注明"国产""国内产"等标识，也可标注"捕获水域名称"、"着陆港口名称"或"着陆港口或主要养殖场所属的都道府县名、大众熟知的地名"。

"切丝的鳗鱼加工品""在国外制造·加工的进口产品"等不属于原料原产地的标注对象。

- **添加剂**

按照所用添加剂重量比例从高到低的顺序进行标注。

- **致敏标识**

原材料中包含食品标识基准要求标注的致敏原（参见"加工食品的标识 2·致敏标识"一节）时，应按照规定的方法进行标注。

- **净含量**

用净含量（g）或内容数量（○条）等进行标注。用透明容器包装的商品，通过外观可以轻易判断其含量时，可以省略净含量标识。

- **原产国名称**

在国外制造·加工的进口商品需标注原产国名称。此外，将进口的烤鳗鱼进行小包分装后销售时也要标注原产国名。

〈鳗鱼加工品的标识：店外加工品〉

名称	烤鳗鱼
原材料名称	日本鳗（浜松市产）、酱油（含小麦·大豆）、砂糖、日式甜料酒、发酵调味料/调味料（氨基酸等）、黄橙色色素
净含量	180g
赏味期限	○○○○年○月○日
保存方法	请在10℃以下保存。
制造商	株式会社○○水产 静冈县浜松市○○町○-○-○

- **营养成分标识**

鳗鱼加工品属于加工食品，经过容器包装的鳗鱼加工品应按照食品标识基准标注营养成分。

个别商品标识3·店内加工品（烤鱼·煮鱼）

~店内加工品可省略原材料标识~

- **名称**

用"照烧鰤鱼""烤鲑鱼"等一般名称进行标注。

- **原材料名称**

店内加工品无须标注。

- **添加剂**

按照所用添加剂重量比例从高到低的顺序进行标注。调味汁（照烧所用的调味酱等）等原材料中含有添加剂时也需要标注。

- **致敏标识**

原材料中包含食品标识法要求标注的致敏原（参见"加工食品

的标识2·致敏标识"一节）时，应按照规定的方法进行标注。

● **净含量**

店内加工品不要求标注净含量。可按照净含量（g）或内容个数（○个、○人份等）进行标注。

● **保存方法**

按照商品的特性，注明"10℃以下""常温下保存，远离高温潮湿的环境，避免阳光直射"等保存条件。另外，只需常温保存时，可省略标注。

```
添加剂：调味料          照烧鰤鱼
（氨基酸等）、         添加剂·致敏原标注详见背面
酸味剂、甜味剂         消费期限      加工日期        食品托盘·
（甜菊）、增稠                                     保鲜膜
多糖类、着色剂         17.10.08     17.10.7
（焦糖）、香料
致敏标识：部分                                  售价（日元）
含小麦·大豆                                      680

                     加工者  株式会社○○
                            ○○县○○市○○町○○街道○番○号
```

● **其他无须标注的标识事项**

店内加工品也无须标注制造商等"食品相关经营者的姓名或名称以及地址""原料原产地名称""营养成分及热量"。

个别商品标识4·店内小包分装品（竹荚鱼干）

~进口的小包分装品需标注原产国名称~

● **原材料名称**

按照所用原材料重量比例从高到低的顺序进行标注。

● **原料原产地名称**

日本国内制造的竹荚鱼干等盐干鱼类需要标注原料原产地名称。因此需注明作为原料的竹荚鱼的原产地。

164

● 添加剂

按照所用添加剂重量比例从高到低的顺序进行标注。

● 致敏标识

原材料中包含食品标识基准要求标注的致敏原（参见"加工食品的标识2・致敏标识"一节）时，应按照规定的方法进行标注。

● 净含量

用净含量（g）或内容数量（〇条）等进行标注。

用透明容器包装的商品，通过外观可以轻易判断其含量时，可以省略净含量标识。

● 原产国名称

将进口的竹荚鱼干进行简单的小包分装后销售时，需要标注"中国原产"等制造竹荚鱼干的原产国名。

● 加工者

小包分装处理属于加工食品分类中的加工行为，需在标注"加工者"的同时，注明加工厂所在地及其姓名或名称。另外，对进口产品进行小包分装处理时同样需要标注"加工者"。

● 营养成分标识

竹荚鱼干等小包分装品属于加工食品，经过容器包装的竹荚鱼干应按照食品标识基准标注营养成分。

竹荚鱼干（原产国：韩国）

原材料名称：竹荚鱼（韩国原产）、食盐

| 赏味期限 | 保存方法 | 食品托盘・ |
| 17. 10. 1 | 10℃以下 | 保鲜膜 |

| 商品含量 3片 | 售价（日元） 399 |

加工者　株式会社〇〇水产
　　　　〇〇县〇〇市〇〇町〇街道〇番〇号

个别商品标识 5·改变保存温度进行销售时

~注明解冻后的保存方法和赏味期限！~

●将冷冻状态下采购的商品解冻后进行销售时

一些商品通常在冷冻状态下采购，进行简单的解冻处理后即可销售，如鱼类干货或鱼子等已经过小包分装处理的冷冻商品。商品包装上需要标注的名称、原材料名称、赏味期限、保存方法等标识事项一般由制造商负责。

在制造商已经对商品所需的标识事项进行标注的情况下，通常不需要再次标注。然而，就上述情况而言，由于制造商要在冷冻状态下交付商品，所作的标注也主要针对冷冻商品，其保存方法为"需冷冻"，赏味期限为"冷冻保存状态下的期限"，因此商品解冻后进行冷藏销售时必须更改标识内容。

●注明解冻后的保存方法、期限标识的必要性

出于上述原因，在店铺内将冷冻商品解冻后进行销售时，必须重新标注保存方法、赏味期限（或消费期限）。

另外，此类商品还可标注对解冻后的保存方法或期限标识负有责任的"保存温度变更者"标识，虽然法律上没有强制性要求，不过，在保留原有标识的同时，另外标注不同的保存方法或期限标识的情况下，最好还是明确标注"保存温度变更者"等相关标识加以说明。可通过在商品的价格标签上印刷所需的标识事项等方式进行标注。

还需注意的是，不可毫无根据地延长商品的赏味期限，商品解冻后的期限不可超过制造商已经标注的冷冻状态下的期限。

此外，法律禁止销售解冻后冷冻食品。进行解冻销售时，必须确认所销售的商品不属于冷冻食品。

个别商品标识 6 · 零卖商品

~可省略所有的标识事项~

进行味噌腌鱼、干货、盐渍鲑鱼等水产加工食品的零售（无容器包装的状态下销售）时，可省略食品标识法、计量法规定的所有标识事项。

生鲜食品中的鲜鱼在进行零售时仍需标注名称、原产地等标识。加工食品则可省略所有的标识事项。

不过，省略标识并不意味着店铺可以忽略对原产地、原材料、致敏原等相关信息的掌握。

面对顾客提出的问题和疑问，店铺必须给出正确的回答。即使口头上回答有误，也可能导致消费者误食致敏原、伪造原产地等问题。因此，商品信息的采集、完善，从业人员的教育、培训等各项工作也必不可少。

标识牌示例

> 酒糟红鱼
> 1块100日元

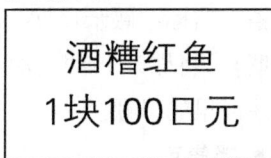

目前，部分店铺会使用 POP 广告牌等方式对产地、致敏原等顾客关注度较高的信息进行标注，主动向顾客提供商品信息。

玄米① · 精米的标识

~ "新米" 的定义究竟是什么？~

● 名称

玄米使用"玄米"标注，精米使用"粳稻精米"或"精米"标注。

---

① 玄米：糙米。仅去掉谷壳未经精白加工的米。

另外，精糯米使用"精糯米"标注，胚芽米使用"胚芽精米"标注。

● 糙米原料

单一原料米（产地、品种以及生产年份相同，且经过农产物检查法的验证）需标注"单一原料米"，注明产地、品种和年份。产地用都道府县名标注。

混合原料米则标注"混合大米""多品种大米"等标识，需注明原产地及其使用比例。产地用"国产 10 成""国产 8 成、美国原产 2 成"的方式标注。

● 净含量

使用"g"或"kg"等单位标注产品净含量。

● 碾米日期（加工日期）

精米需标注碾米日期，玄米则标注加工日期（稻谷脱壳、拣选的日期）。将碾米日期、加工日期各不相同的产品混合在一起时，需标注最早的日期。

● 销售商

需标注销售商的名称（公司名称）、地址、电话号码。

● 新米标识

仅限于标注当年收获的、在该年份结束之前向消费者提供且经过容器包装的商品。

（食品标识基准第 19 条、计量法第 13 条、资源有效利用
促进法第 24 条）

精米标识

名称	精米		
糙米原料	产地	品种	年份
	单一原料米 新潟县	越光	H26年产
净含量	5 kg		
碾米日期	2016.10.10		
销售商	株式会社〇〇 〇〇县〇〇市〇〇街道〇-〇-〇 TEL：〇〇〇（〇〇〇）〇〇〇〇		

玄米标识

名称	糙 米		
糙米原料	产地	产地	年份
	单一原料米 新潟县	越光	H26年产
净含量	5 kg		
加工日期	2016.10.10		
销售商	株式会社〇〇 〇〇县〇〇市〇〇街道〇-〇-〇 TEL：〇〇〇（〇〇〇）〇〇〇〇		

3 加工食品相关标识

加工食品的标识事项

~进口商品需注明原产国名称与进口商名称~

下**表**为加工食品的一般性义务标识事项（通用标识），包括名称、原材料名称、净含量、期限标识、保存方法、制造商等。

进口商品在此基础上还需注明原产国名称，并将"制造商"更改为"进口商"（加工食品所需的标识事项参见"加工食品所需的标识"一节）。

- **名称**

使用"便当""配菜""炸牛肉薯饼""土豆沙拉"等表示食品内容的一般性名称进行标注。固有名词不属于一般名称，不能作为商品名称使用。

- **原材料名称**

按原材料在产品中所占的重量比例从高到低的顺序进行标注。另外，致敏标识、转基因等相关标识也需在原材料名称栏中注明。

- **添加剂**

原则上需要在原材料名称栏的后面单独设置"添加剂"一栏，按照重量比例从高到低的顺序进行标注。不过，若使用斜线号（/）等符号或换行的方式与原材料明确区分时，也可直接在原材料名称栏中标注。

- **净含量**

使用重量（g）、体积（mL）等单位标注食品的净含量。

生鲜超市里销售的便当、配菜等食品也可用个数（○个、○人份等）进行标注。

此外，使用透明容器包装的商品，通过外观可以轻易判断其含量时，可以省略净含量标识。

● 期限标识

期限标识使用公历或年号（平成），按照年月日的形式进行标注。

便当、配菜等属于变质速度较快的食品，应使用"消费期限"进行标注。在按照规定的方法进行保存的前提下，确保产品在消费期限之内不会出现腐败、变质或其他品质方面的问题，保证产品的安全性。此外，以小时为单位进行管理的便当，其期限标识需注明至年月日时。

相对地，小吃零食、罐头等属于变质速度较慢的食品，应使用"赏味期限"进行标注。在按照规定的方法进行保存的前提下，确保在赏味期限之内能够完全维持产品的品质和风味。

● 保存方法

按照商品的特性，注明"10℃以下""常温下保存，远离高温潮湿的环境，避免阳光直射"等保存条件。另外，只需常温保存时，可省略标注。

● 食品相关经营者、制造厂及制造商

销售的食品需要注明对标识内容负有责任的食品相关经营者的姓名或名称以及地址。

对于从事食品制造的经营者，需作为制造者标注制造厂所在地及其姓名或名称（法人名称）。对于仅从事加工行为的经营者，则需作为加工者标注加工厂所在地及其加工者的姓名或名称。此外，对于进口商品，则需标注进口商的营业所所在地及其姓名或名称。

自有品牌（PB）等商品可能出现只标注承担标识责任的销售厂商，而不对制造厂商进行标注的情况。针对这种情况，旧制度规定，

除了牛乳・乳制品等部分食品之外，可在销售厂商名称后面一并注明向消费者厅长官提交的制造所固有记号。不过，根据新制度的规定，只有在两个以上的制造厂生产同一产品时，才能在履行了提供制造厂信息等标识义务的基础上，使用制造所固有记号进行标注。

（食品标识基准第 2 章・第 3 章、计量法第 13 条、
资源有效利用促进法第 24 条）

模式 1：单独设置添加剂栏的示例

名称	土豆沙拉
原材料名称	土豆、蛋黄酱（含鸡蛋・大豆）、黄瓜、胡萝卜、洋葱、食盐、砂糖、食醋、酵母提取物、香辛料
添加剂	调味料（氨基酸等）、增稠多糖类、磷酸盐（Na）、pH 调节剂、甘氨酸
净含量	100g
消费期限	○○○○. ○○. ○○
保存方法	10℃以下保存
制造商	○○株式会社 ○○县○○市○○街道○-○-○

模式 2：在原材料名称栏标注添加剂的示例

名称	土豆沙拉
原材料名称	土豆、蛋黄酱、黄瓜、胡萝卜、洋葱、食盐、砂糖、食醋、酵母提取物、香辛料/调味料（氨基酸等）、增稠多糖类、磷酸盐（Na）、pH 调节剂、甘氨酸（部分含鸡蛋・大豆）
净含量	100g

※ "消费期限""保存方法""制造商"等栏目省略。

加工食品的标识 1·原料原产地名称标识

~标注初级产品原材料的原产地~

● 原料原产地名称的标识对象

原料原产地名称标识以作为加工食品原材料的初级产品（农产品·畜产品·水产品）原产地为标注对象。不过，其标注对象并不包括所有的加工食品，主要以一般认为原料原产地的品质区别会在很大的程度上影响加工食品品质的食品种类为标注对象。

第 174 页表对食品标识基准规定的、需要标注原料原产地名称的 22 个食品大类和个别规定的 4 类食品进行了归纳。在销售此类食品时，需要注明原料原产地名称。原料原产地名称的标识对象每年会进行重新评估，根据 2011 年的修订结果，新增了红糖及红糖加工品、海带卷。

● 原料原产地名称的标注方法

通常，产品中占有的重量比例达到 50% 以上的原材料才需要标注原产地。例如，若水煮什锦野菜中的蕨菜占 50%，竹笋占 30%，木耳占 20%，那么该商品只需要标注蕨菜的原产地名称。

不过，腌制农产品、蔬菜冷冻食品的标注方法有所不同。以腌制农产品为例，所占比例在前 4 位且达到 5% 以上的原材料均需要标注原产地名称。

日本国内制造的加工食品中，若原材料的产地为日本国内，则标注为"国产"，若为国外所产，则标注"中国原产"等原产国名称。除了"国产"标识之外，也可使用都道府县名、市町村名进行标注。

原料原产地标识仅以日本国内制造的加工食品为对象，因此国外制造的进口加工食品以及店内加工并销售的商品没有标注义务。

原料原产地名称的标识对象：广泛规定的 22 个食品大类

1. 干燥菌类、干燥蔬菜以及干燥果实（薄片或粉末状商品除外）
2. 盐腌菌类、盐腌蔬菜以及盐腌果实
3. 煮制、蒸制的菌类、蔬菜和豆类以及豆馅儿（罐装、瓶装以及软罐头食品等除外）
4. 多品种混合的鲜切蔬菜、多品种混合的水果
5. 绿茶及绿茶饮料
6. 年糕
7. 烤制花生、炒制花生、油炸花生或炒制豆类
8. 黑糖及黑糖加工品
9. 蒟蒻
10. 调味肉制品（加热烹制好的商品或烹制完成的冷冻食品除外）
11. 煮制或蒸制的肉类以及食用禽蛋（罐装、瓶装以及袋装食品除外）
12. 将表面进行烤制的肉类
13. 裹上面衣后进行油炸的肉类（加热烹制好的商品或烹制完成的冷冻食品除外）
14. 混合肉末及其他混合肉类（含肉块或用容器压制成形的肉末）
15. 风干海鲜类、干腌海鲜类、干煮海鲜类以及海带、干海苔、烤制海苔及其他干加工海藻类（加工成细丝状、碎末状或粉末状的商品除外）
16. 腌制海鲜类或腌制海藻类
17. 调味加工的海鲜类及海藻类（加热烹制好的商品或烹制完成的冷冻食品以及罐装、瓶装、袋装食品除外）
18. 海带卷
19. 煮制或蒸制的海鲜类以及海藻类（罐装、瓶装以及袋装食品除外）
20. 将表面进行烤制的海鲜类
21. 裹上面衣后进行油炸的海鲜类（加热烹制好的商品或烹制完成的冷冻食品除外）
22. 除 4 或 14 之外的多品种混合的生鲜食品（在未切分的状态下混合的商品除外）

原料原产地名称的标识对象：个别规定的 4 类食品

鳗鱼加工品
鲣鱼木鱼花
腌制农产品
蔬菜冷冻食品

加工食品的标识 2 · 致敏标识

~保护人体健康和生命安全的重要标识~

● 致敏标识的必要性

食物过敏是指人体在摄取食物时，将食物中所含的蛋白质判断为异物，引发人体防御机制而产生的过敏反应。

食物过敏的主要症状表现为发痒、荨麻疹、口唇或眼睑红肿、呕吐、咳嗽、喘鸣等，严重时还会出现昏迷、血压降低、休克等症状，甚至导致死亡。

据推测，过敏人群数量占总人口的 1%~2%，婴幼儿则高达 10%。对于此类人群而言，致敏标识是避免摄入致敏食品的重要信息提示。

因此，为了保护致敏人群的身体健康和生命安全，法律要求食品的制造者·销售者必须标注正确的致敏标识。

● 致敏标识的标注对象

引发食物过敏的诱因因人而异，对于小部分人来说，摄入极少量的致敏原也可能导致过敏症状，因此即使食品中的致敏原含量极低，也必须进行标注。

要求强制性标注致敏标识的食品类别如下表所示，包括蛋、乳、小麦、蟹、虾、荞麦、花生，共计 7 类，属于特定原材料。由于蛋、乳、小麦、蟹、虾导致的过敏案例较多，荞麦、花生引发的过敏症状和后果通常较为严重，因此特定原材料的致敏标识为强制性要求。

此外，其余 20 种（等同于特定原材料）食品最好也注明致敏标识。虽然这些致敏原引发的案例相对罕见，不要求强制性标注，但为了向过敏人群提供更多的信息，应尽可能地进行标注。

● 致敏标识的标注方法

致敏标识的标注方法主要有 2 种，一种是在列举的各类原材料或添加剂的后面直接用括号标注的"个别标记"，另一种是在个别标记较难实现或不符合标注习惯时，在原材料名称栏的最后集中进行标注的"统一标记"。旧制度对这两种方法可谓一视同仁，而新食品标识法要求原则上应使用"个别标记"。

致敏标识对象类别

强制性标识类 （7 类特定原材料） 蛋、乳、小麦、蟹、虾、荞麦、花生
推荐标识类 （20 类等同于特定原材料的食品） 鲍鱼、鱿鱼、鲑鱼子、橙子、腰果、猕猴桃、牛肉、胡桃、芝麻、鲑鱼、青花鱼、大豆、鸡肉、香蕉、猪肉、松茸，桃子、山药、苹果、明胶

【致敏原个别标记示例】

名称	西式糕点
原材料名称	小麦粉、鸡蛋、砂糖、杏子果酱、牛乳、人造黄油（含大豆）、奶酪/食品膨化剂、胶凝剂（果胶：苹果原料）、香料、栀子黄色素

【致敏原统一标记示例】

名称	西式糕点
原材料名称	小麦粉、鸡蛋、砂糖、杏子果酱、牛乳、人造黄油、奶酪/食品膨化剂、胶凝剂（果胶）、香料、栀子黄色素（部分含小麦·蛋·乳成分、大豆·苹果）

小知识

　　①原材料名称中的"小麦粉""鸡蛋"即为小麦、蛋的致敏标识。
　　②乳酪为乳成分的代替标记，可视为致敏标识。代替标记的定义为"虽然标记方法或用词有所区别，但可以理解为与特定原材料属同一事物的标记"。规定的代替标记可视为致敏标识。
　　③（部分含小麦·蛋·乳成分、大豆·苹果）的标识方式属于在材料名称后面将食品中包含的致敏原（致敏物质）统一进行标注的示例。为了便于过敏人群全面掌握致敏信息，个别标识时可以省略的代替标记对象也必须作为过敏原列入括号之内。

加工食品的标识 3 · 添加剂标识

~原材料与调味料也要认真确认~

• 添加剂的定义

食品卫生法规定，添加剂是指"在食品制造的过程中，以食品的加工或保存为目的，在食品中添加、混合、浸润或通过其他方法使用的物质"。

比如，改善食品风味或外观的着色剂、香料等，提高食品保存性的防腐剂、抗氧化剂等，食品制造所需的乳化剂、膨化剂等。

此外，添加剂标识在以前一般标注为"食品添加剂"，按照新食品标识法的规定，只需标注为"添加剂"即可。

• 添加剂的标识

由于食品标识法的修订，使用食品添加剂时的标注方法发生了较大的变化。

以前，添加剂的标注不需要与原材料分开，在原材料名称栏中按照重量比例从高到低的顺序标注原材料之后，直接按照添加剂重量比例从高到低的顺序进行标注即可。但根据新制度的规定，原则上必须分别设置"原材料"和"添加剂"的项目栏进行标注。

不过，由于标注空间不够等原因导致分栏标注难以实现时，可以与旧制度一样，在原材料名称栏的后面直接标注添加剂，用斜线号（／）等符号或换行的方式进行明确区分即可。

在生鲜超市内进行便当·配菜的制造时，若所采购的原材料中使用的添加剂不属于可省略的残留成分或加工助剂时，必须进行标注，这一点尤其要注意。

根据添加剂的使用目的，标注方法可分为3种：
①用添加剂的物质名称标注
②将物质名称与用途名称一同标注
③用表示使用目的的统一名称标注

添加剂的标注方法

标注方法	标注对象	标识示例
①用添加剂的物质名称标注	—	维生素 C 甘氨酸
②将物质名称与用途名称一同标注	甜味剂、着色剂、防腐剂、增稠剂·稳定剂·胶凝剂·增稠稳定剂、抗氧化剂、发色剂、漂白剂、防霉剂·抗菌剂	甜味剂（甜菊） 着色剂（焦糖） 发色剂（亚硝酸盐）
③用表示使用目的的统一名称标注	改良剂、胶基、碱水、苦味剂、酶、增白剂、香料、酸味剂、软化剂、调味料、豆腐凝固剂、乳化剂、氢离子浓度调节剂或 pH 调节剂、食品膨化剂	改良剂 香料 乳化剂

【统一标记栏的标注方法】
①分栏标注

名称	西式糕点
原材料名称	小麦粉、鸡蛋、砂糖、杏子果酱、牛乳、人造黄油（含大豆）、奶酪
添加剂	食品膨化剂、胶凝剂（果胶：苹果原料）、香料、栀子黄色素

②在原材料名称栏内用符号分开标注

名称	西式糕点
原材料名称	小麦粉、鸡蛋、砂糖、杏子果酱、牛乳、人造黄油（含大豆）、奶酪/食品膨化剂、胶凝剂（果胶：苹果原料）、香料、栀子黄色素

③在原材料名称栏内换行分开标注

名称	西式糕点
原材料名称	小麦粉、鸡蛋、砂糖、杏子果酱、牛乳、人造黄油（含大豆）、奶酪 食品膨化剂、胶凝剂（果胶：苹果原料）、香料、栀子黄色素

加工食品的标识4·转基因食品

~日本仅认可8类农产品及其加工食品~

● 转基因农产品

转基因农产品是指通过转基因技术，在DNA中植入其他生物有用基因的农产品。具有抵御病虫害、抗除草剂、营养价值不同等特性，在日本，只有"大豆、玉米、马铃薯（土豆）、油菜籽、棉籽、苜蓿、甜菜、番木瓜"8种农产品获得认可。

● 区别性生产流通管理

区别性生产流通管理是指在食品生产、流通以及加工等各个环节，由管理者对转基因农产品和非转基因农产品进行严格的区分管理，并出具书面证明的管理方法。

区别性生产流通管理可对转基因农产品或非转基因农产品进行区分。未实行区别性生产流通管理的农产品则属于"转基因未区分"食品。

● 转基因食品的标识

强制性标注对象为转基因农产品和未实行区别性生产流通管理的农产品。此外，豆腐、纳豆、爆米花等加工食品若以转基因农产品或未实行区别性生产流通管理的农产品为原料，也必须注明。用"转基因""转基因未区分"等字样明确标注。加工食品的标注对象为所有原材料中占比前3位，且重量比例在5%以上的原材料。原材料中转基因农产品的重量比例低于5%时，不要求标注。

酱油、菜籽油、砂糖等在加工后不再残留重组DNA（基因）以及由其编码的蛋白质的食品也不要求标注。

个别商品标识 1·便当 （预包装品）

● 原材料名称及添加剂

原则上，应分开标注食品原材料和添加剂，按照各自所在重量比例从高到低的顺序分别标注。

便当中使用了"汉堡牛肉饼""煮制配菜""土豆沙拉"等由2种以上的原材料构成的复合原材料时，应采用"煮制配菜（芋头、胡萝卜、其他）"等方式，在复合原材料的一般性名称后面，按照重量比例从高到低的顺序用括号注明具体的原材料。不过，由于汉堡牛肉饼、土豆沙拉等复合原材料可以根据其名称判断具体原材料，不需要用括号进一步详细标注。此外，使用透明盖子等容器进行包装，便当内部的食材清晰可见时，原材料一目了然的配菜可以使用"配菜"字样进行统一标注。

● 致敏标识

用"(部分含蛋·小麦·乳成分·大豆·鸡肉·猪肉·明胶)"等方式注明便当所含的致敏原。

● 净含量

用"1人份"等形式进行标注。使用透明容器包装的商品，通过外观可以轻易判断其含量时，可以省略净含量标识。

● 消费期限

期限标识使用公历或年号（平成），按照年月日的形式进行标注。

便当、配菜等属于变质速度较快的食品，应使用"消费期限"进行标注。在按照规定的方法进行保存的前提下，确保产品在消费期限之内不会出现腐败变质或其他品质方面的问题，保证产品的安全性。此外，以小时为单位进行管理的便当，其期限标识需注明至年月日时。

  ● **保存方法**

　　按照商品的特性，注明"10℃以下保存"等保存条件。只需常温保存时，可省略标注。

名称	汉堡牛肉饼便当
原材料名称	米饭、汉堡牛肉饼、炸肉饼、土豆沙拉、煮制配菜（芋头、胡萝卜、其他）、意大利面、腌菜、配料/调味料（氨基酸等）、乳化剂、pH调节剂、增稠多糖类、甘氨酸、着色剂（焦糖、叶红素）、防腐剂（山梨酸）、香料、（部分含蛋·小麦·乳成分·大豆·鸡肉·猪肉·明胶）
商品含量	1人份
消费期限	○○○○．○○．○○　　　○时
保存方法	10℃以下保存
制造商	○○株式会社 ○○县○○市○○街道○-○-○

  ● **营养成分标识**

　　容器包装的便当类产品属于加工食品，应按照食品标识基准标注营养成分。

个别商品标识2·便当（店内加工品）

~部分标识事项可省略！~

　　在店内进行便当的加工和销售属于"在食品制造或加工的场所进行销售"的店内加工品，作为食品标识法的特例，不需要标注以下事项。

　　·原材料名称

　　·净含量或固形物含量以及内容总量

　　·营养成分含量及热量

　　·食品相关经营者的姓名或名称以及地址

·原产国名称

·原料原产地名称

● 原材料名称及添加剂

"在食品制造或加工的场所进行销售"的店内加工品不需要标注原材料名称。不过，添加剂的标注不可省略。

● 致敏标识

用"（部分含蛋·小麦·乳成分·大豆·鸡肉·猪肉·明胶）"等方式注明便当所含的致敏原。

● 消费期限、保存方法

消费期限与保存方法的标注与上一节中的预包装品相同。

● 净含量

"在食品制造或加工的场所进行销售"的店内加工品不需要标注商品净含量或固形物含量以及内容总量。

● 制造商

"在食品制造或加工的场所进行销售"的店内加工品不需要标注食品相关经营者的姓名或名称以及地址。不过，不需要标注并非意味着禁止标注，一般性的店内加工品可以自行标注食品相关经营者的姓名或名称以及地址。

添加剂：调味料（氨基酸等）、乳化剂、pH调节剂、增稠多糖类、甘氨酸、着色剂（焦糖、叶红素）、防腐剂（山梨酸）、香料
致敏标识：（部分含蛋·小麦·乳成分·大豆·鸡肉·猪肉·明胶）

汉堡牛肉饼便当

添加剂等详见背面

消费期限	加工日期	保存方法	
17.10.7 24时	17.10.7	17℃以下	食品托盘·保鲜膜

售价（日元）
498

制造商　株式会社〇〇
　　　　〇〇县〇〇市〇〇町〇〇街道〇番〇号

个别商品标识 3 · 店内小包分装的配菜

~需标注原材料名称！~

店内加工品的定义为"在食品制造或加工的场所进行销售"的食品，在店内加工场所进行简单的小包分装处理的商品不属于此范畴，因此上一节"个别商品标识 2 · 便当（店内加工品）"中作为特例可省略标识事项的规定并不适用于店内小包分装品。

● 原材料名称及添加剂

与个别商品标识 1 的预包装品一样，需要将原材料名称与添加剂分栏进行标注，按照各自所占重量比例从高到低的顺序标注。土豆沙拉等仅进行小包分装处理的商品、将冷冻毛豆解冻后进行小包分装处理的商品等均属于小包分装品的分类范畴。经过焯水、蒸制等处理后再进行小包分装的食品由于经历了加热环节，属于店内加工品。

● 致敏标识

用"（部分含蛋·大豆）"等方式注明致敏原。

● 加工者

小包分装处理属于加工食品分类中的加工行为，加工者是指从事小包分装处理的加工商。店内小包分装品需注明作为"加工者"的食品相关经营者的姓名或名称以及地址。

原材料名称：土豆、蛋黄酱、黄瓜、胡萝卜、洋葱、食盐、砂糖、食醋、酵母提取物、香辛料/调味料（氨基酸等）、增稠多糖类、磷酸盐（Na）、pH 调节剂、甘氨酸、（部分含蛋·大豆）

土豆沙拉

添加剂等详见背面

消费期限	加工日期	保存方法
17.10.10	17.10.7	10℃以下

食品托盘·保鲜膜

售价（日元）
198

加工者　株式会社○○
　　　　○○县○○市○○町○○街道○番○号

• 营养成分标识

店内小包分装品需进行基于食品标识基准的营养成分的标注。

个别商品标识 4·零卖商品

~用 POP 广告牌标注添加剂、致敏原（致敏物质）等~

进行加工食品的零售（无容器包装的状态下销售）时，可省略食品标识法、计量法规定的所有标识事项。不仅针对店内加工品，对已加工完成的食品进行零售时也可以省略所有标注。

不过，若顾客对商品所用原材料、产地、所含致敏原等信息提出疑问，店铺必须给出正确的回答。特别是致敏原等问题，若回答有误，可能会损害顾客的健康。因此，为了确保店员能够提供正确的商品信息，店铺需开展商品信息的采集、完善，从业人员的教育、培训等各项工作。

目前，部分店铺会使用 POP 广告牌等方式对添加剂、致敏原等顾客关注度较高的信息进行标注，主动向顾客提供商品信息。

零卖标识牌示例

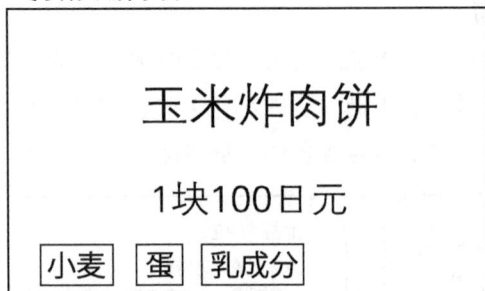

玉米炸肉饼

1块100日元

| 小麦 | 蛋 | 乳成分 |

基于大米可追溯法的标识

~提供产地信息为强制性要求~

● 大米可追溯制度

大米可追溯法要求谷物经营者（从事谷物的销售、进口、加工、制造或供应的从业人员）保存谷物等粮食的交易相关记录，并向一般消费者传达产地信息。

● 施行时期

交易等记录的保存已于 2010 年 10 月 1 日开始施行，产地信息传达已于 2011 年 7 月 1 日开始施行。

● 对象品种

①谷物（玄米、精米等）

②主要粮食（米粉、米粉调制品、米曲等）

③米饭类（便当、饭团、糯米小豆饭、寿司、炒饭、咖喱饭等）

④饼、团子、烤米粉片、清酒、单式蒸馏烧酒、日式甜料酒

● 交易等记录的保存

在进行上述①~④类谷物等的受让（采购等）、转让（向其他经营者销售等）时，必须创建交易记录。

在进行搬出·搬入（从本公司的仓库搬运至店铺、店铺之间的商品搬运等）或谷物的废弃等未伴随交易行为的操作时，也需要创建相关记录。

不过，向一般消费者销售谷物、向顾客免费发放谷物样品、废弃用于销售的烹饪加工米饭（便当等）等情况则不需要记录。

大米可追溯法规定的记录保存期限如下：便当等用消费期限标注的、保质期较短的商品为 3 个月；用赏味期限标注的商品为 3 年；记录创建日期到保质期的时间超过 3 年的商品为 5 年。

- **交易等记录的内容**

记录事项包括名称、产地、数量、年月日、交易对象姓名或名称、搬出·搬入的地点等，限定用途的谷物需记录其用途。

此外，若在交货单等单据上标注了必要的记录事项，可通过直接保留单据的方式履行记录义务。

- **向一般消费者传达产地信息**

向一般消费者销售上述①~④类谷物食品时，必须传达谷物原材料的产地信息。

米饭类食品只以米饭（饭）为产地信息的传达对象。便当类食品中即使含有饼、团子等其他对象品种，则无须传达其产地信息。

此外，米粉面（米粉）、米粉面包、米粉饼干等不属于上述①~④类的谷物加工品，也不属于产地信息的传达对象。

- **向一般消费者传达产地信息的方法**

向顾客传达产地信息的方法主要包括以下几种。

①在商品的容器包装上标注。

②在店内、店铺前等较为显眼的场所设置 POP、告示牌、广告牌，或在店内分发的传单、菜单上标注。

③采取网络销售或通信销售方式时，在显示销售条件的网页（HP）或产品目录的醒目位置进行标注。

④在商品上标记 HP 地址，让消费者通过访问网页的方式获取产地信息（此种情况需在商品上注明，确保通过网页能够把握该商品制造年月日或生产批号与产地信息之间的对应关系）。

⑤在商品上注明向顾客提供产地信息的咨询窗口。

⑥按照消费者的要求由工作人员传达产地信息（在这种情况下，需事先在店内设置"产地信息请咨询工作人员"等布告，并完善应对指南，开展员工教育培训等）。

（关于谷物等交易相关信息记录及产地信息传达的法律）

4 营养成分相关标识

营养成分的标识事项

~加工食品要求强制性标注~

● 营养成分标识

营养成分标识是指"蛋白质""脂肪""碳水化合物""钠（食盐相当量）"等食品中所含营养成分与热量（能量）的相关标识。

根据新食品标识法的规定，经过容器包装的加工食品要求强制性标注营养成分。另外，以鸡蛋为代表的、经过容器包装的生鲜食品若要标注营养成分，则需与加工食品一样，按照食品标识基准规定的方法进行标注。

营养成分标识可分为"强制性标识""推荐标识""任意标识"3大类。

"强制性标识"是指标注营养成分时必须标注的成分等；"推荐标识"是指虽然不要求强制性标注，但需积极主动进行标注的成分；"任意标识"则是指强制性标识和推荐标识之外的成分。

此外，加工食品的政策执行过渡期截至2020年3月31日，生鲜食品的过渡期截至2016年9月30日，从2016年10月1日开始，在生鲜食品的外包装上使用强调性词语，试图标注营养成分及热量时，必须按照食品标识基准的规定注明营养成分，这一点要注意。

营养成分标识主要包括：①热量；②蛋白质；③脂肪；④碳水化合物；⑤钠（食盐相当量），共5项内容，按照从①~⑤的顺序标注，不可更改标注顺序或省略标注事项。

此外，在标注上述营养成分时，必须严格标注食品单位，注明营养成分的含量是在何种单位下测量所得。"食品单位"按照销售状态下可食用部分的 100g、100mL、1 份、1 小包或其他 1 个单位进行标注，如"每 100g""每 1 份（○○g）"。

另外，用"1 份"来标注食品单位时，需要同时注明其具体含量（g、mL 或个数等）。"1 份"的具体含量由相关经营者根据一般情况下人体单次的摄入量进行设定。

【作为进行营养成分标识对象的成分和标识区分】

标识区分	强制性标识	推荐标识	任意标识
作为标识对象的营养成分等	热量、蛋白质、脂肪、碳水化合物、钠（食盐相当量）	饱和脂肪酸、食物纤维	n-3 系脂肪酸、n-6 系脂肪酸、胆固醇、糖分、糖类、矿物质（不包括钠）、维生素类

● 营养成分的强调标识

强调标识是指对食品中所含营养成分的多少进行强调的标识，如"低卡路里""高钙"等。强调标识包括强调含量高的"富含""丰富"等标识、强调含该成分的"含有"等标识、强调含量低的"低""少"等标识，以及强调不含该成分的"无""零"等标识。

食品标识基准规定了食物纤维、维生素、矿物质等 21 种成分的高含量、含有量标准和热量、脂肪等 6 种成分的低含量、无含量标准。

若食品中营养成分的含量不符合食品标识基准规定的标准，不得使用强调标识。例如，要强调糖类营养成分的含量少，试图声明产品中的糖分属于"可适量摄入"的范围，若含量符合标识基准规定的每 100g 或 100mL 食品中的糖分不满 0.5g 这一条件，则可标注"不含糖""无糖"等强调标识。

另外，根据新食品标识法的规定，"●●增加1倍""□□减少25%"等强调相对成分含量的增加或减少的相对标识必须满足以下条件。

【声明营养成分强化的标识标准】

　①试图强调的营养成分增加量必须在"强化标识基准值"之上。

　②蛋白质与植物纤维等营养成分含量与比较对象食品的相对差（强化的比例）必须在25%以上。

　③指定"本公司常规商品△△""日本食品标准成分表2015○○"等比较对象食品所需的事项，以及"增加○○g""加量○○%""减少○○%"等声明强化（弱化）的营养成分含量，必须标注在比较对象食品对比强化（弱化）量或比例强调标识部分的附近。

【声明营养成分弱化的标识标准】

　①试图强调的营养成分或热量的减少量必须在"弱化标识基准值"之上。

　②与比较对象食品的相对差（弱化的比例）必须在25%以上。另外，针对钠的含量减少25%以上时会造成食品保存性及品质大幅度下降的食品，食品标识基准作为特例处理，规定"味噌"的相对差在15%以上、"酱油"的相对差在20%以上时也可以进行标识。

　③指定"本公司常规商品△△""日本食品标准成分表2015○○"等比较对象食品所需的事项，以及"增加○○g""加量○○%""减少○○%"等声明强化（弱化）的营养成分含量，必须标注在比较对象食品对比强化（弱化）量或比例强调标识部分的附近。

此外，针对糖类或钠盐，食品标识法设置了新的标识基准，要求标注"不添加●●""不使用○○"等强调未添加该成分的"无添加强调标识"时，必须满足以下所有条件。

【声明未添加糖类时的标识】
(标识示例)"不添加糖类""不含糖"等
(必要条件)
①未添加所有的糖类。
②未使用糖类（仅限添加的成分）替代材料（包括复合原材料）或添加剂。
※添加糖类的替代材料：果酱、果冻、带甜味的巧克力或水果片、非还原浓缩果汁、水果干粉等。
③通过酶分解或其他方法使该食品的含糖量不超过原材料及添加剂中的含糖量。
④注明每100g、每100mL、每1份、每1小包或其他单位下该食品的含糖量。

【声明未添加钠盐时的标识】
(标识示例)"不添加食盐"等
(必要条件)
①未添加所有的钠盐。
※不过，出于技术性目的添加食盐之外的钠盐成分时，如碳酸氢钠等不属于呈味物质的钠盐，且该食品的钠含量在"弱化标识基准值"以下的情况除外。
②未使用钠盐（仅限添加的成分）替代材料（包括复合原材料）或添加剂。
※添加钠盐的替代材料：酱油、盐腌鱼类、伍斯特郡酱、西式泡菜等。

营养成分标识（每100g）	
能量	232kcal
蛋白质	12.5g
脂肪	2.3g
碳水化合物	40.3g
食盐相当量	0.6g

营养成分强调标识示例

强调含量高的标识	富含钙、高蛋白食品、富含维生素C
强调含有该成分的标识	含钙、提供蛋白质、含有维生素C
强调含量低的标识	低盐分、低卡路里食品、低脂食品
强调不含该成分的标识	不含糖、零卡路里、无脂肪食品
不属于强调标识的表达	• 无盐味、低盐味、微甜等关于味道的表达 • 不使用砂糖、不添加食盐等表达

强调标识的具体示例

柠檬苏打
无糖·零卡路里

营养成分标识（每100g）	
能量	0kcal
蛋白质	0.1g
脂肪	0.1g
碳水化合物	0g
—糖类	0g
食盐当量	0.3g

"无糖""零卡路里"属于强调不含该营养成分的标识。

无糖的标识基准为每100g（mL）食品的糖含量低于0.5g，零卡路里为每100g（mL）食品的热量低于5kcal。满足标识基准的食品可以标注相应的强调标识。

此外，食品还需同时标注营养成分标识。

反式脂肪酸的标识

~究竟何谓反式脂肪酸？~

• 含有反式脂肪酸的食品

脂肪酸包括饱和脂肪酸和不饱和脂肪酸2种。肉类和乳制品中含有较多的饱和脂肪酸，不饱和脂肪酸则常见于植物油、鱼油等食品中。

反式脂肪酸属于不饱和脂肪酸的一种，在植物油中加入氢元素等进行硬化处理制成的人造奶油、食用涂脂、起酥油及高温处理的植物油中较为常见。另外，牛、羊等反刍动物的肉类，牛乳，乳制品中也含有反式脂肪酸。

根据食品法典委员会（制定食品国际标准的组织）的定义，反式脂肪酸是"碳链上至少含有 1 个非共轭反式双键的单价不饱和脂肪酸及多价不饱和脂肪酸的所有异构体的总称"。

● 反式脂肪酸信息公开相关准则确立的经过

近几年来的研究表明，反式脂肪酸的摄入，饱和脂肪酸、胆固醇的过量摄入可增加心血管疾病的风险。世界卫生组织于 2003 年提出建议，反式脂肪酸的每日平均摄入量最多不超过能量摄入总量的 1%，并在 2008 年提出应对反式脂肪酸的最大摄入量进行修改。世界各国也逐渐将反式脂肪酸的含量作为营养成分的重要标识之一，要求强制性标注。

最初，日本通过营养标识基准对蛋白质、脂肪、碳水化合物、钠等营养成分的相关标识基准进行了明文规定，但并没有确立针对反式脂肪酸的标识规则。随后，消费者厅于 2011 年制定了《反式脂肪酸信息公开相关准则》，要求食品经营者主动公开含有反式脂肪酸的脂肪相关信息。

● 反式脂肪酸的标注

标注反式脂肪酸的含量时，在按照从①～⑤的顺序注明上述营养成分标识项目（①热量、②蛋白质、③脂肪、④碳水化合物、⑤钠）的基础上，同时标注饱和脂肪酸及胆固醇的含量。饱和脂肪酸以克（g）为单位，胆固醇以毫克（mg）为单位。

标注方法具体如下：在脂肪和碳水化合物之间，空一格并附加连字符（-）后注明⑥饱和脂肪酸、⑦n-3 系脂肪酸、⑧n-6 系脂肪酸、⑨反式脂肪酸，按照从⑥~⑨的顺序标注。不过，n-3 系脂肪酸、n-6 系脂肪酸的标注可省略。

此外，还应注明食品单位，如每 100g、1 小包、1 份（○g）等，明确单位食品中反式脂肪酸的含量。

【反式脂肪酸的标识示例】

营养成分标识 ［每袋（○g）］	
热量	○kcal
蛋白质	○g
脂肪	○g
－饱和脂肪酸	○g
－n-3 系脂肪酸	○g
－n-6 系脂肪酸	○g
－反式脂肪酸	○g
胆固醇	○mg
碳水化合物	○g
食盐相当量	○g

● 声明不含反式脂肪酸的标识

只有当食品中不含反式脂肪酸时，才可使用"0g"标注反式脂肪酸的含量，不过，若每 100g 食品（饮料为每 100mL）中的反式脂肪酸含量不满 0.3g 时，用 0g 标注也没有问题。

除此之外，每 100g 食品中的饱和脂肪酸含量不满 1.5g（每 100mL 饮料中的含量不满 0.75g），且所有的食品热量（能量）中，来自饱和脂肪酸的热量不足 10% 时，可以标注"反式脂肪酸为零""不含反式脂肪酸"等标识，声明食品中不含反式脂肪酸。

保健功能食品

~分为"特定保健食品""营养功能食品""功能性标识食品"
3 种~

● 保健功能食品

按照食品标识法的规定，保健功能食品分为"特定保健食品"
"营养功能食品"以及"功能性标识食品"。

● 特定保健食品

特定保健食品是指含有对人体生理机能产生影响的保健功能成
分，声称具有帮助将血压、血液中的胆固醇维持在正常水平、调理
肠胃等特定保健功能的食品。

特定保健食品注明食品具有的特定保健用途后进行销售。对特
定保健食品进行销售时，必须针对每种产品接受食品有效性或安全
性审查，相关标识必须获得国家的许可。特定保健食品标注有许可
标志。

营养功能食品、特定保健食品与一般食品不同，可以标注营养
成分的功能和特定的保健目的。不过，必须在食品标识基准规定、
许可或认可的范围内进行标注。功能等相关标注不可超出此范围。
制作营养功能食品、特定保健食品的 POP 等促销广告材料时，注
意不能超过商品上标注的内容。

● 功能性标识食品

功能性标识食品属于食品标识法新设置的保健功能食品。由经
营者负责，基于科学依据标注产品的功能性，标注对象为营养功能
食品已能够标注的维生素类·矿物质类·脂肪酸之外的功能性成
分。此外，截至销售日期前的 60 日之内，经营者需向消费者厅长
官提交产品安全性及功能性依据等相关信息，功能性食品与特定保
健食品不同，实行申报制，不需要接受消费者厅长官的个别审批。

特定保健食品的必要标识事项

①特定保健食品的声明
②接受审批的标识内容
③营养成分（含相关成分）的含量及热量
④每日的适当摄入量
⑤摄入方法
⑥摄入时的注意事项
⑦促进人们对均衡饮食的认识的相关表述 "饮食生活应以主食、主菜、配菜为基本，注意饮食均衡"
⑧相关成分为营养素等标识基准值规定的成分时，需标注每日适当摄入量中该营养成分的含量在营养素等标识基准值中所占的比例
⑨需要特别注意烹制或保存方法的食品应注明注意事项

功能性标识食品的必要标识事项

①功能性食品的声明标识
②具有科学依据的功能性相关成分以及该成分或含该成分的食品所具备的功能
③营养成分含量及热量
④每日适当摄入量中的功能性成分含量
⑤每日适当摄入量
⑥备案号
⑦加工食品：食品相关从业者的联系方式 　生鲜食品：食品相关从业者的姓名或名称、地址以及联系方式
⑧产品功能性及安全性并未接受国家评估的声明
⑨摄入方法
⑩摄入时的注意事项
⑪普及或促进饮食均衡的相关表述 　"饮食生活应以主食、主菜、配菜为基本，注意饮食均衡"
⑫在烹饪或保存时需要注意的产品应注明注意事项
⑬不以疾病的诊断、治疗、预防等为目的的声明
⑭加工食品：产品不以病患、未成年人、孕产妇（含备孕人群）以及哺乳期女性为目标顾客的声明
⑮病患或服药期间人群应向医生、药剂师咨询后摄入
⑯感到身体不适时应立即停止摄入并向医生咨询
⑰保存方法 　仅以生鲜食品为对象（加工食品的保存方法作为强制性标识事项已经进行标注）

营养功能食品的必要标识事项

①营养功能食品的声明以及该营养成分的名称
②营养成分的功能
③每日适当摄入量
④营养成分含量及热量
⑤摄入方法
⑥摄入时的注意事项
⑦普及或促进饮食均衡的相关表述 "饮食生活应以主食、主菜、配菜为基本，注意饮食均衡"
⑧产品并未接受消费者厅长官个别审查的声明 "本产品不同于特定保健食品，并未接受消费者厅长官的个别审查"
⑨每日适当摄入量中标注了相关功能的营养成分含量在营养素等标识基准值中所占的比例
⑩营养素等标识基准值的目标年龄以及基准热量的相关表述 "营养素等标识基准值（18 岁以上，基准热量 2200kcal)" 或其他类似表述
⑪在烹饪或保存时需要注意的产品应注明注意事项
⑫针对特定人群的注意事项应明确标注 例：柚子（果汁）可能会增强钙拮抗剂的效果等
⑬保存方法 仅以生鲜食品为对象（加工食品的保存方法作为强制性标识事项已经进行标注）
⑭其他 关于生鲜食品，或在加热等处理后营养成分发生较大改变的食品，并注明烹饪方法，确保注明功能的营养成分含量在食品标识基准附表 11 的上限·下限值的范围之内。

● 营养功能食品

营养功能食品是指注明营养成分的功能后进行销售的食品。要销售营养功能食品，除了确保营养成分的每日摄入量必须在规定的上限值和下限值的范围之内，还需要在标注营养功能的同时，注明相关警示标识。营养成分的主要标注对象为脂肪酸 1 种（n-3 系脂肪酸）、矿物质类 6 种（锌、钾、钙、铁、铜、镁）、维生素类 13 种（烟酸、泛酸、生物素、维生素 A、维生素 B1、维生素 B2、维生素 B6、维生素 B12、维生素 C、维生素 D、维生素 E、维生素 K、叶酸）。

不过，片剂或胶囊等形状的加工食品可从上述成分中去除钾成分的标注。

5　强调标识

畜产品的强调标识

~注意和牛·黑猪·地鸡的标识~

● 和牛

日本农林水产省的《和牛等特色食肉标识相关指南》规定了"和牛"的标识基准。标注为"和牛"的商品必须满足以下条件。

①品种为 a 黑毛和种、b 褐毛和种、c 日本短角种、d 无角和种、e 上述品种之间的杂交种、f 上述品种与 e 之间的杂交种。

②在日本国内出生并饲养的牛。

③能够基于家畜改良增殖法的注册制度等证明商品满足第①条要求。

④能够通过牛肉可追溯制度确认商品满足第①②条要求。

此外，将第①条中的杂交品种（e、f）标注为和牛时，必须同时标注"和牛杂交种"或"褐×黑等"具体的品种组合。

"和牛"、"WAGYU"以及和牛的平假名、片假名①或类似的标识均必须在满足上述条件的基础上方可标注。"黑牛"等使用"黑"字标识的商品可能会导致消费者将其误认成和牛中的黑毛和种，因此在标注黑毛和牛品种之外的牛肉时，需要一并注明牛肉的品种名称或品种组合名称。

---

① 平假名和片假名为日语中的表音文字，原文为"わぎゅう""ワギュウ"。

● 黑猪

《和牛等特色食肉标识相关指南》也规定了"黑猪"的标识基准。

"指南"规定，只有纯种巴克夏猪才可标注为"黑猪"。与和牛的标识基准不同的是，外国产的猪肉也可以使用"黑猪"标识。为了防止消费者将外国产的黑猪误认成日本产黑猪，除了食品标识法要求的名称标识之外，用标签等进行任意标注时，若使用了"黑猪"标识，则必须同时注明原产地，如"黑猪（美国原产）"等。

● 地鸡

JAS 法制定了《地鸡肉的日本农林规格》。

JAS 规格制度是指对产品是否符合 JAS 规格进行检查，并对符合规格的产品授予 JAS 标志的制度。符合"地鸡肉的日本农林规格"规定的地鸡肉规格且接受认定的鸡肉，可贴上 JAS 标志，使用"地鸡"进行标注。

JAS 规格制度为任意性制度，产品并没有接受规格等级认定的义务，不过根据消费者厅于 2010 年 3 月归纳整理的《食品标识相关 Q&A》，要求在产品名称或原材料名称中标注"地鸡"时，应采用符合地鸡肉日本农林规格第 3 条规定的鸡肉。

（和牛等特色食肉标识相关指南、地鸡肉的日本农林规格）

地鸡肉的规格

雏鸡	选用原生品种血液占比在 50%以上，有出生证明（原生品种系谱、原生品种血液占比以及孵化日期证明）
饲养时间	孵化后饲养 80 天以上
饲养方法	28 日龄以后放养
饲养密度	28 日龄以后 1m^2 的数量在 10 只以下

地鸡肉的标识事项

名称
组合
饲养时间
饲养方法
净含量
品质变化较快的产品需标注消费期限，其他产品标注赏味期限
保存方法
养殖经营者（小包分装产品应标注分装厂商）的姓名或名称及地址

有机农产品相关标识

~有机农产品有固定的生产方式~

● 有机农产品

关于有机农产品，日本农林规格明确规定"为了维持并促进农业自然循环功能，以避免使用化学合成肥料及农药为基本，发挥土壤性质决定的农田原本的生产力（包括蘑菇类生产所需的农林产物的生产力、蔬菜新芽类生产所需的种子的生产力等），且在采取了相关措施、能尽可能减少农业生产给环境带来的负担的场地（耕地·农场）内进行生产"，确立了"采用堆肥等方式改良土壤，在播种或种植前的 2 年以上的时间内，禁止使用农药或化学肥料的水田方可栽培""栽培过程中也不得使用禁用农药、化学肥料""不使用转基因技术"等有机农产品的生产方式（摘自农林水产省主页）。

接受了有机农产品的日本农林规格认证的从业者可以在符合规格的农产品上粘贴有机 JAS 标志，注明"有机"标识。另外，关于有机 JAS 标志的样式，为了确保符合有机 JAS 规格的农产品流通的可信性，从 2016 年 6 月 1 日起，要求标注农产品有机 JAS 标志的认证编号。

• 有机农产品的标注

将采购的有机农产品在店铺内进行小包分装，并重新贴上（或标注）有机 JAS 标志时，必须由具有有机认证分装资质的从业者进行。

不具备有机认证分装资质时，应采购小包分装工序已完成且贴有有机 JAS 标志的商品，并直接销售，或在店内设置有机农产品专区，采取一定的措施防止与其他农产品混淆，从包装箱内直接取出有机农产品进行分装，将包装箱上的有机 JAS 标志剪下，并将其设置在分装农产品的附近进行公示和销售（**有机农产品的日本农林规格**）。

• 特别栽培农产品的标注

特别栽培农产品是指在生产过程中，与该地区的常规农业习惯水平（各地区按常规习惯施用的有机禁用农药及化学肥料的使用状况）相比，有机禁用农药的施用次数在 50% 以下，化学肥料的氮元素含量在 50% 以下栽培而成的农产品。

特别栽培农产品的标识应符合农林水产省《特别栽培农产品相关标识准则》的规定，按照下表所示的农林水产省最新准则进行标注。特别栽培农产品中，若使用了有机禁用农药，应注明其使用情况。

无法在产品的容器包装上标注有机禁用农药的使用情况时，可根据消费者的要求，注明可查阅的主页（HP）网址等信息获取途径。

• 无农药的标注

特别栽培农产品相关标识准则禁止标注"无农药""无化学肥料"标识。

这是由于消费者可能将"无农药"标识理解为"该农产品不含一切农药残留，包括土壤中残留的农药或周边农场飞散而来的农药"，造成优良误导。

而"少农药""少化学肥料"等标识也由于农药或化肥的减少比较标准、减少比例、减少对象（究竟是使用次数，还是残留量）等因素并不明确，消费者难以理解，同样受到禁止。

（特别栽培农产品相关标识准则）

特别栽培农产品的标识示例

根据农林水产省最新准则标注
特别栽培农产品 有机禁用农药：与○○地区相比减少 5 成 化学肥料（氮元素成分）：栽培期间未使用 栽培责任人　○○○○ 地址　　○○县○○市○○町○-○-○ 联系方式　TEL　000-000-0000 确认责任人　△△△△ 地址　　△△县△△市△△町△-△-△ 联系方式　TEL111-111-1111

有机禁用农药的使用情况		
所用材料名称	用途	使用次数
○○○○	杀虫	1 次
△△△△	杀菌	1 次
××××	除草	2 次

违反健康增进法的标识

~不得强调健康保持·促进效果~

以前，健康增进法曾对营养成分等相关营养标识基准进行了规定，不过，随着食品标识法的制订，健康增进法的有关规定向食品标识基准转移，现在仅将禁止虚伪夸大标识的相关事项作为适用对象。

• 保持或促进健康效果虚伪夸大标识的禁止

根据健康增进法的规定，禁止标注"保持促进健康的效果明显不符合事实的标识、极易让人产生误解的标识"。其原因在于，误信了健康促进效果虚伪夸大标识的消费者可能会疏于接受适当的治疗，从而危害自身的健康。

• 标注对象的范围

除了商品的容器包装、添加剂等标注之外，样品、传单、宣传册、海报、招牌、陈列品等也属于标注管制对象。另外，报纸、杂志、电视、互联网上的广告也同样属于规制范围。

• 禁止标识示例

禁止标注的情况主要有以下几种。

①以疾病治疗或预防为目的的效果，例如"针对糖尿病、高血压、动脉硬化等人群""防止蛀牙""消除肥胖"。

②以身体组织功能的强化、促进为主要目的的效果，例如"消除疲劳""强身健气""增强体力""促进食欲""防止老化""提高免疫功能"。

③起到特定保健功能的效果，例如"本产品可调理肠胃""本产品适用于高血压人群"。

④营养成分的效果，例如"钙是形成骨骼和牙齿所需的重要营养素"。

⑤有助于人体美化、提升魅力、改变容貌、维持皮肤或毛发健康的效果，例如"滋润皮肤""打造完美体形"。

"无添加" 标识

~无须使用添加剂的食品标注"无添加"是否妥当？~

• "无添加" 标识

为回应消费者对于添加剂使用情况的关注，可使用"无添加"

标识来强调食品中未使用添加剂。接下来笔者将对标注"无添加"标识时的注意事项进行说明。(关于营养成分的无添加强调标识请参照本章第4节"营养成分相关标识")

①微量残留物

食品中使用了添加剂时,原则上必须进行标注。不过,按照食品标识法的规定,在某些情况下可以省略标注。例如食品加工助剂和微量残留物,加工助剂虽然作为添加剂使用,但在食品完成之前已被去除,微量残留物在食品中的含量极少,并不能发挥作用。

加工助剂和微量残留物等添加剂虽然无须进行标注,但使用了添加剂的事实并未因此发生改变,不能使用"无添加"标识。

食品原材料中含有的添加剂属于微量残留物时可免除标注。因此,在标注"无添加"标识时,还需对食品原材料进行检测,确认原材料中没有使用添加剂。

②无须使用添加剂的食品

对于无须使用添加剂的食品,特意标注"无添加"标识是不妥当的。通常来说,在无须使用添加剂的食品上标注"无添加"标识,尽管与其他产品没有区别,但可能导致消费者将其误认为某种特别产品。

③仅标注"无添加"

仅标注"无添加"三个字时,消费者并不明确究竟没有添加何种物质,因此,最好使用"无添加合成着色剂"等进行具体标注。

6 其他标识

关于胭脂红色素的警示

~可能引发严重过敏症状~

- ● 添加剂致敏

  收到含胭脂红色素添加剂的饮料与急性过敏反应（Anaphylaxie）相关研究信息之后，日本消费者厅于 2012 年 5 月 11 日发出警示。

  据称，以动物（昆虫）为原料制造的添加剂中残留的杂质是引发过敏症状的原因。

  胭脂红色素是一种以胭脂红酸为主要成分的红色着色剂，胭脂红酸提取自从中南美洲原产的、一种叫作"胭脂虫"的昆虫，除了应用于清凉饮料、点心类、火腿、鱼糕等食品领域之外，也广泛应用于医药品、准药物、化妆品（口红、眼影等）等。

- ● 胭脂红色素引发的过敏症状

  目前，已经出现因使用含胭脂红色素的化妆品或摄入含胭脂红色素的食品导致产生发痒、荨麻疹、发疹、呼吸困难等过敏症状的案例。

  另外，由于胭脂红色素是一种化妆品和食品能够共通使用的添加剂，因此还出现了女性在使用含胭脂红色素的化妆品并出现发痒症状后，又摄入了含胭脂红色素的食品，引发呼吸困难等严重过敏症状（过敏性休克），甚至威胁生命的案例。

- ● 向消费者发出警示

  日本消费者厅提醒消费者在使用含胭脂红色素的化妆品或摄入

含胭脂红色素的食品之后，若出现发痒等身体状况的变化，"应迅速前往皮肤科或过敏专科就医"，"疑似胭脂红色素致敏时，应避免使用或摄入含胭脂红色素的产品"。同时，指导消费者将食品或化妆品的相关标识作为参考。

需要注意的是，在进行面对面销售时，若商品中使用了胭脂红色素且未明确标注，应按照消费者的要求，正确提供是否使用胭脂红色素等信息。

不同标注对象的标注场所及名称如下**表**所示。

胭脂红色素在产品标识中的标注位置和标注名称

对象	标注位置	标注名称
食品	原材料名称栏	"胭脂红色素""胭脂红酸色素""着色剂（胭脂红）""着色剂（胭脂红酸）"
医药品	包装附页或外盒等的"添加剂"一栏	"胭脂红""胭脂红酸""胭脂红·普鲁士兰涂覆云母钛""胭脂红涂覆云母钛"
准药品、化妆品	容器或外盒等的"成分"一栏	

婴儿标准适用食品的标识

~基于放射性物质标准的标识~

● 婴儿标准适用食品是指？

福岛第一核电站事故发生后，按照 2012 年 4 月开始施行的食品所含放射性物质标准值（规格标准：厚生劳动省制订）的规定，与一般食品的 100 贝克勒尔/kg 相比，婴儿食品的适用标准值更低，为 50 贝克勒尔/kg。

<婴儿食品的范围>

> 　　婴儿食品的范围具体如下。此外，标识内容主要针对婴儿的食品也属于"婴儿食品"。
> - 婴儿配方奶粉
> - 以婴幼儿为对象的配方奶粉（含分段奶粉等）
> - 婴幼儿饮料（茶类饮料适用饮用水的标准）
> - 婴幼儿食品（零食等）
> - 婴儿食品
> - 其他（服药辅助果冻、营养食品等）

　　不过，由于食品的多样化，在某些情况下，消费者很难通过商品外观判断其是否符合婴儿食品的规格标准，婴儿标准适用食品的相关标识基准由此制订，目的在于确保消费者在购买食品时能够辨别该食品的适用标准究竟是"婴儿食品"还是"一般食品"。

　　另外，婴儿食品是指以满足婴儿（不满1岁）的饮食需求为目的进行销售的商品。

● 婴儿标准适用食品的标注方法

　　符合婴儿食品规格标准的食品应进行如下标注，声明该商品为婴儿标准适用食品。

<标识示例>

> - 婴儿标准适用食品
> - 本产品（基于食品卫生法）为符合婴儿食品规格标准的食品
> - 婴儿食品规格标准适用食品
> - 本产品为符合婴儿标准的食品
> - 婴儿标准适用食品
> - 符合婴儿标准

　　另外，不得标注"婴儿标准食品""婴儿规格"等没有明确使用"适用（符合）"字样的标识。

● **禁止干扰标识**

婴儿标准适用对象以外的食品禁止使用"婴儿标准适用食品"、"婴幼儿标准适用食品"或"婴儿标准适合食品"等干扰性标识。

标识示例

婴儿标准适用食品
　○○婴儿食品

5个月左右开始
精细研磨

国产大米制造的

米粥

乳	蛋	小麦	荞麦	花生	虾	蟹
—	—	○	—	—	—	—

○：使用　—：不使用

名称	粥粉
原材料名称	精白米（国产）、麦芽糖、小麦淀粉、植物油脂/抗氧化剂（VE）、柠檬酸、卵磷脂（来源于大豆）
净含量	50g（10g×5包）
赏味期限	○○○○.○○.○○
保存方法	避免阳光直射和高温潮湿，常温保存
制造商	○○食品株式会社 ○○县○○市○○町○-○-○

第 3 章

雇佣与劳动相关法律

2015 年以来的法律修订动向

把握解决问题的关键——工作方式改革

● 2015 年以来的法律动向

近年来，由于长时间劳动导致的脑血管疾病、心脏疾病不断增加，因工作压力过大而产生心理问题的劳动者越来越多，因抑郁症而反复停职甚至导致死亡的案例也频发不止，逐渐演变成一个严峻的社会问题。

在此背景下，日本于 2014 年 11 月开始实施《过劳死等预防对策推进法》，并不断推进相关立法和政策的完善，以长时间劳动的修正为代表，力求促进工作和生活之间的平衡，使劳动者能够健康充实地持续工作，实现社会和谐。

这就要求以全职工作为前提的日本企业对正式员工型单一工作方式做出改变，按照各项法令的规定，采取完善相关制度或整顿就业环境等措施，结合不同的生活阶段提供灵活多样的工作方式，激发多样化人才的创造力。

· 非法长时间工作的取缔与黑心企业的曝光

2015 年 4 月，东京劳动局与大阪劳动局新设立了"过重劳动扑灭特别对策班"（俗称：过劳应对小组），作为应对性质恶劣的长时间劳动或其他违法行为的专职组织。过劳应对小组的所有成员均为劳动基准督察官，具有对企业进行入内调查、指导或揭发的权力，其职权范围还包括将违法经营者交送检察院。

此外，针对反复从事非法长时间劳动的企业，厚生劳动省进一步确立了在建议整改阶段对企业名称予以曝光的新政策，并已于2015 年 5 月 18 日开始执行。

·压力检测制度正式启动

劳动安全卫生法修订后，长期雇佣劳动者（包括满足一定条件的临时工或兼职员工等）达 50 人以上的企业有义务实行压力检测和当面指导的制度也随之建立，并于 2015 年 12 月开始执行。企业应从保护劳动者隐私的立场出发，在切实掌握制度内容的基础上加以运用。

● 今后的发展方向

·同一劳动同一薪资的实现（相关诸法律的修订）

2016 年 6 月，日本内阁会议通过了"日本一亿总活跃计划"，以实现同一劳动同一薪资为目标，在充分兼顾终身雇佣或年功序列型薪资等日本特有的雇佣习惯的同时，毫不犹豫地推进《劳动契约法》《兼职劳动法》《劳动者派遣法》等法律修订的准备工作。"工作方式改革"将改善非正式雇佣劳动者的待遇作为"势在必行的重要课题"。

此外，关于正式·非正式雇佣劳动者之间的待遇差问题，显示了要求企业方面进行义务说明的倾向，预计通过方针指南等对合理的待遇差以及应整改的不合理待遇差案例进行公布。

今后，采取相关措施改善兼职待遇的必要性还将进一步上升。

·兼职社会保险的适用范围扩大

根据 2012 年 8 月制定的《年金功能强化法》的规定，从 2016 年 10 月开始，兼职等社会保险的适用范围得以扩大。

兼职社会保险原本不能享受伤病津贴、生育津贴、将来的额外养老金等厚生年金保险和健康保险福利，通过修订相关法律减少保险差距、去除"不工作更有利"的不良机制、提高女性的就业意愿等措施，为今后人口不断减少的社会现实做好准备。

不过另一方面，作为第 3 号受保人①，原本无须缴纳保险费的家庭主妇等群体也可能会因新产生的保险费负担而提出异议。对企业方面来说，兼职制度或工作方式的改革应该是很有必要的。

·兼职员工的职业前景与向正式员工转变

随着《兼职劳动法》的修订，从 2015 年 4 月开始，禁止与正式员工实行差别对待的兼职劳动者的对象范围进一步扩大。而且，该法律还要求企业通过各项说明或完善咨询体制等措施提高兼职劳动者的认可度。

此外，日本从 2013 年 4 月开始施行《改正劳动契约法》，根据其"不定期转变规定"的内容，若合同期限需每年续签，那么兼职员工有望最早在 2018 年 4 月提出不定期转变申请。当务之急在于制度的完善和落实。

---

① 第 3 号受保人制度："第 3 号受保人"制度是养老金制度中与妇女关系最为密切的部分，日本政府在 1985 年的养老保险制度改革中，强制薪职人员（企业职工和公务员）的配偶作为"第 3 号受保人"加入国民年金，使"年金权"覆盖到日本的全部妇女。制度创设时主要考虑到专职主妇大都没有工作、缺乏缴纳养老金能力，也考虑到妇女担负育儿、护理老人等家庭责任，为防止中老年夫妇离婚时妻子陷入无养老金的窘困状态，因而才规定不征收其保险费，而作为"第 3 号受保人"强制加入养老保险。

1　雇佣管理相关法律

何谓劳动三法？

　　企业（以下称"雇佣者"）雇佣劳动者，劳动者提供劳动力，雇佣者支付一定的薪资，劳动者与雇佣者之间形成劳资关系，劳资关系可分为单个劳动者与雇佣者之间形成的个别劳资关系和将劳动者作为一个集体（工会等）而形成的集团性劳资关系。

　　形成上述劳资关系的双方在不同立场的权利和义务是相互对立的，在历史上便处于弱势地位的劳动者如今受统称为《劳动法》的数项法律的保护。劳动法的根基在于所谓的"劳动三法（**劳动基准法、劳动组合法、劳动关系调整法**）"。除此之外，近年来随着围绕解雇等问题产生的个别劳资关系纠纷不断增加，劳动契约法等法律作为其判断基准之一也属于劳动法的范畴。

● 劳动基准法是指？

　　劳动者与雇佣者通过签订劳动合同形成权利义务关系。劳动者在认可薪资或劳动时间等一定的工作条件（劳动条件）的基础上承担劳动义务。不过，劳动条件不得侵犯宪法规定的基本人权和生存权（人应当享有的维持生活的权利）。

　　劳动基准法是一项保障劳动者的生存权，以禁止雇佣者在恶劣的劳动条件下强制劳动者工作为目的，制订劳动条件最低标准的法律。

　　若企业违反了法律规定，让劳动者在低于该法律规定的最低标准的劳动条件下工作，劳动基准法作为强制性法规，可对企业执行相关处罚规定。

劳动基准监督署是监督指导职能的行政机关，对企业是否遵守劳动基准法的规定，是否让劳动者在适当的劳动条件下工作等方面进行监督和指导。在员工的雇佣管理上，劳动基准法是生鲜超市店长至少需要了解的重要法律之一。

- **劳动组合法是指?**

在于企业形成的关系中，单枪匹马处于弱势的劳动者大量团结在一起，基于劳动组合法组建工会，以期通过整体的团结力量站在与企业对等的立场上进行交涉谈判或罢工等抗议行为，劳动组合法正是一项以保护劳动者上述权利为目的的法律。

●劳动基准法规定的劳动条件最低标准

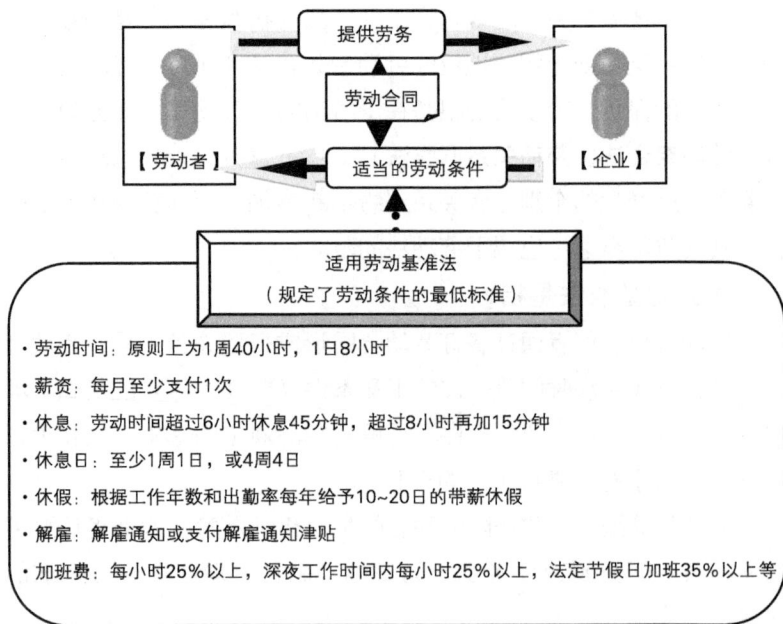

提供劳务

劳动合同

【劳动者】 → 适当的劳动条件 ← 【企业】

适用劳动基准法
（规定了劳动条件的最低标准）

- 劳动时间：原则上为1周40小时，1日8小时
- 薪资：每月至少支付1次
- 休息：劳动时间超过6小时休息45分钟，超过8小时再加15分钟
- 休息日：至少1周1日，或4周4日
- 休假：根据工作年数和出勤率每年给予10~20日的带薪休假
- 解雇：解雇通知或支付解雇通知津贴
- 加班费：每小时25％以上，深夜工作时间内每小时25％以上，法定节假日加班35％以上等

该法律基于宪法第 28 条的内容，对劳动者的"团结权"、"集体交涉权"和"集体行动权"做出了具体规定予以保障，同时，规定了工会的结成及其组织运营相关条件、禁止雇佣者对工会施加的侵害行为（不当劳动行为）等内容。最近，即使企业内没有工会，若劳动者通过加入"一个人也能加入的工会"等联合工会，企业方面同样要视为团体交涉进行应对的例子也很常见。

即使是与企业无关的外部工会，只要是符合劳动组合法规定的合法工会，企业也必须诚实地进行应对。

● 劳动关系调整法是指?

劳动关系调整法是为了防止雇佣者与工会之间因劳动条件等产生的矛盾演化为罢工等劳动争议，或双方劳动争议长期僵持时，以调整劳资关系、结束劳动争议为目的而制定的法律。

劳动争议原本应由劳资之间自主解决，在难以解决时，可根据劳动关系调整法，由劳动委员会这一公共机构通过"协调""调停""仲裁"等方式来解决。

除了上述法律之外，从员工的招募·录用到离职的雇佣管理过程中，雇佣者作为管理·监督的角色，还需要了解以下几种劳资关系相关法律法规：①雇佣对策法、②职业安定法、③最低薪资法、④兼职劳动法、⑤劳动安全卫生法、⑥劳动者灾害补偿保险法、⑦雇佣保险法、⑧男女雇佣机会均等法、⑨育儿看护休业法、⑩劳动者派遣法、⑪公益通报保护法等。

禁止不当劳动行为

~不当劳动行为的界定~

劳动组合法对雇佣者不得进行的行为（不当劳动行为）做出了明确规定。这里的雇佣者不仅指缔结劳动契约的企业当事人，还包括处于实际上决定具体劳动条件的人（店长等）。

不当劳动行为是工会与雇佣者之间产生的问题。不当劳动行为按照不同类型可分为以下4种。

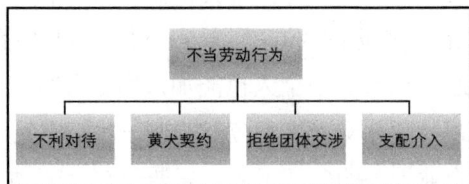

"不利对待"是指雇佣者以劳动者试图加入工会、成为工会会员、试图组建工会、进行正当的工会活动等为理由，将劳动者解雇等歧视对待的行为。

"黄犬契约①"是指雇佣者将劳动者拒绝加入工会或从工会中脱离作为雇佣条件。

"拒绝团体交涉"是指对于合法工会提出的团体交涉要求，雇佣者在无正当理由的情况下予以拒绝。最近还出现员工加入企业外部的工会，由外部工会提出团体交涉要求的情况。即使是与企业无关的工会，企业若无正当理由而拒绝团体交涉，也将构成不当劳动行为。

"支配介入"是指以弱化工会组织的团结力为目的，企业在经济上或言行上故意干涉工会的组建或运营的行为。企业或作为非工会会员的上司劝说加入工会的员工"要不要退出工会"等行为也属于支配介入。尤其是与外部工会产生纠纷时，此类干涉行为可能会在团体交涉的过程中将企业置于劣势。

(劳动组合法第7条)

---

① 黄犬契约的语源来自英文的"Yellow-dog Contract"。由于英文中的"yellow dog"（黄狗）有卑鄙奸诈的含义，因此用来形容破坏劳动者的团结，使之屈服于企业雇主的压力的行为。

店长在劳动法上的立场

~我们属于"雇佣者"！~

劳动基准法将雇佣者定义为"本法所称的雇佣者，系指企业主、企业经理人或代表企业主处理企业中有关劳动者事宜的所有人"（**劳动基准法第 10 条**）。这意味着，店长等角色作为店铺经营及其他责任的承担者，对员工下达指挥命令，全面负责劳务管理，理所当然属于"雇佣者"。

近来，已经离职的员工在离职后提出未支付加班费的索赔，或因性骚扰、职权骚扰等而向直属上司提起刑事指控的案例也在持续上升。作为担任员工劳务管理相关工作的管理人员，为确保劳务合规性，店长至少要对劳资关系相关法律法规的基本内容有所积累。

● 双罚规定 （劳动基准法第 121 条）

劳动基准法制定的双罚规定内容如下：本法的处罚对象为违法行为人，若违法行为人是企业法人的代理人或员工，企业本身亦是处罚对象（即双罚）。

若违反本法者是代表企业主主管与本企业劳动者有关事项的代理人、受雇人及其他工作人员时，对企业主亦须科以罚金。

此外，在职场中发生性骚扰或职权骚扰时，若企业没有建立预防类似事件的体制（完善工作条例等）或未开展相关教育活动，根据《民法》或《男女雇佣机会均等法》的规定，还要追究企业的责任。发生此类事件时，若企业知晓事实却未做出适当的处理同样会被追责。

兼职劳动法概述

~防止增加劳务纠纷！~

服务业、餐饮业、流通业可谓是兼职员工就业人口最多的行业。兼职员工虽然属于廉价劳动力，实际的工作方式多种多样，然而不合理的录用·待遇却颇为常见，由此导致的劳务纠纷也在持续增加。

为了防止出现围绕兼职员工待遇而产生的劳务纠纷，日本出台了兼职劳动法（关于短时间劳动者雇佣管理改善等的法律）。该法律尤为重视录用兼职员工时的处理和待遇。

● 录用兼职员工时

在录用兼职员工时，理应提供劳动条件告知书，或签订注明劳动条件的劳动合同。此时，在薪资有关事项中，要注明①有无加薪；②有无离职津贴；③有无奖金等内容，务必以书面文件（若兼职员工要求，也可用传真或邮件）的形式提供给员工。其原因在于，正式员工享有加薪·奖金·离职津贴等待遇，兼职员工却未被告知而未享有类似待遇，以致发生劳务纠纷的情况十分常见，因此雇佣者必须明确告知兼职员工上述事项。若未明确告知，将被处于过失罚款（10 万日元以下的罚金）。

● 说明劳动条件的义务

另外，在决定劳动条件告知书或劳动合同中的薪资、休假以及其他劳动条件等内容时，按照兼职员工的要求，雇佣者有义务对各项要素进行详细说明。而且，采取时薪制雇佣兼职员工的形式较为普遍，在决定兼职员工的时薪时，不得低于当地的最低薪资。最低薪资分为各都道府县确定的金额（地域最低薪资）和特定（按产业划分）最低薪资两种，需以二者中的较高金额为标准。

● 转正制度的导入

职场中的兼职员工较多时，因其动机的不同，生产率也会发生很大变化。兼职员工中，希望能够录用为正式员工的人应该不在少数。因此，兼职劳动法要求雇佣兼职员工的企业主必须采取一定的措施，向兼职人员提供转正机会，例如①在招录正式员工时，告知兼职员工相关的招录条件；②针对新业务开展内部招聘时，向有应聘意愿的兼职员工提供应聘机会；③通过一定的标准或测试，实行兼职员工转正制度等。

- **与正式员工保持待遇均衡**

兼职员工的工作内容·承担的责任各不相同。某些兼职员工的工作内容或承担的责任与正式员工不相上下。针对这种情况，为了确保兼职员工与正式员工之间的待遇均衡，防止出现较大的待遇差距，雇佣者有义务在薪资、教育培训、福利保障等 3 个方面，采取如下表所示的措施。

（关于短时间劳动者雇佣管理
改善等的法律《兼职劳动法》）

与一般员工比较		兼职员工的类型	薪资		教育培训		福利保障	
职务内容（业务内容以及责任大小）	人力资源的结构与运用（人事异动的有无及范围）		职务相关薪资·基本工资·奖金·职务津贴	职务以外的薪资·离职津贴·家庭补助·通勤补贴等	赋予履行职务所需的能力	其他能力（以强化技能为目的）	·餐饮设施·休息室·更衣室的使用	其他福利
相同	相同	①应与一般员工同等看待的兼职员工	◎	◎	◎	◎	◎	◎
相同	相同	②与一般员工职务内容相同的兼职员工	△	—	○	△	○	—
不同	—	③与一般员工职务内容不同的兼职员工	△	—	△	△	○	—

◎: 禁止对兼职员工采取差别待遇
○: 有义务实施·关照
△: 有义务根据职务的内容、成果、意愿、能力、经验等酌情考虑
—: 根据兼职劳动条例，考虑兼职员工的实际工作情况和与一般员工之间的均衡

兼职员工等的待遇

~ "等同于正式员工" 的人应给予同等待遇！~

如上一节所述，兼职劳动法规定，针对应与一般员工（正式员工）同等对待的兼职员工，不得以兼职身份为理由，在薪资的决

定、教育培训的实施、福利保障设施的使用以及其他方面采取差别待遇。因此，在兼职员工的雇佣管理上，作为店长必须注意以下几点。

- **"等同于正式员工"的兼职员工是指谁？**

兼职劳动法所说的"应与一般员工同等对待的兼职员工"具体是指①职务的内容（工作内容、伴随的责任大小）、②雇佣合同期限（合同期限反复更新等）、③在人力资源的结构·运用等（配置转换等）方面，与正式员工一视同仁。

例如，在生鲜超市里，正式员工的主要职务内容为"顾客接待·收银·货品摆放·投诉处理·订货"，签订固定期限劳动合同的兼职员工 A 主要负责"顾客接待·收银·货品摆放"等内容，偶尔与正式员工一样，需要负责部分订货工作，那么员工 A 便属于应与一般员工同等对待的兼职员工。若将正式员工的月薪换算成时薪，得到"每小时 1500 日元，带奖金"的结果，而兼职员工的待遇为"每小时 1000 日元、无奖金"，那么无疑违背了该法律的宗旨。

不过，法律并未禁止因员工的能力或职务成果等评价所造成的薪资差距。教育训练的内容若为员工履行职务所需的能力研修，应与正式员工一同开展，福利保障设施（餐饮设施、休息室、更衣室）的使用也必须采取同等待遇。

（兼职劳动法第 8 条）

社会保险与雇佣保险

~兼职员工的加入基准是指什么？~

- **关于社会保险的加入**

实行法人管理，雇佣劳动者开展业务的公司，将强制性执行劳动保险（劳灾保险及雇佣保险）和社会保险（健康保险及厚生年金保险)。其中，劳灾保险的保险费由企业全额承担，不受雇佣形式的影响，适用于所有的劳动者。另一方面，雇佣保险和社会保险的加入则需要一定的基准，满足基准的劳动者才能成为受保人，还需要劳动者承担一部分保险费。

就社会保险的加入而言，若夫妻二人中，丈夫为工薪人员，且加入了所在企业的健康保险，妻子在其他公司做兼职，根据劳动时长或劳动天数，妻子本人可以成为所在公司健康保险制度的受保人。另一方面，如果妻子的劳动条件等不符合加入基准，本身的年收入不满 130 万日元，满足作为健康保险被扶养人的条件，那么妻子可以成为丈夫的被扶养人。不过，妻子作为丈夫的被扶养人，若劳动时长或劳动天数增加，妻子本人成为其公司社会保险的受保人，或年收入达到 130 万日元以上时，将不再是丈夫的被扶养人。

（健康保险法第 3 条、保发第 9 号、厅发第 9 号）

获取受保人资格的 3/4 基准

> ◆以下两项为正式员工的 3/4 以上
> ① "1 周" 的规定劳动时长
> ② "1 个月" 的规定劳动天数

※未成为所在企业的受保人时，作为被扶养人的年收入基准为 130 万日元。年收入达到 130 万日元以上时，自己加入国民健康保险（养老则仅享有国民年金）。此外，税法规定配偶者扣除的对象为年收入 103 万日元以下。

●2016 年开始扩大适用基准

若兼职员工 1 周的规定劳动时长和 1 个月的规定劳动天数在正式员工的 3/4 以上，那么无论所在企业规模的大小如何，都应成为社会保险的加入对象。

"3/4 基准" 在此前已被明确法制化，从 2016 年 10 月 1 日开始施行。另外，从同日开始，不符合 "3/4 基准" 的兼职员工中，满足下表 5 项条件的员工亦可成为社会保险的加入对象。

（厚生年金保险法第 9 条、第 12 条）

获取受保人资格的 5 项条件（不符合"3/4 基准"的员工）

◆满足以下 5 项条件则可获取受保人资格。
(1) 1 周的规定劳动时长为 20 小时以上
(2) 月薪 8.8 万日元以上（参考：预计年收入 106 万元以上）※
(3) 雇佣期限预计持续 1 年以上
(4) 非全日制在校学生
(5) 受保人数量长期在 501 人以上的企业内就职
※扣除结婚津贴、奖金、额外补贴、勤奋津贴、出勤津贴、家庭津贴等。

加入社会保险后，除了伤病津贴、生育津贴等之外，将来还可在国民年金的基础上享受厚生年金等福利。此外，就负担国民年金和国民健康保险相关保险费的第 1 号受保人来说，不仅享受的津贴更加充实，还能减轻保险费的负担。

另一方面，随着兼职社会保险适用基准的扩大，作为第 3 号受保人，原本无须缴纳保险费的家庭主妇等群体要负担新产生的保险费，即使享受的津贴更加充实，仍不愿意加入保险的情况并不少见。

不过，由于社会保险与本人的意愿无关，属于满足条件时强制性要求加入的类型，在无论如何也不愿意加入的情况下，需要在双方协商一致的前提下，更改劳动条件，使受保人的劳动方式不符合加入条件。

此外，为了防止雇佣合同的内容与实际就业状态之间产生较大的偏离，强化劳务管理也十分重要，需要雇佣者再次对各人的具体情况和工作方式进行确认，避免发生劳务纠纷，激发兼职员工的工作热情。

● **关于加入雇佣保险**

雇佣保险在员工失业等情况下可以领取补贴，其加入基准为：①1 周的规定劳动时间在 20 小时以上，且②预计雇佣时间在 31 天以上，满足基准即可成为雇佣保险的受保人。兼职员工也必须满足以上条件。

　　"预计雇佣时间"是指雇佣合同等书面协议上注明了合同期限为 31 天以上，或在不满 31 天的合同期限内，以续签合同为前提等情况。

（雇佣保险法第 4 条、第 6 条）

2 员工的招募·录用·待遇相关法律

招募员工时的注意事项

~招聘时禁止限定年龄·性别~

员工(含兼职员工·临时工等)招募受法律的制约。在违反了相关法律规定时,就算雇佣者为自己不懂法而辩解,也不能免去其应该承担的法律责任。招募方法包括通过HELLO WORK(公共职业安定所)招募人才,或发布招聘广告等多种方式。

通过公共职业安定所招聘员工时,雇佣者通常会在招聘服务窗口接受员工招聘指导,但利用报纸的传单折页、招聘广告或招聘网站等方式招募员工时,往往容易忽视一些重要的注意事项。招聘时,禁止设置"○岁以下"等年龄限制或"仅限男性"等性别限制。设置年龄或性别限制时,必须有充分合理的理由(工作内容为高龄者或女性难以胜任的重物处理等)。

● 禁止"间接歧视"

招募员工时,在没有充分理由的前提下设置"仅限男性""仅限女性"的性别限制属于直接歧视,被法律明令禁止。

另外,法律还禁止在招聘时设置限制条件,间接性地排除男女某一方的性别,即禁止"间接歧视"。例如,将招聘条件设置为"身高或体重达到一定数值以上(或以下)"则属于这种情况。

近来,不少生鲜超市开始为购买大量商品的顾客提供送货上门的服务。在招募从事配送工作的员工时,虽然货品并不重,女性也可以胜任，若雇佣者在体能、体重或体力等方面提出了一定的要求，以女性难以胜任作为招募条件，则属于间接歧视，违反了男女雇佣机会均等法的规定。

- **禁止以暧昧不清的劳动条件进行招募**

最近，"招聘欺诈"行为十分猖獗，厚生劳动省也预计修订职业安定法，强化对不法行为的取缔。招聘内容与应聘后的实际劳动条件不同，雇佣者提出的条件前后不一致时，容易发展为劳务纠纷。发布虚假的招聘广告误导求职者将会受到处罚。具体来说，雇佣者将被处以 6 个月以下的刑罚或 30 万日元以下的罚金。

例如，劳动条件标注为"薪资 25 万日元"，但其中包含了 5 万日元的加班费或奖金。在这种情况下，雇佣者在招募时必须注明薪资中"含加班费"。

另外，若员工的时薪因工作经验或工作时间段的不同而有所差别，需注明"时薪○○○日元~○○○日元"。除此之外，还需在面试时具体议定，在双方就此内容达成一致的基础上签订劳动合同。招募员工时必须注明的劳动条件具体如下。雇佣者应明确说明各项内容，防止应聘者产生误解。

招聘时必须明确的劳动条件

①从事的工作内容，②劳动合同的期限，③工作场所，④工作开始和结束的时间、劳动时间是否超过规定劳动时长，⑤休息时间及休假相关事项，⑥薪资金额，⑦是否适用社会保险·劳动保险

- **关于加班与工作时间的变更**

实际上，大多数兼职员工通常会根据自身的生活节奏来选择工作时间，如将孩子托付在托儿所·学校期间、将老人安置在看护机构期间。不过，偶尔也要面对紧急加班通知或变更工作时间段等突发情况。若雇佣者以此为理由，认为该兼职员工不服从工作安排而

在合同期内将其解雇，往往会引发纠纷。

雇佣者应在招聘内容中明确标注有无加班等劳动条件，或在面试等环节直接向应聘者说明。

（雇佣对策法第 10 条、职业安定法第 5 条之 3、
男女雇佣机会均等法第 7 条）

应聘者的面试与录用

~不可询问的内容是指哪些？~

对应聘者进行面试决定是否录用时，由于向应聘者询问了与本人无关的内容而导致纠纷的案例频频发生。关于求职者等个人信息的处理，职业安定法明文规定，"必须在达成业务目的所需的范围内进行采集、使用"（第 5 条之 4）。在面试等环节，雇佣者不得向应聘者询问下述内容。

---

①籍贯·出生地
②家庭情况
③住宅状况
④生活环境·家庭环境
⑤宗教·支持政党·思想·工会活动等
⑥购买或阅读的报纸·杂志·喜爱的图书等

这是由于第①~③条应聘者本人没有责任，④和⑤属于个人自由，与职业无关。

面试中询问的内容原则上仅限于录用后是否具备从事相关工作的能力·技能等，或为判断应聘者的性格特征而需了解的事宜。

此外，若违反了该项规定，有关机构可根据职业安定法向雇佣者下发业务改善命令，违反该命令将受到处罚（6 个月以下的刑罚或 30 万日元以下的罚金）（第 65 条）。

● 是否可以询问病史？

应聘者的病史是录用后不出现旷工、能够健康工作的重要判断依据。为了防止录用后因员工旷工、不能胜任工作而将其解雇时出现劳动纠纷，雇佣者应事先要求应聘者告知病史（含精神疾病），并进行确认，这种方式在法律上不存在问题。

（职业安定法第5条之4·准则）

关于录用·不予录用的决定

~是否应归还简历·职务经历表等材料？~

● 关于录用与否的通知

应聘者提出"已经交了应聘材料，但一直没有接到面试通知"或"已经接受了面试，但没有接到是否录用的通知"等疑问的情况十分常见。若在面试日期的确定或录用与否上花费过多的时间，即使应聘者中不乏优秀的人才，也容易错失录用时机。

另外，若应聘者同时接受了其他公司的面试，并收到了其他公司的录用通知书，却因我方未告知结果而无法答复，给应聘者造成不便。

因此，雇佣者应尽快告知应聘者具体的面试时间或面试结果。

尤其是面试结果，雇佣者应在面试时向应聘者说明将于〇日之内告知结果，应聘者人数较多导致录用与否所需的决议时间较长时，应向应聘者解释清楚。

● 应聘材料的处理

部分应聘者在收到结果后会提出"既然贵公司决定不予录用，能不能归还简历或职务经历表等涉及个人信息的材料？"等要求。职业安定法规定，"应聘材料必须在收集该材料的目的范围内保管及使用"（第5条之4）。

因此，企业不可以将应聘材料用于除录用选拔之外的目的，选拔结束后，企业应对材料予以"归还"或"负责废弃"。虽然企业方面没有归还义务，不过未被录用的应聘者可能对此比较在意。为了避免不必要的纠纷，应在招聘或面试时事先向应聘者说明应聘材料的处理方式，如"归还"或"由我方负责废弃"等。

（职业安定法第5条之4）

劳动合同的签订

~"说了，没说"是纠纷的根源！~

决定录用后，雇佣者必须向应聘者说明薪资及其他劳动条件，签订劳动合同。雇佣者必须说明的劳动条件如下表所示，其中，第①~⑤条的内容必须以书面方式写明。这在防止劳资双方就"说了，没说"等口头纠纷方面也能起到重要作用。

具体而言，雇佣者必须在劳动合同或"劳动条件告知书"（可从厚生劳动省的主页上下载）注明书面说明事项后提供给员工。在这种情况下，除薪资等因人而异的劳动条件之外的共通性条件，也可以通过工作条例等形式提供给员工。

此外，⑥~⑩需雇佣者根据实际情况进行说明，但不要求书面形式。不过，为了避免录用后出现纠纷，最好尽可能采取书面形式说明。

● 兼职等员工的雇佣

兼职或临时工等规定期限进行雇佣的员工同样属于劳动者，雇佣者需要说明的劳动条件事项与正式员工并没有太大的区别。

另外，法律还规定雇佣者必须以书面形式写明①有无加薪、②有无离职津贴（遣散费）、③有无奖金等3项内容。违反该规定将被处以过失罚款（10万日元以下）。

此外，录用后，若兼职员工要求企业对劳动条件的决定因素进行说明，企业应满足其要求。

书面说明事项

　　①劳动合同的期限

　　对规定了期限的劳动合同进行更新时的标准相关事项（仅限于规定了期限的劳动合同，且在劳动合同到期后需更新合同并续签时）

　　②工作场所、从事的业务

　　③工作开始·结束的时间，劳动时间是否超过规定劳动时间、休息时间、休息日、休假以及将劳动者分为2组以上工作时的工作转换事项

　　④薪资（离职津贴及奖金等临时工资除外）的金额、计算方法及支付方法、薪资截止日期、支付时间以及加薪事项（其中，加薪相关内容也可口头说明）

　　⑤离职相关事项（包括解雇事由）

书面或口头说明事项

　　⑥离职津贴（适用劳动者的范围、金额、计算及支付方法、支付日期）

　　⑦临时支付的工资（离职津贴除外）、奖金或等价工资以及最低薪资金额相关事项

　　⑧劳动者负担的餐费、作业工具等

　　⑨安全·卫生相关事项

　　⑩职业培训、表彰及处罚、停职相关事项

　　⑪灾害补偿·业务之外的伤病补助

【有无续签的书写方法】

　　· 有续签时的示例

　　　"自动续签"

　　　"有可能续签"

　　· 无续签时的示例

　　　"不再续签"

【续签判断标准的书写方法】

　　"根据合同期满时的业务量进行判断"

　　"根据劳动者的工作业绩、工作态度进行判断"

　　"根据公司的经营状况进行判断"

　　"根据所从事业务的进展状况进行判断"

并且，除了兼职员工之外，对于规定期限进行雇佣的其他人员，雇佣者还应就其合同期限是否更新以及续签与否的判断标准进行说明。

在就续签与否的判断标准进行说明时，如上表所示，应在规定期限进行雇佣的劳动者一定程度上可预见的范围内制定标准。

（劳动基准法第 15 条、兼职劳动法第 6 条·第 13 条）

试用期的设置

~ "3个月" 或 "6个月" 为宜~

员工录用后，可能会出现无法胜任工作、工作态度恶劣等情况。然而，录用后的员工却无法轻易解雇，否则企业容易被指控为"不当解雇"。

试用期的设置正是为了避免类似问题的出现。试用期是指对已录用员工的人品、能力、工作态度等进行考察，评价其作为正式员工的资格，从而决定是否正式录用的时期。法律上称之为"劳动合同保留解雇权"，在此时期内，雇佣者的解雇权与正式录用后相比适用范围更广。试用期的长短基于工作条例设置，一般以 3 个月或 6 个月为宜。

● 试用期内解雇

即使员工处在试用期，雇佣者也不能轻易将其解雇。试用期内解雇的理由大多为：缺乏与其他员工的协调性，违抗上司或前辈下达的工作指令，经常性迟到，工作态度恶劣等。出于上述理由解雇试用期员工时，必须以提醒员工注意、要求其端正态度或进行必要的教育培训等为前提，解雇方能有效。因为试用期也是员工的教育培训期。

● 关于解雇预告津贴

解雇预告津贴是指企业方面因不得已的理由解雇员工时，未能至少提前 30 日下发解雇预告而需要支付的津贴（补贴）。这里需要注意的是，"解雇是否有效"与"是否办理了必要的解雇手续"不能混为一谈。

若出于惩戒性解雇的事由解雇员工，就不发放解雇预告津贴的事宜，在没有获得劳动基准监督署认可的情况下，企业必须履行正常的解雇手续，支付 30 日以上的解雇预告津贴，或至少提前 30 日发出解雇通知（二者可并用。关于"解雇"的详细内容见下文）。另外，从录用后的工作第一天起算，时间在 14 日之内的员工，解雇时无须上述手续。

● 试用期内的正当解雇是指？

法院承认下述情况为拒绝正式录用的正当理由。

①出勤率过低时，具体指出勤率不满 90% 或无故旷工 3 次以上。

②工作态度或接待顾客的态度恶劣，经上司提醒后仍屡教不改时。

③言行缺乏协调性，不具备正式员工应有的素质。

④虚报履历。

由于试用期也是对员工进行教育指导的时期，即使发生了上述情况，立刻解雇员工的行为并不受法律认可，关键是试用期内开展了何种教育·指导活动。

员工本人通常也期望被正式录用，一旦期望落空，发展为劳动纠纷的情况也不难想见。试用期内，雇佣者应定期举行面谈，充分开展教育·指导，指出员工本人的不足之处，从而增强有效解雇的说服力。

● 灵活利用试用期的延长

试用期结束前，若对是否正式录用依然犹豫不决，通过对员工进行提醒·改进引导，暂且延长试用期也是方法之一。

虽然采取了延长试用期等措施要求员工有所改进，若该员工依然不具备正式录用所需的素质，不得不将其解雇时，解雇的正当性也进一步增强。

不过，如果工作条例中没有明确规定，雇佣者不得单方面延长试用期。即使有相关规定，但试用期内的员工将因此被置于不稳定的状态，只有在合理的特殊情况下，雇佣者才能延长试用期。

在员工本人同意的前提下，双方协商一致后可以延长试用期。即使在这种情况下，雇佣者也必须明确给出延长试用期的理由等，设置延长期内的课题或目标，并需事先向试用期员工说明，在其现有问题未得到明显改善的情况下将无法正式录用。

（劳动基准法第 20 条、第 21 条）

3 劳动时间·休息·休息日相关法律

劳动时间及其管理

~劳动时间的范围是什么？~

● 究竟何谓劳动时间？

劳动时间是指除去休息时间之后的"实际劳动时间"。劳动基准法将劳动时间规定为"1 周 40 小时，1 日 8 小时"，员工的劳动时间不可超过该范围（这被称为"法定劳动时间"）。

不过，劳动基准法特别规定，平时员工人数不满 10 人的商业、电影·戏剧业、保健卫生业（医院等）、娱乐服务业（餐饮店、柏青哥①游戏厅）等 4 种行业每周的劳动时间为 44 小时。

然而实际上，由于加班等原因，员工的实际工作时间超过上述法定劳动时间的情况屡见不鲜。在这种情况下，劳资双方需要就法定时间之外的劳动相关事宜签署协定（三六协定），并交由所辖劳动基准监督署备案。

● 更换制服的时间属于劳动时间吗？

劳动时间的法律意义在于将劳动者置于雇佣者的指挥命令之下的时间。例如，餐饮店的员工在店内没有顾客时坐着等待，是为了做好准备，在顾客光临时能够第一时间提供服务，因此等待时间（待命时间）也属于劳动时间。

---

① 柏青哥：日语パチンコ的音译，汉语俗称为爬金库，即弹珠游戏赌博机。

此外，在法院审理的案件中，若企业要求员工穿着制服，并在工作场所内的固定更衣室着装时，由于更换制服所需的时间同样基于雇佣者的指挥命令，将更换制服的时间判定为劳动时间的案例也不在少数。

而且，若雇佣者强制要求员工在工作时间外参加研修或反省会，这些时间自然也属于劳动时间。包括上述时间在内，超过法定劳动时间的部分属于加班，需支付加班津贴。

● 规定劳动时间与法定劳动时间

劳动时间包括规定劳动时间和法定劳动时间，规定劳动时间是指企业规定的从开业到结束的时间段内，去除休息时间之后的时间。

另外，兼职员工的规定劳动时间是指劳动合同上约定的时间，假设工作时间为 10 点到 16 点，那么去除休息时间之后的时间即为规定劳动时间。

规定劳动时间在法定劳动时间之内时，若让员工在规定劳动时间外工作，只要整体的劳动时间依然不超过法定劳动时间，不会出现法律问题。

（劳动基准法第 32 条、第 40 条）

劳动时间与非劳动时间的示例

属于劳动时间的例子	不属于劳动时间的例子
■工作的准备、整理时间 按照公司的指示，进行业务相关工作的准备、整理 ■雇佣者要求员工穿着制服·工作服等，员工在工作场所内更换衣服的时间 ■按照公司的指示参加研修的时间 ■按照上司的指示，在午休时间等待电话或访客 ■出席安全卫生法相关委员会的时间 ■在暗示性指示下的劳动时间 例如，管理者虽然没有明确向部下提出加班的要求，但超出法定劳动时间后部下仍在工作，而管理者予以默认时	■前往出差目的地所需的往返时间 ■定期健康检查所需的时间 ■因工会提出抗议，同一工作场所内的该工会会员以外的部分员工无法提供劳动时，按照其程度而使员工停止工作 ■在规定劳动时间之外开展的研修等教育培训，不要求员工强制性参加，不会根据工作条例进行处罚等不利处理，员工可自愿参加

弹性劳动时间制的灵活运用

~在中元节或年终的繁忙时期很有效！~

弹性劳动时间制是指在工作繁忙时延长劳动时间，并在较为闲暇时缩短劳动时间的制度，是一种为了提高工作效率，减少员工的平均劳动时间而产生的工作方式。劳动基准法认可的弹性劳动时间制主要包括以下 4 种。

①以 1 个月为单位的弹性劳动时间制

②以 1 年为单位的弹性劳动时间制

③以 1 周为单位的弹性劳动时间制

④弹性工作制

其中，服务业或餐饮店等大多导入第①及第②种。将弹性劳动时间制与下文的轮班工作制相结合，根据工作的繁忙程度，高效地调整劳动时间，可以达到减少加班，合理安排人员，提高经营效率的目的。

例如，在月初或月末、周一或周末等业务集中期，在 1 个月范围之内业务繁忙程度有明显差别，或因业务需要导致 1 天的工作时间超过 8 小时等情况下，雇佣者可在工作繁忙时，延长某天或某周的劳动时间，并在闲暇时相应地缩短某天或某周的劳动时间，或通过兼职员工等进行人员调整，将 1 个月内的每周平均劳动时间控制在 40 小时之内。

以 1 年为单位的弹性劳动时间制是指在 1 个月以上 1 年以内的长期范围内，对劳动时间进行弹性调整的制度。具体而言，针对中元节或年终时节、促销时期等特定时期，尤其是业务集中期等，雇佣者可以对劳动时间进行调整。至于企业到底应该以 "1 个月为单位" 还是以 "1 年为单位"，则需要根据实际的业务繁忙情况，判断哪一种方式更适宜。

● 以 1 个月为单位的弹性劳动时间制的导入

采用以 1 个月为单位的弹性劳动时间制时，必须在工作条例或劳资协定等文件中注明以下 3 点：①1 周的劳动时间不能超过法定劳动时间；②在①的前提下，具体指定弹性调整时期内每天·每周的劳动时间；③明确弹性调整时期的起算日。

每周的法定劳动时间为 40 小时的企业，若弹性调整时期最长为 1 个月，并将每月 1 日作为弹性调整时期的起算日，那么法定劳动时间的总额（总劳动时间）如表①所示。因而，企业应在不超过总额的范围内，具体指定每天、每周的劳动时间。在指定劳动时间时，可以个人或小组为单位，利用工作分配表来补充。另外，即使在弹性调整时期，店铺等雇佣者也必须事先确定原则上的开门·关门时间。

● 以 1 年为单位的弹性劳动时间制的导入

采用以 1 年为单位的弹性劳动时间制时，必须在劳资协定中注明以下内容：①弹性调整目标劳动者的范围，②弹性调整的目标时期，③目标时期的起算日，④特定时期（尤其是业务繁忙期），⑤目标时期中的劳动日期，⑥各个劳动日期的劳动时间，⑦劳资协定的有效期限等。

劳资协定中规定的上述内容还需在工作条例中注明，每年与年度假日历一同向劳动基准监督署长提交备案。另外，弹性调整时期只要在 1 年以内，还可以 3 个月或 6 个月为单位进行弹性调整。

此外，采用该弹性劳动时间制时，还需注意表②中的几点内容。

（劳动基准法第 32 条之 2、第 32 条之 4）

表①

1 个月中的天数	总劳动时间
31 天	177. 1 小时
30 天	171. 4 小时
29 天	165. 7 小时

表②

①1 天的劳动时间上限必须为 10 小时。

②1 周的劳动时间上限必须为 52 小时。

③劳动时间超过 48 小时的周数不得连续超过 3 周（目标时期超过 3 个月时）。

④劳动时间超过 48 小时的周数按照每周第一天计算的次数必须在 3 次以下（目标时期超过 3 个月时）。

⑤1 年中劳动天数的上限为 280 天（目标时期超过 3 个月时）。

⑥连续劳动天数的上限为 6 天（原则上）。

⑦在以 1 年为单位的弹性劳动时间制的执行过程中离职或入职的员工，需将其劳动时间平均计算，若 1 周内的劳动时间超过 40 小时，必须支付超出部分的额外补贴。

休息时间的给定方式

~工作超过 6 小时应给予 45 分钟的休息时间~

休息时间是指劳动者在劳动时间范围内，从劳动中暂时解放，得到休息的时间。法律规定，"劳动时间超过 6 小时至少应给予 45 分钟的休息时间，超过 8 小时至少应给予 1 小时的休息时间"。因此，对于兼职员工或临时工而言，在劳动时间不满 5 小时的短期工作情况下，即使不给予休息时间也没有问题。

另外，即使劳动时间超过 8 小时，导致加班的情况下，只要雇佣者给了 60 分钟的午休时间，就无须再另外给予休息时间。

休息的给予方式以在劳动时间之内一齐给予员工为原则。员工轮班休息时，则需签署劳资协定。另外，"45 分钟""1 小时"的休息时间并不要求一次性给予。因此，以 1 小时的休息时间为例，既可以"30 分钟"为单位分两次给予，也可按照"45 分钟"加"15分钟"的方式安排。

在 1 天之内的不同时间段，生鲜超市等场所的繁忙程度有明显区别，此时可将员工的休息时间分散安排在闲时，灵活进行调整。另外，还可通过将休息时间增加至 1 小时 30 分钟的方式，相应地延长员工的约束时间。

"约束时间"并不完全等同于劳动时间，除去实际劳动时间之后的剩余部分无须支付薪资。

工作过程中时间大致可以分为"约束时间""劳动时间""休息时间" 3 种，此外还有"等待时间"等。其中，"等待时间"是指虽然没有实际工作，但为了能够随时投入工作而待命的时间（服务业中等待顾客或电话的时间等）。等待时间亦属于劳动时间，员工不可像休息时间一样随意度过。

需要将生鲜超市的关门时间延长 30 分钟时，可以通过增加员工休息时间的方式，在员工实际劳动时间不变的前提下，延长约束时间，从而延长店铺的营业时间。员工的约束时间虽然延长，但由于实际劳动时间未变，因此不需要支付加班费。

● 不可限制休息时间的使用

休息时间的本质在于将劳动者从劳动中暂时解放，供劳动者自由支配。不过，即使在休息时间内，员工依然处于企业的约束之下，不可任性妄为，不得扰乱职场秩序。

此外，员工需要外出时，企业可要求员工提出申请·报告等。不过，若向员工提出在用餐时等待电话或访客等要求，休息时间则会变成等待时间，其性质也将转变为劳动时间，企业需要另外给予员工休息时间。

（劳动基准法第 34 条）

分类	时间的内容	劳动时间
①约束时间	从开业到结束，劳动者处于雇佣者监督下的时间，由实际劳动时间与休息时间相加所得	× （第③部分除外）
②劳动时间	约束时间内，劳动者在雇佣者的监督下提供劳务的时间，包括雇佣者举行的晨会、工作结束后的整理等时间	○
③休息时间	即使在雇佣者的监督下，劳动者可以从劳务中自由离开的时间（从劳动中解放的时间）	×

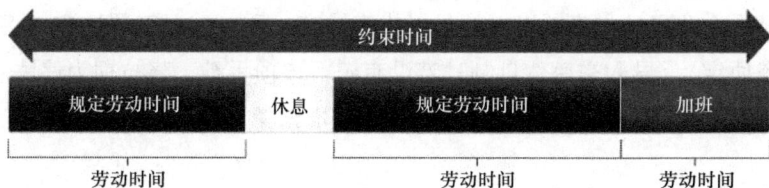

轮班工作制·交替休息制

~工作超过 6 小时需休息 45 分钟~

● 轮班工作制的效果在于？

便利店自不必说，采取 24 小时全天候、365 天全年无休工作制的生鲜超市也不在少数。这种经营方式要求多名员工在不同的时间段轮流交替进行工作。灵活运用轮班（交替）工作制，可以合理安排工作量，将每名员工的劳动时间控制在法定劳动时间内，并减少加班时间。

超过 8 个小时之外的工作需要支付员工每小时 1.25 倍的额外补贴，考虑到这一点，使用轮班工作制高效合理地安排员工无疑是更有利的选择。不过，选择轮班制时所需员工的数量也会有所增加，在这种情况下，雇佣者可根据具体的业务内容，尽量在无须购买社会保险的范围内增加兼职员工或临时工的数量，在减少法定福利费用的负担等方面也需要费心斟酌。

● 交替休息制

劳动时间超过 6 小时需给予 45 分钟的休息时间，超过 8 小时需另加 15 分钟，共计 60 分钟。并且，休息时间原则上应同时给予所有的员工。

然而，选择轮班工作制时，休息时间自然也不能按原则同时给予，需要随之调整为交替休息制。采用交替休息制时，按照劳动基准法的规定，若组建工会的会员在企业员工半数以下或未组建工会时，企业必须与半数以上的员工代表协商一致，书面签署协定（劳资协定）。导入交替休息制时若没有履行该项手续，将被视为违法。

（劳动基准法第 32 条之 2、第 34 条）

迟到·早退的处理

~不得扣除迟到·早退相应金额以上的薪资~

● 扣除薪资的处罚有限制！

从"不工作无薪资"的原则来说，扣除迟到、早退等未工作时间的薪资无可厚非。不过，扣除的部分只能是员工实际迟到、早退等未工作时间相应的金额。例如，迟到 5 分钟时，不能用四舍五入的方式归结为迟到 10 分钟或 15 分钟。一次薪资结算时期内的迟到·早退时间共计为 35 分钟时，可扣除其相应的薪资金额。

迟到 5 分钟时计为 0，迟到 5 分钟以上 10 分钟以下时计为 10 的舍入处理方式是允许的。另外，迟到 30 分钟时，不得扣除 1 个小时的薪资作为处罚，由于多出的 30 分钟属于劳动时间，若扣除将违反劳动基准法第 24 条"全额支付薪资原则"的规定。

不过，根据员工的迟到次数，雇佣者可采用"减薪处理"的方式加以惩戒。劳动基准法规定的减薪处理范围为"1 次的金额不超过每日平均薪资的一半，总金额在单次薪资结算总额的 1/10 以内"。

工资 30 万日元的员工平均薪资（劳基法第 12 条）为每日 1 万日元。因此，其单次减薪处理的上限为每日平均工资的一半，即 5000 日元。也就是说，除了扣除迟到·早退时间相应的金额之外，还可以从薪资中扣除上述减薪处理的金额。不过，员工在 1 个月内即使迟到多次，减薪处理金额也不得超过 30 万日元的 1/10。工作条例规定"迟到或早退 3 次以上可视为缺勤 1 日"，在这种情况下可扣除 1 天的薪资，不过作为惩戒处理方式之一，其金额不得超过上述限度。

（劳动基准法第 24 条、第 91 条）

加班命令与加班津贴的支付

~法定劳动时间之外的工作也有"限度"！~

法定劳动时间为"1 周 40 小时（特别行业 44 小时），1 天 8 小时"。超过该范围时，劳资双方需要签署"法定时间之外的劳动相关协定"（三六协定），并交由所辖劳动基准监督署备案。签署三六协定并备案后，是否就意味着可以让员工在法定劳动时间外无限度地工作（加班）呢？事实并非如此。

在签署三六协定时，必须遵守厚生劳动省告示规定的法定劳动时间之外的工作时间限度（表①）（时间限度②适用于采用以 1 年为单位的弹性劳动时间制，且弹性调整时期超过 3 个月的情况）。三六协定的条款超过该工作时间限度时，将成为劳动基准监督署长的建议及指导对象。

不过，在年初、年尾或促销活动等繁忙时期，有时会出现不得不超过时间限度延长工作时间的情况。在预计可能会发生类似的"特殊情况"时，可通过签署"附带特别条款的三六协定"，在超过时间限度后延长劳动时间。

"特殊情况"具有临时性质，雇佣者不得事先在三六协定中加入特殊情况的具体事由。另外，三六协定中还需明确特殊情况的延长时间以及可延长的次数等内容，在劳资双方充分协商后导入。

● 加班津贴按 25% 以上的比率计算

每小时加班费的计算方式为，员工 1 小时的薪资乘以表②的增额率。举例来说，若员工的时薪为 1000 日元，实际劳动时间超过 8 小时，超过的部分按每小时至少 1250 日元的金额支付。

轮班工作制中负责晚班的员工若在晚上 8 点至晚上 11 点工作了 3 个小时，即使该员工的实际劳动时间在 8 小时之内，其中属于深夜劳动时间（晚上 10 点至第二天早上 5 点）的部分也要按照 25% 以上的增额率（1250 日元）进行计算并支付。雇佣者需将深夜劳动与法定劳动时间之外的工作分开考虑。

因此，若员工的实际劳动时间超过 8 小时，且进入深夜劳动时间的范围，那么深夜劳动部分的薪资应按照 50%（25% +25%）以上的比率计算。

另外，在计算加班时间时，若 1 日内的加班时间不满 15 分钟，雇佣者不得使用舍入处理方式将其舍去。进行舍入处理时需要以薪资支付时期为单位。

此时，雇佣者需注意有利·不利条件之间的抵消平衡，例如"不满 15 分钟时省略不计，15 分钟以上时按 30 分钟计算"等。

● 员工拒绝加班时如何处理？

若工作条例中明确规定了"根据业务需要加班"，三六协定中也注明了相关内容，那么企业发出必要的加班命令便是有据可循的，员工不服从命令时，企业可以违反业务命令为由，予以解雇等惩戒处理。

不过，业务命令权在部分情况下并不是优先考虑的因素。

例如，员工出于照顾父母、孩子出生等正当理由而无法加班时，若其提出申请，企业需优先考虑员工的申请。

（劳动基准法第 36 条、第 37 条）

表①

时期	时间限度①	时间限度②
1 周	15 小时	14 小时
2 周	27 小时	25 小时
4 周	43 小时	40 小时
1 个月	45 小时	42 小时
2 个月	81 小时	75 小时
3 个月	120 小时	110 小时
1 年	360 小时	320 小时

表②

分类		增额率
法定劳动时间之外的劳动	原则上	25%以上
	每月超过 60 小时的部分	50%以上
深夜劳动		25%以上
※长期员工数量不满 300 人或资本金 3 亿日元以下的中小企业除外（零售业·服务业·批发业因规模而异）		

休息日加班与休息日加班津贴的支付

~每周至少有 1 天的休息日！~

劳动基准法规定，"每周至少给予 1 天"休息日，因导入弹性劳动时间制或轮班工作制而采用弹性休息制时，"4 周应给予 4 日以上"的休息日，即所谓的法定休息日。因此，企业采取的双休制其实比法定休息日多出 1 天。

严格来说，即使企业将节假日作为工作日，只要符合工作条例规定的劳动天数要求，1 周的劳动时长在法定劳动时间之内（40 小时或 44 小时），且保证每周 1 天的休息日，那么并不会引发法律方面的问题。

• 休息日加班津贴按照 35% 以上计算

要求员工在休息日加班时，当然需要支付相应的休息日加班津贴。在"每周休息 1 天"或"每 4 周休息 4 天"，且没有其他休息日的情况下，要求员工在休息日加班则属于法定休息日加班，企业应按照一般薪资 35% 以上的增额率支付每小时的加班津贴。

不过，若企业采取周六、周日双休制，在保证 1 天休息的前提下，要求员工在另 1 天加班，或在本周内的节假日加班时，由于企业已经保证了员工的法定休息日，因此在其他休息日要求员工加班时，不需要按照 35% 以上的增额率支付加班费。

然而，即使在这种情况下，若员工在法定休息日之外的加班时间超过每周 40 小时（44 小时），超过法定劳动时间 40 小时之外的部分需按照每小时 25% 以上的增额率计算并支付加班津贴。

达到一定规模的企业（参见上一节的表②）在员工每月的劳动时间超过 60 小时时，超过的部分需按照 50% 以上的增额率计算并支付加班费。

另外，部分采用每周双休制的企业会通过工作条例等指定法定休息日。例如，假设企业指定"每周日为法定休息日"，即使员工在其他日期休息了 1 天，若企业要求员工在周日工作，同样属于法定休息日加班，需要按照 35% 以上的增额率计算加班津贴。

在法定休息日加班时，若工作时间超过 8 小时且未达到深夜劳动的时间范围时，按照 35% 以上的增额率计算即可，达到深夜劳动时间范围时，应再增加 25% 的增额率，按照每小时 60% 的增额率计算加班津贴。

• 调休与补休的区别在于哪里？

要求员工休息日加班时，可以用"调休"或"补休"的方式来代替。不过雇佣者需要准确地把握其中的区别。调休是指将预先定下的休息日调整到其他工作日的形式。

也就是说，让员工在调整后的工作日（调休日）休息，并将原本的休息日调整为工作日。若企业采取调休方式，则不属于休息日加班的情况，不需要向员工支付休息日加班津贴。

不过，采取调休的方法必须满足以下 3 个条件：①在工作条例中就休息日加班和调休的内容进行明确规定；②进行调休时必须预先指定将被调整为休息日的"工作日"；③确保 1 周内有 1 个休息日。

相对地，补休是指让员工在休息日加班之后，在其他工作日休息作为补偿的形式。补休与调休的区别在于，调休需要事先指定休息日（调休日），而补休是在事后补偿休息（补休）。补休并未将休息日与工作日进行调整，其性质依然属于休息日加班。

因此，在补休的形式下，若员工在法定休息日加班，企业需要支付加班津贴（35% 以上）。并且，企业没有给予法定休息日的事实并没有消失，仍然需要在其他工作日予以补休。在这种情况下，由于企业已经支付了休息日加班相应的津贴，补休时可以不支付报酬。

（劳动基准法第 35 条、第 37 条）

薪资的支付

~转账支付薪资需要员工同意！~

劳动基准法为了保障劳动者能够切实获得薪资报酬，制定了以下 5 项规则。

①用货币支付
②直接支付
③全额支付
④每月支付 1 次以上
⑤在固定日期支付

近来，通过银行账户转账来支付薪资的方式越来越常见。不过，由于转账支付薪资的方式不符合"用货币支付"和"直接支付"的要求，因此需要事先取得劳动者的同意。一般来说，企业会在录用时获取员工的同意书。此外，企业还需确保在规定的薪资支付日内能够支付薪资。

银行账户必须是由劳动者指定的、劳动者本人名义下的账户，即使劳动者指定其配偶名义下的账户，根据直接支付规则，雇佣者也不能向该账户汇款。

● 通勤补贴不得使用实物（定期通勤车票）支付

法律上并未强制性要求支付通勤补贴。不过，若企业在招聘时或在工作条例上提出支付该项补贴，那么自然需要承担支付义务。另外，通勤补贴也属于薪资的范畴，原则上应使用货币支付。

然而，部分企业选择通过发放定期通勤车票（实物支付）的方式支付通勤补贴。事实上，只有当企业内存在由半数以上的员工组建的工会，企业与工会就通勤补贴的发放问题签署了劳资协定时，才允许使用定期通勤车票进行支付。因此，没有工会的企业必须使用现金支付相应的定期通勤金额。

企业要根据通勤距离、通勤方式等因素事先明确通勤补贴的支付标准，否则容易引起纠纷。兼职员工等通勤距离公司较近的情况较多，企业需要考虑支付通勤津贴的起步距离为多少千米，采用如自行车·摩托车·私家车中的何种通勤方式等多方面的支付标准。另外，通勤补贴的金额通常根据一般所得税的通勤补贴免税基准予以支付，利用公共交通时的每月金额为 15 万日元，利用其他通勤方式的免税限额具体如下表所示。

为了从车费·时间·距离等方面判断员工的通勤路线是否最为经济合理，企业要求员工在入职或变更住址时提交"通勤补贴支付申请书"作为判断依据。在个别情况下，发现员工为了获取更多的通勤补贴而造假时，多获取的部分属于员工的不当得利，有义务向企业返还，针对不同的情况，企业可要求损害赔偿或解雇该员工。

私家车等通勤补贴/免税额度	
单程通勤距离	额度（每月）
不满 2km	（全额纳税）
2km 以上 10km 以内	4200 日元
10km 以上 15km 以内	7100 日元
15km 以上 25km 以内	12900 日元
25km 以上 35km 以内	18700 日元
35km 以上 45km 以内	24400 日元
45km 以上 55km 以内	28000 日元
55km 以上	31600 日元

● 公司借款不得抵消扣除

法律禁止雇佣者以提供劳务为条件预借钱款给劳动者，强制其劳动，或限制其离职，并从劳动者每月的薪资中擅自扣除预借部分相应的金额。这是为了将金钱借贷关系与劳资关系完全分离，禁止雇佣者利用金钱借贷关系对劳动者实行人身限制。

不过，在对借款的原因·期限·金额·利息的有无等因素进行综合判断之后，若雇佣者没有将提供劳务作为条件的事实十分明显，就抵扣借款问题，在获得劳动者同意的前提下，雇佣者可以扣除薪资进行抵扣。

此外，劳动者出现重大过错给企业造成损失，从劳动者的薪资中抵扣损失赔偿金额时也需要同样的处理方式。在过去的案例中，也有"从业者出于自由意志同意抵扣，且有充分合理的客观理由证明这一点，那么在从业者同意的前提下进行抵扣，则不违反薪资全额支付的原则，抵扣有效"的例子。

（劳动基准法第 24 条、第 17 条）

4 带薪年休假・育儿休业・看护休业相关法律

关于带薪年休假

~兼职员工也有带薪年休假~

"休息日"是指劳动者无须履行劳动义务的日期,"休假"是指在需要履行劳动义务的时间内免去劳动的日期。企业必须在规定的休息日之外,每年给予其雇佣的员工一定天数以上的带薪休假,即带薪年休假。带薪年休假的天数如**表①**所示,根据员工的持续工作时间而定。

获取带薪年休假需要满足一定的条件,除了以员工的持续工作年限为依据之外,员工的出勤率必须在所有工作日的 8 成以上。入职时间满 6 个月的员工,只要 6 个月之内的出勤率占所有工作日的 8 成以上,便可享有 10 天的带薪年休假。之后,以年为单位计算休假时间。入职满 6 个月后,再经过 1 年,该员工 1 年内的出勤率占所有工作日的 8 成以上时,可享有 11 天的年休假。

不过,若该员工在 1 年之内因病休假等导致出勤率不满所有工作日的 8 成时,第二年的带薪年休假则为 0。在考虑出勤率是否达到 8 成时,应将下列情况视为出勤:①因工伤疗养而请假休息期间,②基于育儿・看护休业法而停止工作期间,③产前(6 周、多胎妊娠为 14 周)、产后(56 天)的休假期间。

- **兼职员工・临时工的带薪年休假**

兼职员工或临时工等同样必须给予带薪年休假。不过,如**表②**所示,若每周的规定劳动时间不满 30 小时,且每周的规定劳动天数在 4 日以下时，带薪年休假的天数也相对较少。

规定劳动天数为每周 4 日，或每年 169 日以上 216 日以下时，员工入职 6 个月后，可享受 7 天的带薪年休假。表②的分类方法为，当每周的规定劳动天数固定时，根据天数计算年休假；每周的规定劳动天数不定时，需要变通地按照年度规定劳动天数计算年休假。即便雇佣兼职员工或临时工，若每周的规定劳动时长达到 30 小时以上，需要与正式员工一视同仁，按照表①的天数基于带薪年休假。

● **是否必须按照申请时期给予年休假？**

带薪年休假原则上需要按照员工申请的时期给予（时期申请权）。若员工申请的年休假时期影响到了业务的正常运营，企业可更改为其他时期给予（时期变更权）。

小知识

★**规定劳动天数**

规定劳动天数是指劳资双方在签署劳动合同时决定的劳动天数。正式员工的规定劳动天数为每年的工作天数，兼职员工则为劳动合同上规定的天数。

表①

持续工作时间	0.5 年	1.5 年	2.5 年	3.5 年	4.5 年	5.5 年	6.5 年以上
可给予的带薪年休假天数	10 日	11 日	12 日	14 日	16 日	18 日	20 日

表②

规定劳动天数		根据连续工作时间可给予的带薪年休假天数						
每周	每年	0.5 年	1.5 年	2.5 年	3.5 年	4.5 年	5.5 年	6.5 年
4 日	169~216 日	7 日	8 日	9 日	10 日	12 日	13 日	15 日
3 日	121~168 日	5 日	6 日	6 日	8 日	9 日	10 日	11 日
2 日	73~120 日	3 日	4 日	4 日	5 日	6 日	6 日	7 日
1 日	48~72 日	1 日	2 日	2 日	2 日	3 日	3 日	3 日

法律禁止企业滥用时期变更权。在过去的案例中，通过综合考虑业务的繁忙程度及候选员工的配置等因素，即使企业处于较为艰难的时期，判定申请时期有效的案例也十分常见。此外，在非强制性的前提下，企业可以在员工提出带薪年休假申请时询问其使用目的。不过，企业不得以员工未回答使用目的为由拒绝其申请。

（劳动基准法第 39 条）

关于育儿休业制度

~夫妻可一起申请育儿休业~

● 员工提出申请时不可拒绝

育儿休业是指劳动者为了照顾不满 1 岁的幼儿（包括养子等在内），基于育儿·看护休业法（简称）而暂时停止工作的行为。育儿休业属于法律规定的劳动者应享有的权利，即使在工作条例没有明确规定的情况下，劳动者依然可以提出育儿休业申请。在实行育儿休业制订的过程中出现问题时，劳动局雇佣均等室将向企业提出建议·指导·劝告等。

在育儿休业期间，企业可根据员工的实际工作状态，不予支付停止工作期间相应的薪酬或减少支付金额。不过，作为补充，成为雇佣保险受保人的劳动者可基于雇佣保险法领取育儿休业补助。育儿休业不分男女，均可申请。

不过，将兼职员工或短期合同工等持续雇佣期限不满 1 年的员工排除在育儿休业制度的适用对象之外时，需要在双方的劳资协定中予以明确规定。在未注明的情况下，则默认为其亦为适用对象。育儿休业可持续至子女满 1 岁生日之时，若子女满 1 岁后仍无法进入托儿所而需等待，育儿休业最多可延长至子女满 1 岁 6 个月。

● 新设立的父母双方育儿休业促进制度

夫妻双方可一同提出育儿休业申请。根据新设立的"父母双方育儿休业促进制度"的规定，夫妻双方一起提出育儿休业时，育儿休业时期可延长至其子女满 1 岁 2 个月。

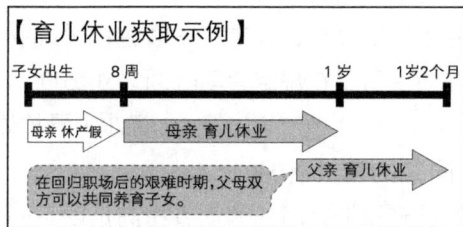

【育儿休业获取示例】

子女出生　8周　　　　　　　　　　1岁　　1岁2个月

母亲 休产假　　　母亲 育儿休业

父亲 育儿休业

在回归职场后的艰难时期，父母双方可以共同养育子女。

例如，父亲在母亲的育儿休业即将结束时提出育儿休业申请，那么在母亲回归职场的艰难时期，可由父亲照顾子女，减轻母亲的负担。另外，一般情况下，同一子女的育儿休业原则上只能申请 1 次，不过，如果父亲在产后 8 周内取得过育儿休业的，之后通常还可以再次获取。

● **育儿期的短时间工作制度**

子女在满 3 岁之前需要花费父母较大的精力照顾。在此背景下，若未进行育儿休业持续工作的员工或在育儿休业结束后回归职场的员工提出申请时，企业方面必须设定承认短时间工作的相关制度（短时间工作制度）。短时间工作的内容为"原则上工作 6 小时"，企业需要采取 6 小时之内的短时间工作措施。另外，出于员工人数较少等实际工作状况或工作性质等原因，企业采取短时间工作制度较为困难时，可通过签署劳资协定，不执行该项制度。

不过，即使在不执行该项制度的情况下，企业也必须导入弹性工作制度，或在保持规定劳动时长的情况下，完善相关制度，将工作开始·结束的时间提前或延后，通过签署劳资协定的方式，采取短时间工作制度的替代措施。

● **法定劳动时间之外的加班可免**

员工为了照顾不满 3 岁的子女而提出免去法定劳动时间之外加班的申请时，企业不可让员工超过规定劳动时长加班工作。不过，在"影响业务正常运营"（采取配备替代人员等措施后依然无法维持业务运营时）等十分忙碌的情况下，企业可拒绝员工的申请。但在实际运用中，为了达到更理想的效果，企业最好将法定劳动时间之外的加班免除予以制度化，限定仅在紧急状况或业务繁忙等不得已的情况下，才命令员工在规定劳动时间之外加班。

（育儿·看护休业法第 5 条）

● 短期合同工的育儿休业

兼职员工等签订短期合同的劳动者在满足以下两点时可以取得育儿休业：①入职后连续被雇佣 1 年以上，并且，②在子女满 1 岁 6 个月时预计继续雇佣。

子女看护假·亲属护理假

~员工提出申请时不可拒绝！~

● 子女看护假

员工为了照顾上小学之前的子女，在子女受伤、生病、为预防疾病接种疫苗或接受健康检查时，可向企业主提出休假申请，用于看护子女。1 名子女的看护假天数为每年 5 天，2 名及以上子女的看护假天数为 10 天。

（育儿·看护休业法第 16 条之 2、3）

另外，看护假可按照规定劳动时间 1/2 的单位来获取。因此，若规定劳动时间为 8 小时，员工可以 4 小时为单位进行休假。不过，兼职员工等合同约定的工作时间在 4 小时以下时，休假单位只能按天计算。

看护假必须与带薪年休假分开给予，看护假期间是否支付薪酬则由劳资双方协商决定。

此外，与育儿休业不同，签订短期合同的兼职员工与正式员工一样可以享有子女看护假，企业不可通过签订劳资协定的方式将兼职员工排除在看护假的适用对象之外。

• 亲属护理假

劳动者为了照料亲属（处于需要护理状态的适用范围内的亲属）向企业主提出休假申请时，可取得用于照顾亲属的护理假。亲属护理假的休假天数与子女看护假一样，1 名亲属的休假天数为每年 5 天，2 名及以上为每年 10 天。

另外，与子女看护假一样，亲属护理假也可以规定劳动时间 1/2 为单位来获取。

> **小知识**
>
> **【适用亲属的范围】**
>　①配偶，②父母，③子女，④祖父母、兄弟姐妹、孙子或孙女，⑤配偶的父母
>　*需要护理的状态？
>　因受伤、疾病、身体或精神上的伤害，需要持续护理2周以上的状态

• 亲属护理休业

与育儿休业一样，为了给需要护理亲属的劳动者提供便利的工作条件，育儿·看护休业法明确规定了护理休业相关内容。劳动者提出护理休业申请时，企业不得拒绝。

对于 1 名需要护理的亲属，劳动者共计可享有 93 天的护理休业假。在此期间，劳动者可通过雇佣保险制度领取护理休业补助。

护理休业的 93 天假期可分为 3 次获取。除此之外，企业还需要制订缩短规定劳动时间（短时间工作）或免去规定劳动时间之外的工作（即加班）等相关措施。

兼职员工等签订短期合同的劳动者在提出护理休业申请时，若其持续雇佣时间达 1 年以上，且在 93 天的护理休业假期结束后 6 个月合同尚未期满，亦可享有护理休业。

此外，对于持续雇佣时间不满 1 年，且雇佣关系将于 93 天之内结束的员工，企业可通过签署劳资协定的方式，将其排除在护理休业的适用对象之外。

（育儿·看护休业法第 10·11 条）

5 员工健康管理·骚扰行为等相关法律

健康检查的实施义务

~无关雇佣形式，每年需实施1次！~

企业在录用员工时需要进行一般的健康检查，且在雇佣后的每年定期实施1次。不履行实施健康检查义务的企业，将被控违反安全卫生法，且在员工出现工作上的伤害或疾病时，将被追究不法行为责任，甚至因违反安全保障义务而导致损害赔偿问题。

- **录用时的健康检查**

录用时的健康检查应在录用正式员工（包括1周规定劳动时间达正式员工的3/4以上，雇佣期限未定，合同续签后预计雇佣1年以上的兼职员工等）之前或之后尽快实施。不过，若员工在3个月内已经接受了医生的健康检查，且能够提供检查结果的书面证明，那么已经检查的相应项目可以省略。

- **定期健康检查**

企业必须组织正式员工每年实施1次正规的定期健康检查。检查结果不理想时，参考医生的建议，在必要的情况下采取变更员工的工作场所、工作类型、缩短劳动时间等措施。此外，健康检查所需的费用应由企业承担。

（劳动安全卫生法第66条）

因患病或负伤而停职

~处理方式根据是否因工而有所不同~

● 关于因工伤病而停职

企业有时会遇到员工由于患病或受伤等而需要长期停止工作进行疗养的情况。员工长期停职时，对于因工或因私所致的伤病，其处理方式有所不同。因工出现伤病时，员工在停职疗养期间以及恢复工作后的 30 天之内，原则上企业不得单方面将其解雇。不过，对于规定了雇佣期限的兼职员工，只要劳资双方没有续签合同的约定，那么即使在停职期间，兼职员工合同到期后结束雇佣关系也无可厚非。因合同到期而结束雇佣并不属于"解雇"。

此外，在因工患病或停职（休业）期间，员工可领取劳灾保险法的休业补偿补助以及休业特别补助。停职 1 天的补助大致在每日薪资的 8 成左右。因此，在员工停职期间，是否支付薪资由企业决定。

● 关于因私伤病而停职

对于因私伤病而长期停职的员工，其停职期限的长短则根据企业的工作条例而定。一般来说，停职期限按照工作年数来设置。工作不满 1 年等时间较短的员工通常没有停职期限。

对于在停职期限结束前不能回归工作岗位的员工，通常在停职期满后自动离职。健康保险的受保人在停职期间可领取伤病津贴，从领取之日起算最长达 1 年 6 个月，每天的领取金额为年收入平均到每 1 天后的 2/3。

（劳基法第 19 条、劳灾保险法第 14 条、
健康保险法第 99 条）

业务伤害与通勤伤害

● 这种情况属于业务伤害

业务伤害是指劳动者因工作发生负伤、疾病、致残、死亡（伤病等），工作与伤病之间存在一定的因果关系。针对因工作导致的伤病等，劳动者可以通过劳灾保险获得必要的保险赔付金。

另外，在判断伤病性质是否属于工伤时，需要对"业务起因性"（因工作发生的伤病）进行认定，并认定"业务遂行性"（伤病发生在工作过程中）作为其前提条件。

此外，即使是在休息时间中受到的伤害，若员工受到伤害的原因在于企业设施·设备管理状况的不完善，则同样属于业务伤害，这一点需要注意。因此，企业务必充分注意工作场所的安全卫生管理。在企业没有过失的情况下，劳动者的业务伤害才能获得劳灾保险的赔偿。

企业在安全卫生管理方面出现过失或违法行为时，将被追究违反安全保障义务以及不法行为责任，需要承担民事损害赔偿责任。

● 通勤与通勤伤害

通勤伤害是指劳动者在通勤途中发生的伤病等。"通勤"是指劳动者在"住所（家）"与"工作场所（公司等）"之间往返的行为。举例来说，若员工在往返公司的途中因向客户交付货物而受到伤害，那么不属于通勤伤害，而是业务伤害。

另外，通勤行为 1 天并非仅限 1 次。例如，兼职员工等从企业或店铺的附近通勤时，可能会利用午休时间返回家中，吃完午饭后再次返回公司，在企业认可的情况下，员工的通勤次数为 1 天 2 次。另外，若兼职员工上午在 A 公司工作，下午在 B 公司上班，那么该员工从 A 公司下班后不返回家中，直接前往 B 公司的情况也属于通勤行为，通勤途中发生事故导致的伤病等同样属于通勤伤害

（模式②）。当然，在 A 公司的工作结束后，先返回家中，再前往 B 公司上班的情况则分别形成家与 A 公司之间、家与 B 公司之间的通勤往返行为，上下班途中发生意外事故导致的伤病等自然也属于通勤伤害（模式①）。

● 通勤途中绕道时

发生通勤伤害时，要获得劳灾保险的赔偿，原则上必须认定员工的通勤路线没有"中断或偏离"。也就是说，员工上下班途中绕道等行为属于中断或偏离正常的通勤路线。在这种情况下，即使员工绕道后回到了正常的通勤路线，遭遇事故导致伤病，也无法被认定为通勤伤害的赔偿对象。

不过，作为例外情况，允许员工绕道从事"日常生活所需的最低限度的行为"（去店里买菜、顺路去医院等），这些行为不属于中断或偏离通勤路线的范畴，因此在回到正常路线后遭遇事故也属于赔偿的对象。

（劳动者灾害补偿保险法第 1 条）

○（通勤伤害）
×（非通勤伤害）

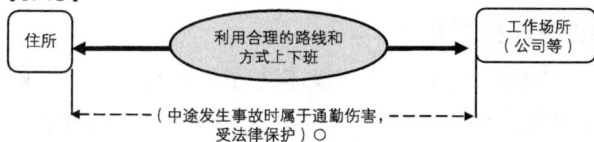

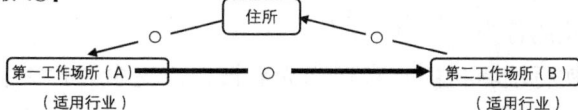

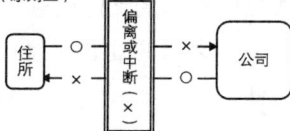 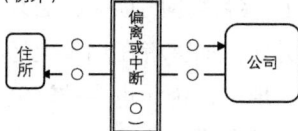

日常生活所需的最低限度的行为

职场中的职权骚扰·性骚扰对策

~视而不见将引发大问题~

职场中出现骚扰问题（性骚扰、职权骚扰）后，若企业仅将其视为员工之间的私人问题而置之不理，可能会造成严重的后果。根据男女雇佣机会均等法的规定，企业方面有义务采取必要的雇佣管理措施，防止性骚扰等问题的出现。

若企业没有采取性骚扰预防措施，那么受害者可以违反安全保障义务·职场环境保障义务为由，要求企业支付损害赔偿或抚慰金等，向企业提起诉讼。性骚扰不仅针对异性，也包括来自同性的骚扰行为。性骚扰主要分为"交易型"和"环境型"2 种。

（男女雇佣机会均等法第 11 条）

● 交易型性骚扰是指？

"交易型"性骚扰是指，加害者违反劳动者（无论男女）的意愿，采取性方面的言行加以骚扰，遭到劳动者的拒绝后，对劳动者实行解雇、降职、减薪、拒绝续签合同等不利处理的行为。

● 环境型性骚扰是指？

"环境型"性骚扰是指，加害者违反劳动者的意愿，采取性方面的言行加以骚扰，使劳动者不能在舒心的工作环境下提供劳务，极大程度上影响了劳动者能力的发挥，对劳动者的工作产生不容忽视的恶劣影响的行为。

当然，实行性骚扰的加害者本人会被追究民事·刑事上的责任。首先，性骚扰属于侵害人格权的违法行为，针对被害者遭受的精神上·经济上的损失，必须承担损害赔偿责任或支付抚慰金。

另外，加害者在刑事上还将成为强制猥亵罪的处罚对象。根据民法的规定，企业也会被追究雇佣者责任。

● 职权骚扰也会问责企业！

目前，将职权骚扰作为直接对象加以限制·禁止的法律还没有产生。职权骚扰是指，加害者凭借职务上的地位或人际关系等职场优势，超出正常的业务范围，对同一职场内的劳动者造成精神·肉体方面的痛苦或恶化职场环境的行为。

职权骚扰并非仅限于上司对下属的言语或行为骚扰，还包括前辈与后辈、年长的同事与年少的同事、公司内部的"派系"、正式员工与派遣员工或兼职员工等各类关系之间的骚扰行为。与性骚扰一样，发生职权骚扰问题时企业也会被追究雇佣者责任。因此，作为生鲜超市店长，需要通过举办研修培训或设置投诉咨询窗口等方式，事先采取必要的雇佣管理措施。

- **逆向职权骚扰**

职权骚扰原本是指"利用职务限权等优势进行骚扰的行为"。然而，近来职场中还存在一种上司遭受下属骚扰的逆向职权骚扰现象。

厚生劳动省的工作组报告中提到的"职权骚扰的行为类型"引发了各个企业的关注。尤其值得注意的是，报告将下属对上司施加的骚扰行为归类为职权骚扰，这是此前少有的新观点。即使处于部下·后辈的立场，利用"职场内的优势"对上司·前辈施加的骚扰行为同样属于职权骚扰。

例如，餐饮店中的员工通过散布诽谤店长的言论导致店长降职，部下·后辈对性格软弱的前辈·上司下达的工作指令选择无视等，根据不同的情况，如存在侵害上司的人格或尊严的言论或行为时，这些例子则属于职权骚扰的范畴。

现在，防止此类问题发生的主要责任在于企业。因此，企业需要注意日常的教育培训，设置问题发生时的咨询窗口等，采取相关的应对措施。

企业必须设置针对职权骚扰问题发生时的咨询窗口，注意保护咨询者的个人隐私，并确保员工知晓相关措施。

（民法715条）

打造育儿·看护无忧的职场 （防止孕期骚扰等）

~上司或同事的言行也是企业的责任！~

男女雇佣机会均等法、育儿·看护休业法禁止以妊娠·分娩、育儿·看护休业等为由，对员工实行不利对待，且规定从 2017 年 1 月开始，企业有义务就妊娠·分娩、育儿·看护休业等相关的骚扰（孕期骚扰等）采取必要的预防措施。

● 禁止不利对待

法律禁止企业出于以下理由对孕期女性实行不利对待，例如，妊娠期的女性因孕吐而无法充分提供劳务、在分娩前后休假、提出育儿休业申请、回归职场后要求短时间工作或获取子女的看护假等。

具体来说，企业的不利对待包括解雇、拒绝续签合同、降职、给予不正当的人事评价等。另外，针对派遣员工，企业以妊娠等为由拒绝其提供劳务的情况也属于不利对待。

（均等法第 9 条第 3 项、育儿·看护休业法第 10 条、准则）

● 企业有义务采取预防骚扰 （孕期骚扰等） 的措施

针对提出妊娠、分娩、育儿·看护休业等相关申请的员工，企业有义务采取预防骚扰的措施，确保上司或同事不会就其妊娠、分娩、育儿·看护休业等情况出现不当言行，损害其工作环境。

例如，若上司发出的"不知道孕妇什么时候休产假，无法给她分配工作"或同事发出的"短时间工作的人会让周围同事感到为难"等言论反复或间歇性出现，使该员工无法正常持续工作时，则属于孕期骚扰。另外，对于提出育儿休业申请的男性员工，若上司或同事发出"男人休什么假"等言论，导致该员工无法取得育儿休业时，同样属于孕期骚扰。

（均等法第 11 条之 2、育儿·看护休业法第 25 条、准则）

关于员工的心理健康

~职场中的人际关系是否顺利？~

企业中，由于复杂的人际关系或长时间劳动等压力，导致心理方面出现健康问题的员工日益增加。根据警察厅的调查，2015年日本全国的自杀人数为24025人，其中，2159人的自杀原因·动机为"工作上的问题"（多选）。

● 心理健康问题与企业的责任

劳动安全卫生法规定，企业有义务和责任保障劳动者的健康（包括精神疾病）与安全。因企业的工作方式不当（长时间劳动、压力过大、职权骚扰等）导致员工心理方面出现健康问题时，企业必须排除病因，帮助员工恢复健康，同时采取必要的预防措施。

● "安全保障义务"的2项要点

企业因员工的心理健康问题而被质疑是否履行安全保障义务时，通常在于以下2点：①企业预测到员工出现身心健康问题的可能性（可预见性），②企业在可以采取措施加以避免的情况下（结果可避免性）未采取措施。员工因心理健康问题而陷入"抑郁状态"时，往往表现为迟到或缺勤次数增加，工作停滞不前，与他人的交流减少，不修边幅的倾向明显等。对于出现上述症状的员工，企业必须予以密切关注。

厚生劳动省的调查显示，职场压力的主要来源为"职场中的人际关系""工作的量""工作的质量""企业的前景""工作的适应性""雇佣的稳定性"等。综合性分析以上因素，创造健康良好的工作环境，不仅可以有效地预防心理健康问题，最终也与工作业绩的提升息息相关。

（劳动安全卫生法第3条、民法第415条、
劳动契约法第5条）

精神障碍的增加

精神障碍相关的工伤数量逐年递增，2015 年达到了 1515 起，为近年来的最高纪录。此外，同年的工伤认定率也达到了 36.1%，且在近几年有不断升高的倾向，可以想见，精神障碍的工伤认定在今后也将不断增加。

精神障碍的产生通常源自外部的压力（工作压力或私人生活压力）与个人抗压能力之间的不平衡关系。

● **精神障碍的工伤认定条件**

因罹患精神障碍而被认定为工伤时，其发病原因必须是工作导致的极大压力，具体而言，精神障碍的工伤认定必须满足以下 3 个条件。

①所患精神障碍属于认定标准的对象范围。

②属于认定标准对象范围的精神障碍在发病前 6 个月之内，因工作导致产生巨大的心理负担。

③除工作方面的心理负担外，不存在其他导致发病的压力或个人因素（既往病史等）。

满足以上条件时，可认定该精神障碍为工作所致，属于工伤认定的对象。

● **精神障碍与加班之间的联系**

尤其需要注意的是关于第②项认定条件中"因工作导致产生巨大的心理负担"指出的精神障碍与加班之间的联系。在发病前 1 个月员工的加班时长超过 160 小时，或发病前 3 周的加班时长超过 120 小时的情况下，可以认定员工产生了巨大的心理负担，由此引发的精神障碍属于工伤认定的对象。

此外，认定标准虽然主要将发病前 6 个月之内发生的事由作为评价依据，但若因职场霸凌或性骚扰等反复出现的不当行为而导致精神障碍时，则不以 6 个月为限，而将不当行为发生时的心理负担作为评价依据。

压力检测制度的启用

~心理健康对策·过劳对策等~

从 2015 年 12 月 1 日开始，日本要求企业必须对员工开展"心理压力检测（用于把握员工心理负担的大小）"。该项制度的主要目的在于，了解劳动者所承受的心理负担大小，唤起劳动者对自身心理压力的关注，同时通过优化工作场所，营造良好的工作环境等措施，减轻劳动者的心理压力，维护其心理健康，防患于未然（初级预防）。

压力检测的开展主体以员工数量 50 人以上的用人场所为对象，除了各企业之外，分店·销售部·店铺等工作场所也必须开展检测。

压力检测每年开展 1 次，由医生·保健师对员工的心理健康状况进行检测。一般来说，与定期健康检查一同开展的情况更为常见。不过，员工虽有接受定期健康检查的义务，却没有接受心理压力检测的义务。即便如此，企业也必须采取相关措施，创造便于员工接受检测的环境（制度）。

心理压力检测的必备检测项目主要有 3 点（如**下表**所示）。厚生劳动省明确了压力检测的标准项目，制定了"职业压力简易调查表"（57 个项目），推荐企业使用纸张（问卷调查）或电脑界面等方式，让劳动者就职场压力相关问题逐一进行问答。检测结果将由医生直接告知劳动者本人，未经本人同意，不得将结果告知企业。

另外，员工的检测结果为压力较大时，若该员工向企业提出申请，企业必须让其接受医生的当面指导。并且，根据压力检测的结果，采取相应的减压措施（变更工作场所、换岗、缩短工作时间、减少深夜劳动的次数等）。

（劳动安全卫生法第 66 条之 10）

①职场与工作状况	工作负担（数量·质量）、身体上的负担、工作中的自由裁量程度、工作技能的利用率、职场中的人际关系、工作环境、工作适应性、工作价值
②心理和身体状况（压力反应）	活力、焦躁易怒、疲劳感、不安感、抑郁感、身体状况
③周围的支持·满意度	上司、同事、配偶、家人、朋友等的支持、工作·家庭生活的满意度

职场的安全卫生管理

~维持安全健康需要专业人士的力量~

推进职场健康管理及安全卫生措施，企业自然需要率先致力于劳动安全卫生活动，更重要的是以产业医师①、卫生管理者等专业人士为核心，做好企业的作业环境管理和健康管理。

- **卫生管理者·卫生促进者的选任**

为了防止工伤的出现，企业需要根据其业种和规模，选任安全管理者、卫生管理者、安全卫生推进者或产业医师等实际业务负责人。其中，无论何种行业，长期雇佣员工（包括兼职员工、临时工等）在 50 人以上的所有用人场所，都必须选任卫生管理者，作为劳动卫生相关技术事宜的管理人员。

卫生管理者从通过卫生管理考试并获得都道府县劳动局长许可的人员、医生、牙科医生、拥有劳动卫生咨询资质的人员中选任。

---

① 产业医师：在工作场所对从业人员实行健康管理、卫生教育、健康障碍的原因调查和防止复发等医学措施的医生。

此外，达到此规模的用人场所需要设置由劳资双方和产业医师共同参与的卫生委员会，围绕预防健康问题的基本对策或维持促进员工健康的基本对策等，每月至少召开 1 次会议，并保存会议记录。

另外，长期雇佣员工在 10 以上 50 以下的小规模用人场所必须选任卫生促进者，卫生促进者在接受一定的培训后，可获取相关资格。此规模的用人场所没有设置卫生委员会的义务。

● 产业医师的选任

对于长期雇佣员工（包括兼职员工、临时工等）在 50 人以上的用人场所，企业主必须选任产业医师，开展对员工的工作场所进行巡视等业务。

（劳动安全卫生法第 12 条、第 12 条之 2、第 13 条）

6 自愿离职・解雇・停止雇佣等相关法律

定期雇佣合同的续签与终止

~定期雇佣期限的上限为3年！~

通常，企业与兼职员工、合同工、特约员工等签订的是事先约定了劳动期限的劳动合同（定期雇佣合同），劳动期限一般为1年或3年不等。劳动基准法规定，除部分行业以及需要高度专业化知识的业务之外，约定劳动期限时的上限为3年（60岁以上的员工为5年）。因此，与兼职员工等签订劳动合同时，劳动期限最长为3年，雇佣65岁以上的老年人时则以5年为上限。

● 定期劳动合同的纠纷因素

定期劳动合同在期满后未进行续签终止合同的情况被称为"停止雇佣"。在不同的案例中，围绕合同期满究竟属于"离职"还是属于"解雇"的问题是最常见的纠纷之一。

特别是在合同反复续签数次之后，定期合同实质上已与"不定期劳动合同"一般无二，此时"停止雇佣"则应作为"解雇"处理（即解雇权滥用的类推适用），关于"停止雇佣"是否有效的纷争也随之而来。

判断停止雇佣是否有效的主要因素如**下表**所示，应结合实际情况综合进行判断。因此，店长等作为店铺的责任人，在面临兼职员工或临时工的雇佣及其劳动合同的续签等情况时，必须注意以上几点，进一步强化雇佣管理。

①工作的内容（是否为临时性、辅助性）

工作内容为临时性、辅助性的内容时，不符合类推适用的要求，若业务具有持续性，且业务内容与正式员工没有区别时，则属于类推适用的判断因素。

②续签的次数

合同续签的次数越多，越符合类推适用的判断因素。

③雇佣的总期限

雇佣总期限越长，符合合类推适用的判断因素。

④合同期间的管理状况

- 合同续签的手续较为严格时（例如，在合同期满之前必定对是否续签或续签条件进行确认，重新制订合同并签订），不作为类推适用的判断因素。

- 合同续签手续停留在表面形式上时（未重新制订合同，或重新制订合同但事后才盖章等），将作为类推适用的判断因素。

⑤有无让员工对持续雇佣抱有希望的言行或制度

如在面试中向员工表示"只要本人愿意就可以一直工作"，或"努力工作有望成为正式员工"等，将作为类推适用的判断因素。

⑥员工持续雇佣的预期等效性

例如，企业内存在其他定期雇佣员工长年持续续签合同的情况时，将作为类推适用的判断因素。

● 签订合同时的注意事项

签订定期劳动合同时，必须向劳动者说明合同期限是否续签，以及续签与否的判断标准。

判断标准包括：①根据合同期满时的业务量进行判断；②根据工作态度或工作能力进行判断；③根据公司的经营状况进行判断等。这些判断标准必须明确记载于劳动合同中，以书面形式提供给劳动者。

● 合同的终止

在下述①~③类情况下终止定期劳动合同的续签时，至少应在合同期满 30 日之前，提前告知劳动者（停止雇佣预告）。

①定期劳动合同续签 3 次以上时。

②续签或反复续签合同期限在 1 年以下的劳动合同，雇佣关系从第一次签订合同时算起超过 1 年时。

③最初签订劳动合同的期限超过 1 年时。

（劳动契约法、厚生劳动大臣告示
〈2003 年 10 月 22 日第 357 号〉）

临时工·兼职员工（定期员工）的合同上限

~超过 5 年即转变为不定期雇佣~

劳动者与同一雇佣者之间反复续签约定期限的劳动合同，续签期限共计超过 5 年时，若劳动者提出申请，那么二者间的合同将自动转变为不定期劳动合同。另外，5 年期限的计算以 2013 年 4 月 1 日之后签订的定期劳动合同为对象，不包含此前已经签订的定期劳动合同的工作期限。

举例来说，若按 1 年为单位签订定期劳动合同，并以 1 年为单位进行续签，续签超过 5 年，那么在第 6 年的定期劳动合同期限内，劳动者将自动享有向不定期劳动合同转变的权利。若劳动者向企业提出"我已经在这里工作了 5 年以上，希望下一次签订合同（第 7 年）时转变为不定期合同"的申请，企业不得拒绝。

在招录员工时，即使将"合同超过 5 年也不向公司提出转变为不定期合同的申请"作为招录条件，但因该条件违反了法律的宗旨，因此还是会被视为无效。

另外，对于退休后再就业的劳动者，若每年续签定期劳动合同持续雇佣直至 65 岁，且在超过 65 岁之后继续雇佣，那么该员工亦可享有不定期雇佣转变权。不过，作为法律特例，若企业采取了针对老年人的特别措施，向厚生劳动大臣提出认定申请并获得许可，那么可以定期劳动合同的形式继续雇佣。

● 空白期（冷却期）的设定

为了在避免产生不定期转变权利的前提下，再次雇佣某一兼职员工，雇佣者必须设置一段空白期（合同期限的 1/2 以上），重新与之签订定期雇佣合同。例如，合同期限为 1 年时，可将合同期满后的 6 个月作为空白期，之后再重新雇佣，如此一来，该员工的 5 年期限将从头算起（**劳动契约法第 19 条**）。

冷却期相应的定期劳动合同的期限	冷却期
2 个月以下	1 个月以上
2 个月以上 ~4 个月以下	2 个月以上
4 个月以上 ~6 个月以下	3 个月以上
6 个月以上 ~8 个月以下	4 个月以上
8 个月以上 ~10 个月以下	5 个月以上
10 个月以上	6 个月以上

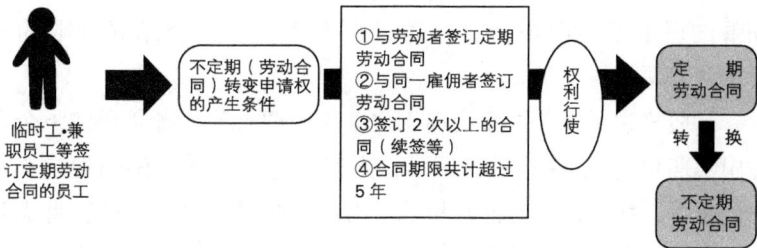

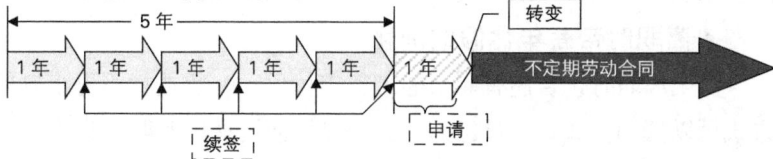

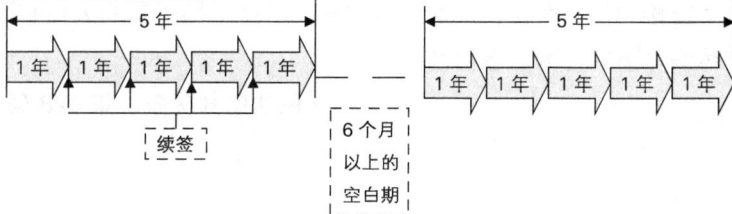

关于自愿离职

~原则上需事先提出申请！~

日本民法规定劳动者可自由离职，若劳动合同中没有约定劳动期限，劳动者可以随时提出离职申请，原则上在提出申请2周后雇佣关系结束。

● 离职时间

不过，民法规定，采取月薪制的工作方式时，劳动关系在14日后并未解除，若在薪资结算期限的前半期提出申请，劳动者可在薪资结算期限的最后一天离职。相对地，若在薪资结算期限的后半期提出申请，劳动者可在下一个薪资结算期限的最后一天离职。

一般来说，企业大多会在工作条例中要求劳动者"提前1个月提出离职申请"。在这种情况下，上述法律或工作条例的规定均可作为依据，按照离职时间较早的一方解除劳动关系。因此，考虑到员工离职后业务工作的交接，企业可在工作条例或法律规定的范围内要求员工出勤，员工违反出勤命令时可加以处罚。

● 离职时带薪年休假的消化

员工离职时，若还有剩余的带薪年休假，一般选择不再出勤的方式用以抵消。或者，员工为了业务交接而选择出勤时，也有向企业提出支付相应金额购买年休假等申请的情况。此时，企业虽然不得拒绝带薪年休假的消化申请，但也没有购买剩余年休假的义务。因业务交接的需要而使员工继续出勤时，应就交接所需的天数和购买年休假等事宜与劳动者协商。

（民法第627条、第628条）

关于普通解雇

"解雇"是指企业针对劳动者单方面解除劳动合同的行为，在"缺乏客观合理的理由，且不被社会常理所认可"的情况下，解雇行为将被视为权利的滥用（解雇权的滥用）而无效。（**劳动契约法第 16 条**）

● 解雇的 3 种类型

解雇类型可分为普通解雇、惩戒解雇、整理解雇 3 种，以普通解雇最为常见。普通解雇是指出于不得已的事由导致无法继续雇佣时的合法解雇，通常包括劳动者的健康状态、工作成绩（迟到、早退、旷工等）、工作能力·资格等方面的问题。不过，即使出现此类事由，也并非意味着解雇能够立即生效，企业需采取在工作条例中明确解雇事由等措施，确保解雇理由的"客观合理性"，且解雇处分属于"符合社会常理"的措施。

例如，出现工作能力不足或工作态度恶劣等方面的问题时，企业需要考虑其原因、评价是否公正、是否采取了提醒·指导等改进措施等方面的因素。

● 正当的解雇手续

对劳动者进行解雇时，企业必须至少提前 30 日发出解雇预告。不过，在支付解雇预告津贴（平均薪资）的情况下，企业可相应地缩短预告期限的天数。

此外，在劳动者因以下 2 种情况而停止工作期间及休假结束恢复工作的 30 日之内，企业不得将其解雇。

①生产前后的停止工作期间（产前 6 周〈双胞胎及以上 14 周〉及产后 8 周）；

②因工伤疗养而停止工作期间。

（劳动基准法第 19 条、第 20 条）

关于惩戒处分·惩戒解雇

~不得施以工作条例中没有注明的处分~

● 惩戒处分

企业为了维持其秩序，可以对劳动者施行惩戒处分。惩戒处分的事由、种类·内容等必须事先在工作条例中注明。工作条例中没有明确规定的惩戒处分则不得对劳动者施予。

例如，工作条例中没有明确记载"在无正当理由的情况下拒绝工作调配"等惩戒事由时，即使事实上存在此种情况，企业也无法进行惩戒处分。因此，在制订工作条例时，企业需要尽可能地网罗具体的惩戒事由，并且通过"以及出现其他类似行为时"等规定将相似情形涵盖其中。

针对惩戒处分的有效性，劳动契约法规定，"雇佣者对劳动者施以惩戒处分时，对照该惩戒涉及的劳动者的行为性质和状态及其他情况，若该惩戒处分缺乏客观合理的理由，且不被社会常理所认可，那么将视为权利的滥用，惩戒无效"。

惩戒处分包括惩戒解雇、劝告解雇、出勤停止、减薪、批评警告等多个种类，但均需在工作条例中做出明确规定，否则不得施行。

● 惩戒解雇

在惩戒处分中，"惩戒解雇"属于最为严厉的处分手段，相当于对劳动者施以"极刑"。惩戒解雇不需要经过解雇预告等手续，可当即生效，且无须支付离职津贴或减少支付金额。因此，实行惩戒解雇时，应在解雇前采取给予劳动者申辩的机会等适当的措施，确保惩戒处分的客观性及正当性。

（劳动契约法第 15 条）

272

第 4 章

扩大雇佣相关法律

2015 年以来的法律修订动向

面向"一亿日元总活跃社会"的实现

随着少子高龄化的加剧，今后的劳动力人口将进一步减少，为了缓解这一社会难题，如何挖掘并拉动以女性及老年人为代表的潜在劳动力，不仅是日本企业、更是日本经济发展面临的重要课题。

2016 年 6 月内阁决议的日本"一亿总活跃计划"中，提出了"工作方式改革"的构想，将在极大程度上改变社会观念和制度，使工作方式的多样化成为可能。目前，以多样化人才的活跃和强化为目标，相关法令的修订或制度的完善已经开始有条不紊地推进。

要促进企业的发展，除了确保充足的劳动力之外，还需要认可并接受与主流观念截然不同的构想和价值，从促进多样化、维持企业优势的观点来看，也需要企业根据法律修订的动向，采用多元化的人才，在促进改革创新和提高生产率等方面不断努力。

● 兼顾工作与生活的支援体制和女性活跃的推进

为了使肩负未来社会的儿童能够茁壮成长，进一步完善职场和社区的育儿环境，日本对《下一代培育支援对策推进法》进行了修订，该法的有效期从 2015 年 4 月开始延长 10 年。

截至 2014 年，获取"KURUMIN 认证①"的优秀企业已经超过了 2000 家，而且从次年 4 月开始，还将执行对高水准的育儿支

---

① KURUMIN 认证：即育儿支援认证，KURUMIN 为其卡通形象的爱称。从 2015 年 4 月 1 日起，已经获得"KURUMIN 认证"并在育儿支援方面投入了相当力度、达到了较高水准的企业可获得"KURUMIN 白金认证"。

援企业授予"KURUMIN 白金认证"的制度。提供育儿支援的企业不仅能获得更高的社会评价，在税收方面还可享受优惠待遇，接受认证的企业今后也将进一步增加。另外，日本于 2015 年 8 月确立了《女性活跃推进法》，并于 2016 年 4 月开始实施企业主行动计划。该法的认证制度也已经启动，获得"ERUBOSHI 认证①"的企业企业可享受公共采购方面的优待。

● 育儿·看护休业期间的补助扩大

从 2014 年 4 月开始，基于育儿·看护休业法的育儿休业补助金的给付率将进一步提高，护理休业补助金的给付率则于 2016 年 8 月开始提高。

另外，从 2017 年 1 月开始，除了放宽兼职员工的育儿休业条件之外，还将导入以半天为单位取得子女看护假或亲属护理假、分期取得护理休业、护理期间免去规定时间之外的劳动等相关制度。

这要求企业掌握进行育儿或护理的劳动者的个人情况并给予支持，争取维持工作和家庭之间的平衡。

● 营造孕期女性能够安心工作的就业环境

2016 年 8 月，日本公布了防止孕期骚扰准则，并将于 2017 年 1 月开始，与男女雇佣机会均等法等相关法律的修订案一同实施。这要求企业营造和完善职场环境，防止因妊娠·生产、育儿等理由而出现不利对待。

● 劳动者派遣制度的重大修订

新修订的《劳动者派遣法》将于 2015 年 9 月 30 日开始施行，包括派遣期限结构的大幅度变更、在用工企业期间的能力提升支援措施、在实现均衡待遇方面应考虑的事项等。

---

① ERUBOSHI 认证：对于制定了一般雇主行动计划及在制订意向中进行了备案的企业，如其在推进女性活跃方面达到了一定标准并业绩优良，该企业即可获得厚生劳动大臣认定的"ERUBOSHI 认证"。

因此，用工企业作为接收派遣员工的派遣目的地，需要对照新修订的内容检查自身的用工情况，并对今后派遣制度的有效利用重新进行研究。

- **● 65 岁以上的新雇佣员工加入雇佣保险**

新修订的《雇佣保险法》规定，从 2017 年 1 月开始，除了 65 岁以前受雇佣的员工外，65 岁以上的新雇佣员工也将成为雇佣保险的受保对象。年长者作为少子高龄化社会的重要支柱备受期待。

- **● 残疾人的歧视禁止与合理关怀**

为响应联合国《残疾人权利公约》的缔结，作为完善国内法律的重要一环，日本于 2013 年 6 月制定了《残疾人歧视消除法》，从 2016 年 4 月 1 日开始施行。此外，基于残疾人雇佣促进法修订的"禁止歧视残疾人准则"和"合理关怀准则"也将于同日开始实施。

此外，从 2018 年 4 月开始，精神障碍患者将被纳入企业的雇佣义务范围，法定雇佣率有望进一步上升。

派遣企业的有效利用

~工作内容与合同不一致是纠纷产生的根源！~

灵活利用派遣员工的最大优势在于，能够根据业务的繁忙程度，在必要的时期"调配"必要的人才或人员，而无须直接雇佣。在薪资方面，与兼职员工或临时工相比虽然价格更高，但企业不需要负担社会保险或交通费等开支。

- **● 利用时的注意事项？**

接收派遣员工时，企业不能对派遣员工进行指定，只能向派遣企业传达希望派遣员工从事的业务内容·具备的业务能力等信息，要求派遣企业分配符合条件的人才。换言之，用工企业不得对派遣员工进行面试，也无法要求查看其简历或工作经历等。不过，经过一定的派遣时期后（最长 6 个月）转为正式员工的预定介绍派遣除外。

（劳动者派遣法第 26 条第 7 项、
用工企业准则第 2 条第 3 项）

另外，作为用工企业的企业主，需要选任负责管理派遣员工的"用工企业责任人"，并准备好用工企业管理台账等必要的账票单据。

（劳动者派遣法第 41 条、第 42 条）

工作内容与合同内容不一致是引起派遣员工的不满或控诉等纠纷的最为常见的原因之一。用工企业要求派遣员工从事的工作内容原则上仅限于与派遣企业签订的劳务派遣合同所规定的内容，不得命令派遣员工从事其他业务。

（劳动者派遣法第 26 条第 1 项、第 39 条）

因此，用工企业希望派遣员工从事合同业务附带或相关的工作内容时，应事先与派遣企业协商，获得派遣员工的理解。

另外，派遣员工虽然不是用工企业直接雇佣的员工，但作为劳动基准法及安全卫生法的特例，用工企业同样需要承担雇主责任，这一点需要注意。

（劳动者派遣法第 44 条、第 45 条）

● 派遣员工的待遇改善与能力提升支援

用工企业为培养员工业务工作所需的能力，在企业内部开展教育培训时，除了正式员工之外，还应考虑将派遣员工纳入教育培训的对象范围。另外，在福利设施的利用方面，用工企业配备有正式员工使用的餐饮设施、休息室、更衣室等时，应当考虑给予派遣员工同样的使用机会。

（劳动者派遣法第 40 条第 2 项·第 3 项、
派遣法施行规则第 32 条之 3）

而且，由于派遣员工通常缺乏培养职业能力的机会，用工企业应尽力向派遣企业提供支持派遣员工能力提升所需的信息，并在派遣结束后考虑能否录用该员工，对于工作期限在 1 年以上的派遣员工，用工企业有义务提供正式员工的招募信息。

（劳动者派遣法第 40 条第 6 项、
派遣法施行规则第 40 条之 5）

● 派遣员工能否替换？

派遣企业派出的员工的工作能力没有达到期望值时，用工企业希望替换为其他员工的想法颇为常见。然而，在派遣劳动关系已经成立的情况下，用工企业无法按照自身的要求单方面替换员工。对已经成立的合同关系进行更改时，原则上需要在用工企业、派遣企业、派遣员工三方协商一致的前提下进行更改，或解除原有合同，重新签订派遣合同。

另外，因派遣员工能力不足而解除合同时，不能归咎为用工企业的责任，可以作为解除派遣合同的合理事由。不过，在解除合同时，要求派遣员工达到的业务执行能力水准由派遣合同的协议内容决定，但一般的合同解释并未要求能力达到"平均以上"的水准，用工企业不能按照自身的主观评价来决定，这一点需要注意。

从这个意义上说，将"没有达到期望值"作为解雇事由缺乏合理性，在用工企业要求更换派遣员工的实际案例中，也常因此引发纠纷。

劳务派遣合同的签订

~合同注意事项与合同期限的规则~

劳动者派遣法在 2012 年 3 月和 2015 年 9 月分别进行了修订，除了派遣企业之外，使用派遣员工的用工企业同样有多处需要注意的事项。

● 繁忙时期也不能按天派遣

在年终、中元节等繁忙时期，企业可能会雇佣短期兼职员工或派遣员工来弥补一时的人手不足。然而，法律禁止派遣企业将做日工的劳动者（按天雇佣或雇佣期限在30天以内的劳动者）作为派遣对象。因此，派遣企业无法根据用工企业在繁忙时期的需求，按天分配人才或派遣员工。

政令规定软件开发、接待·向导等一定种类的业务则属于例外情况，允许按天雇佣，但利用派遣员工从事销售业务或一般性工作内容时，必须以30日以上的派遣期限为前提向派遣公司提出委托。

不过，法律允许对以下4类人员实行按天派遣：①60岁以上的人员、②不适用雇佣保险的学生、③将劳务派遣作为副业且职业收入达500万日元以上的人员、④主要生计来源之外且家庭收入达500万日元以上的人员。在不得不雇佣短期派遣员工时，可以上述4类例外人员为对象，提出派遣委托。

（劳动者派遣法第35条之4、施行令第4条第1项·第2项）

● **派遣合同的中途解除**

用工企业因自身情况希望中途解除派遣合同时，必须向派遣员工确保新的就业机会，承担支付休业补助的相关派遣企业雇主的费用，并采取必要的措施保障派遣员工稳定就业，有关具体措施必须记载于派遣企业与用工企业的劳务派遣合同中。

（劳动者派遣法第26条第1项第8号、第29条之2）

● **选择正规的派遣企业**

法律要求派遣企业雇主必须在其各个营业场所向派遣员工或用工企业事先提供以下信息：①派遣员工的人数，②接受劳务派遣的用工企业的数量，③派遣保证金率，④教育培训相关事项等。

根据上述信息，委托劳务派遣的用工企业能够较为容易地判断该派遣企业的业务运营是否正规。

（劳动者派遣法第23条第5项）

● **防止违法派遣的"视为申请签订劳动合同制度"**

从2015年10月开始，若用工企业在明知违法的情况下使用劳务派遣，在违法行为产生时，视为用工企业向派遣员工申请签订直接雇佣劳动合同，且该劳动合同的劳动条件与派遣员工和派遣企业雇主之间议定的薪资等劳动条件完全相同。是否接受该申请则根据派遣员工的意愿决定，一旦接受申请，那么该员工将不再是派遣员工，而转变为企业直接雇佣的员工。这项制度被称为"视为申请签订劳动合同制度"。其中，比较容易出现违法情形的是超过法定派遣期限后继续使用派遣员工。

（劳动者派遣法第 40 条之 6）

■以用工企业"营业场所"为单位的派遣期限

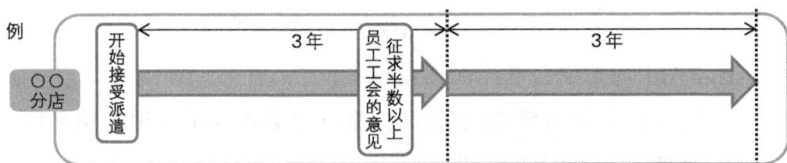

例

○○分店

开始接受派遣 — 3 年 — 征求半数以上员工工会的意见 — 3 年

征求 1 次意见最多可将期限延长 3 年，希望进一步延长时需要再次征求意见。另外，半数以上员工工会提出异议时，用工企业有义务说明应对策略。

■以派遣员工"个人"为单位的派遣期限

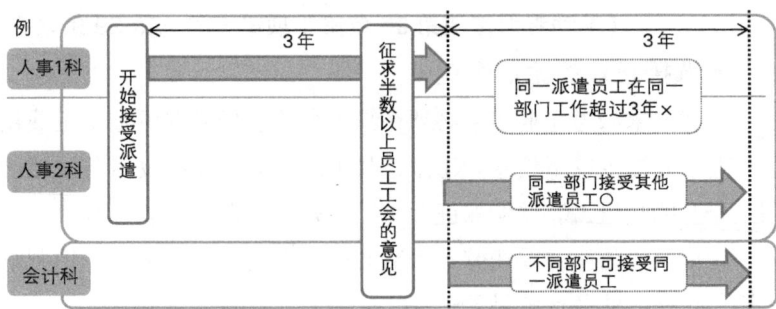

例

人事1科
开始接受派遣 — 3 年 — 征求半数以上员工工会的意见 — 3 年
同一派遣员工在同一部门工作超过 3 年 ×

人事2科
同一部门接受其他派遣员工 ○

会计科
不同部门可接受同一派遣员工

派遣企业无期限雇佣的派遣员工、60 岁以上的派遣员工、限定一定天数的业务或定期项目业务、育儿休业备选员工等业务不在派遣期限的对象范围之内。

根据厚生劳动省·都道府县劳动局的"致各用工企业"制作。

● 2 种派遣期限

对于 2015 年 9 月 30 日以后签订或续签的劳务派遣合同，除了禁止派遣的业务之外，所有的业务均适用于①以用人企业的"营业场所"为单位，以及②以派遣员工"个人"为单位的 2 种派遣期限。

①是指在同一用人企业的营业场所内，接受派遣员工的时间期限原则上为 3 年。超过 3 年希望继续使用该派遣员工时，需要在派遣时期达到上限前 1 个月，就是否继续使用劳务派遣，征求用工单位半数以上员工工会的意见后，才有可能继续使用。

此外，②是指同一派遣员工在用工企业的同一组织单位（部门等）的工作时间原则上以 3 年为限。

（劳动者派遣法第 35 条之 2、第 35 条之 3、

第 40 条之 2、第 40 条之 3）

促进女性的活跃

~从女性视角回应客户的需求~

● 积极促进女性活跃的义务

为了促进女性在职业生活中发挥更大的作用，从 2016 年 4 月 1 日开始，长期雇佣员工在 301 人以上的企业必须掌握自身的女性活跃状况，进行课题分析，制订行动计划并在企业内公开，并将制订行动计划的有关情况向行政部门备案。

同时，还要求企业公布制定的行动计划以及女性活跃相关信息。

多数企业面临的课题包括"女性录用人数少""第一个孩子出生前后女性难以继续就业""男女均需面对的因长时间工作而无法兼顾事业和家庭的问题""管理职位中女性所占的比例过低"等，要求企业对以上课题进行分析。另外，长期雇佣员工在 300 人以下

的企业也有义务为之努力。

（女性活跃促进法第 8 条、第 16 条）

● 女性担任管理职位带来的益处

生鲜超市等零售业的顾客大多为女性，在店铺服务和卖场陈设等方面融入女性的视角和想法来提高销售额的方式逐渐受到关注。生鲜超市的员工本来也以家庭主妇居多，在数量方面无疑发挥着店铺运营的核心作用，从经营管理的角度来看，女性不仅限于辅助性的业务，根据其能力还能在关键岗位起到更大的作用，承担更多的责任，改善女性的工作待遇，并且在店长或管理职位中最大限度地任用女性、激发其工作能力可谓十分重要。此外，在积极促进女性活跃方面表现优良的企业可获得厚生劳动大臣的认证（**女性活跃促进法第 9 条**），除了提高社会评价和维持录用环境的优势之外，还能领取相关补助。其中，女性管理职位所占比率是促进女性活跃尤为重要的一项指标。

老年人的雇佣

~健康长者的活跃时代~

● 老年人的雇佣确保措施

企业规定的退休年龄不得低于 60 岁，此外，规定的退休年龄不满 65 岁时，原则上企业有义务通过继续雇佣制度等雇佣有继续从业意向的所有员工直至 65 岁。

（高年龄者雇佣安定法第 8 条、第 9 条）

● 持续至 2025 年 3 月 31 日的过渡措施例外情况

高年龄者雇佣安定法的修订法案已于 2013 年 4 月 1 日开始施行，对于此前已经签署劳资协定、设置了继续雇佣制度所适用的老年员工标准的企业，如 62 岁或 63 岁等，至少在达到可以领取老年厚生年金的年龄之前，企业有义务继续雇佣。领取年龄根据老年员工的出生年月逐步提高，到 2025 年 4 月以后，所有的企业原则上有义务继续雇佣至 65 岁。

（高年龄者雇佣安定法附则第 3 项、
准则厚劳省告示第 560 号）

● 有效利用年长者的力量

在少子高龄化的影响下，职场出现人手不足等问题，充分运用老年人的力量是一项十分有效的应对措施。不仅是 65 岁以下，70 岁甚至年龄更长的员工，只要有能力有意愿，同样能成为职场强大的战斗力。老年人在工作和人生经历上积累了丰富的经验，富有远见性、交流能力、谈判技巧和指导能力等，不仅能够确保企业的劳动力，还能作为年轻员工的模范代表，在激发职场活力、完善企业文化等方面也值得期待。

另外，老年人也有继续工作的需求，仅依靠养老金无法过上富足的生活，工作能够赋予他们生活的意义，加强与社会的联系。随着年龄的增长，健康方面的问题也需要注意，根据老年员工的个人情况完善工作方式和待遇等制度，营造健康长者能够发挥作用的工作环境，对于生鲜超市等企业而言同样不可或缺。

外国人的雇佣

~确认"在留资格"十分重要！~

居留日本的外国人在入境时领取的在留资格范围内，且在规定的在留期限之内，可以从事留学或就业等在留活动。因此，雇佣外国人时，雇佣者必须确认让其从事的工作内容是否属于在留资格范围内的活动，是否超过了在留期限等。

（入管法第 19 条）

上述在留资格或在留期限等信息可以通过护照、在留卡等进行确认。仍有不明之处时，可向最近的地方入境管理局咨询，进行确认。一旦出现雇佣非法劳工的情况，根据出入国管理及难民认定法（入管法）的规定，将被处以"3年以下徒刑或300万日元以下的罚金"。

（入管法第 73 条之 2、第 74 条）

● 雇佣外国人是否需要备案？

雇佣外国人为员工时，企业须在录用或离职时，通过公共职业安定所向厚生劳动大臣报备外国人（特别永住者以及在留资格为"外交""公务"的人员除外）的姓名、在留资格、在留期限等信息。出现拒绝提交或伪造报告等情形时，企业将被处以 30 万日元以下的罚金。

（雇佣对策法第 28 条、第 40 条）

● 雇佣留学生为兼职员工时

留学生在获得法务大臣的资格外活动许可的情况下可以从事兼职。因此，雇佣者应要求留学生出示在留卡，确认留学生是否获得资格外活动许可。留学生的资格外活动时间上限为 1 周 28 小时（长期休假期间为 1 日 8 小时以内）。另外，需要注意的是，留学生在没有获得资格外活动许可的情况下从事兼职属于非法劳动。

（入管法施行规则第 19 条第 5 项）

残疾人的雇佣

~50 人以上的企业有义务雇佣~

● 必须雇佣残疾人的企业

长期雇佣员工在 50 人以上的普通民间企业必须雇佣 1 名（长期雇佣员工的 2.0%）以上的具有一定残疾的员工。

这里的长期雇佣员工除了正式员工（无固定雇佣期限的员工）之外，还包括部分固定雇佣期限的兼职员工，具体指雇佣期限反复更新、入职超过 1 年且将继续雇佣的员工，或在过去 1 年以上的期限内持续雇佣、1 周的规定劳动时间在 20 小时以上的员工。并且，在长期雇佣员工中，每周的规定劳动时间在 30 小时以上的每名员工算作 1 人，规定劳动时间在 20 小时以上且未满 30 小时的每名员工算作 0.5 人。

达到此规模的企业必须在每年的 6 月 30 日之前向都道府县劳动局报备残疾人雇佣的有关情况。

另外，在残疾人的雇佣方面，企业每雇佣 1 名重度身体残疾或重度智力残疾的员工可视为雇佣了 2 名残疾人，作为兼职员工等短期员工（1 周的规定劳动时间在 20 小时以上 30 小时以下，且预计雇佣 1 年以上）进行雇佣时，每雇佣 1 名短期员工可视为雇佣了 1 人。

此外，雇佣非重度身体残疾、智力残疾或精神障碍患者为短期员工时，可视为雇佣了 0.5 人。

（残疾人雇佣促进法第 43 条、施行令第 9 条、其他）

残疾人雇佣人数的计算方法

每周规定劳动时间		30 小时以上	20 小时以上 30 小时以下
身体残疾		1 人	0.5 人
	重度	2 人	1 人
智力残疾		1 人	0.5 人
	重度	2 人	1 人
精神障碍患者		1 人	0.5 人

● 精神障碍患者的雇佣义务化与法定雇佣率的上升

现行法律没有规定精神障碍患者的雇佣义务，但企业若雇佣精神障碍患者，则视为雇佣了身体残疾·智力残疾人员，可算在残疾人雇佣人数之内。从 2018 年 4 月 1 日开始，精神障碍患者在法律上也将产生雇佣义务，精神障碍患者作为法定雇佣率（民间企业为 2.0%）计算公式的分子，将使法定雇佣率进一步上升。

此外，在计算企业的残疾人雇佣率时，仅限于交付了精神障碍者保健福祉手账的精神障碍患者。

（残疾人雇佣促进法第 69 条、
精神保健福祉法第 45 条第 2 项）

● 残疾人雇佣缴纳金以及残疾人雇佣奖励金是指什么？

要雇佣残疾人，企业需要完善无障碍设施，采取特别的雇佣管理方式等，经济方面的负担将有所增加，因此，在经济负担方面，履行上述法定雇佣义务的企业与不履行义务的企业之间将出现不公平现象。"残疾人雇佣缴纳金"和"残疾人雇佣奖励金"旨在调整二者间的平衡。

残疾人雇佣缴纳金是指，长期雇佣员工超过 200 人的企业雇佣的残疾人不满法定雇佣人数时应向国家缴纳的钱款，残疾人雇佣人数不足 1 人时每月应缴纳 5 万日元（200 人以上 300 人以下的企业暂定为 4 万日元）。

另外，以缴纳金为专项资金，对于残疾人雇佣人数超过法定雇佣人数的企业，残疾人雇佣数量每超过 1 名将获取每月 27000 日元的残疾人雇佣调整金。

（残疾人雇佣促进法第 38 条、第 43 条）

实际雇用率等计算公式如下：

$$实际雇用率 = \frac{残疾员工※的数量 + 残疾短期员工的数量 \times 0.5}{员工※的数量 + 短期员工的数量 \times 0.5}$$

法定雇用残疾人数量（残疾人的义务雇用数）※※

$$= （员工※的数量 + 短期员工的数量 \times 0.5） \times 2.0\%$$

※此处的"员工"不包含短期员工。
※※小数点以下可省略。

● 残疾人的歧视禁止与合理关怀

企业不得以员工残疾为由，在薪资、教育培训的开展、福利设施的使用及其他方面的待遇上采取歧视性对待。此外，在员工的招募与录用上同样不得歧视残疾人，应考虑在残疾人的应聘以及录用后的工作等方面创造便利的环境。

例如，对听觉较弱或语言障碍患者采取笔谈的方式进行面试，或为照顾肢体不便的人采取调整桌子的高度等措施，方便其作业，企业应在可承受的范围之内，针对残疾员工的个人情况，努力进行必要合理的关怀，创造便利的工作环境。为此，企业主以及同一工作场所内的员工也有必要正确掌握并理解残疾病症的相关知识。

（残疾人雇佣促进法第 35 条、第 36 条、
残疾人歧视消除法第 8 条、准则）

第 5 章

设施与环境相关法律

2015 年以来的法律修订动向

关于预期环境对策的法制化

● 环境相关法律的法制化不断推进

全球性的环境问题日益严峻，可以想见，日本为了实现可持续循环型社会的建设目标，今后将新制订或修订环境相关法律。

回顾 2015 年以来的环境相关法律动向发现，关于修订或审查容器包装回收法、食品回收法、节能法等法律法规的探讨逐渐推进，对氟利昂排放抑制法的回应也将不可忽视。

2016 年 1 月，爱知县的产业废弃物处理从业者将食品废弃物作为食品进行倒卖的不当处理事件曝光，日本环境省对防止类似事件的再次发生的措施草案进行了汇总。其中加入了"生鲜超市等废弃物排放的企业主有责任进行适当的处理防止倒卖""支付合理的费用选定从事资源再生利用的委托对象"等内容，食品回收法预计将以此为契机进行修订。

节能法制定的"行业标准制度"从 2016 年 4 月开始向流通·服务领域延伸，现在，便利店行业也被列入该制度的适用范畴。行业标准制度是一项对同行业中水准较高的通用节能指标（标准指标）进行设定，对达成"目标水准"的从业者进行评价的制度，今后也有可能向生鲜超市等行业延伸。

氟利昂是一种破坏臭氧层的物质，通常作为展柜等冷冻或冷藏商业设备的制冷剂，氟利昂排放抑制法颁布后，特定氟利昂的使用正在不断减少，氢氟烃 HFC 制冷剂作为特定氟利昂的替代物，虽然不会对臭氧层造成破坏，但会产生较强的温室效应，导致全球气候变暖进一步恶化，被认定为京都议定书的指定减排物质。

以此为背景，对温室效应影响较小的无氟天然制冷剂开始备受关注。与氟利昂替代设备相比引进成本较高虽是当前面临的一大课题，但在环境省的积极推动下，使用 CO_2 制冷剂的冷冻或冷藏展柜等设备将进一步增加，企业方面也需要有计划性地进行投资。

- **"巴黎协定"生效后气候变暖对策的进展**

另外，在氟利昂等温室气体的排放限制上，巴黎协定作为一项国际框架下的协定已正式生效。

1992 年，为了维持温室气体（ CO_2 、甲烷、氟利昂类等）的浓度稳定，联合国大会通过了联合国气候变化框架公约。为推进气候变暖的应对措施，缔约国每年就国际规则持续进行磋商。

1997 年通过的京都议定书要求发达国家减少温室气体的排放量，将发展中国家排除在外。

然而，议定书的策略显然无法实现将气温上升幅度控制在 2℃ 以内的长期目标，因此 2015 年 12 月通过的巴黎协定将发展中国家也包括在内。

巴黎协定的主要内容如下：

· 将世界平均气温升幅控制在工业革命之前的 2℃ 之内，并为把升幅控制在 1. 5℃ 之内而付出努力。

· 包括主要碳排放国在内的所有缔约国应每 5 年提出·更新一次减排目标。

· 所有缔约国应向联合国报告实施情况并接受评议。

· 每 5 年确认一次世界整体状况。

· 灵活运用包括两国间信用制度在内的市场机制。

2016 年 9 月，碳排放量较大的中国（28.7%，数据来源为 ED-MC 能源·经济统计要览 2016 年版《2013 年世界二氧化碳排放量（按国家排放比例）》。排放量总计约 329 亿 t。下同）和美国

（15.7%）批准加入协定，随后 EU（12%）统一批准加入，第三大排放国印度（15.7%）也进行了批准，至此，已达到协定生效所需的"55 个国家以上的批准和温室气体总排放量达到 55%"的门槛，协定正式生效。生效后的协定具备法律效力，缔约国必须向联合国报告减少温室气体排放的目标以及达成目标所需的对策。

1 危机管理相关法律

建筑基准法与消防法

~遵守"底线"尤其重要！~

零售店位于建筑物之内，建筑物位于街道中。不过，大家恐怕没有从"硬件"的角度来认识建筑物或街道吧。平时司空见惯的建筑物其实也是基于各种各样的法律设计建成的。并且，在新开店时，店主必须掌握法律规定的各种条件。

认识到这一点，就能和谐地融入街道，在舒适·安全的环境中发展·维持自己的零售店。设计建筑物时应遵守的重要法律有 2 部：《建筑基准法》和《消防法》。

● 建筑基准法

建筑基准法是一部为保障国民的生命·健康·财产，规定建筑物的安全性、舒适性、社会性等相关最低条件的法律。其中，作为店铺尤其需要注意以下几项具体的法律规定。

①抗震性等建筑物强度相关法律规定。

②窗户大小等室内环境相关法律规定。

③防火相关法律规定。

④自来水的卫生或空调相关法律规定。

⑤楼梯或电动扶梯等移动设备的安全、预防楼梯井倒塌相关法律规定。

这是为了避免店铺出现因地震倒塌、建筑物内阴暗不洁、容易引发火灾、水或空气质量差、移动时容易发生事故等问题。

尽管一切看似理所当然，但造成人员伤亡的重大事故往往发生在未能保证最起码的条件时。

- ● 消防法

消防法是一部关于火灾的法律。著名的白木屋百货商店、新日本酒店等火灾事故通常发生在"不特定多数人聚集的建筑物"之中。消防法为了防止类似事故的出现，规定了建筑物必要的设施和管理办法。

为了避免火灾，确保人身安全，必须根据法律规定开展定期调查、检查、检修等。下**表**为基于建筑基准法、劳动安全卫生法、消防法、关于确保建筑物卫生环境的相关法律（建筑物管理法）、水道法等制定的建筑物法定检查清单。各类法律相互关联，共同构成

建筑物法定检查清单

分类	对象		内容	频率	对象规模	法令依据
建筑基准法	地基相关、结构相关、防火·避难相关		特殊建筑物等的定期检查	根据实际用途1年1次或3年1次	特定行政机构指定的特殊建筑物等	第12条第1项
	换气设备（明火使用室、无窗房间）、排烟设备、紧急照明装置、供排水卫生设备（建筑物管理法、水道法指定的供排水设备除外）		建筑设备的定期检查	1年1次		第12条第3项
	升降机	电动扶梯	升降机的定期检查		特定行政机构指定的升降机等（劳安法指定的除外）	
		小型货物专用升降机				
劳安法		升降电梯	升降机的性能检查	1年1次	工厂专业制造的升降电梯且荷载超过1t	第41条
消防法	消防设备	灭火设备	外观·功能·运作情况检查	半年1次	防火对象	第17条
		报警设备				
		避难设施				
		紧急电源	综合检查	1年1次		
建筑物管理法	环境卫生		空气环境的测定	2月1次	总面积在3000m²以上的事务所、宾馆、店铺、百货商店、会场、娱乐场所、图书馆等	第4条
			建筑物定期清扫	半年1次		
			灭鼠·除虫			
	供排水设备		水质检测	半年1次		
			游离余氯检测	1周1次		
			储水槽的清扫	1年1次		
			排水设备的清扫	半年1次		
水道法			储水设备的检查	1年1次	储水槽的有效储水量超过10m³的设备	第3条第7项第34条之2
			储水槽的清扫	1年1次		
			水质检测	出现异常时		

店铺等建筑物的设计依据体系。

消防相关法律

~充分了解灭火设备的功能！~

消防法第1条规定，"本法旨在预防、警戒、镇压火灾，保护国民的生命健康及财产安全，同时，减少因火灾或地震造成的人员伤亡，合理运送伤员，维持安宁稳定的社会秩序，以促进社会公共福祉"。其主旨在于火灾的"预防"、"警戒"、"镇压"和"保护国民的生命健康和财产安全"。

● **零售店属于"特定防火对象"**

在消防法中，零售店被指定为"特定防火对象"之一（记载于消防法施行令第1附表，其他特定防火对象包括宾馆、剧院、地下街道、风俗店①等）。

特定防火对象主要是指不特定多数人聚集的建筑物，比一般建筑物的规定更加严格。其原因在于"造访的大部分顾客对此类建筑物并不熟悉"（学校等特定人群聚集、训练的设施不属于特定防火对象）。

也就是说，火灾发生时，零售店等建筑物的危险系数更高。因此，在设计零售商店时，需要配备各种各样的消防设施，使用不易燃烧的材料。即使是一张墙纸，与一般住宅相比，也需要选择阻燃性更高的材料。

然而，零售店一旦开始营业，墙壁上通常会粘贴海报或 POP 展板，卖场内也会陈设服装、纸制品或促销用的竖幅标语等大量易燃物品。从零售店的营业性质来看，这是无可奈何的选择，但店铺长期处于危险状态之下也是事实。正因为如此，零售店可谓是最有必要防备火灾的建筑物。

---

① 即提供性服务的店铺。

● 店铺"竣工图"的确认

尤其需要注意的是，即使按照法律的要求配置了相关消防设备，若疏于日常管理，这些设备可能无法发挥理想的作用。例如，杂物阻碍导致自动喷水装置无法灭火，杂物货品等阻碍防火门导致失去逃生机会等，设计时不曾料到的事故原因屡屡不绝，详细内容将在后文进行说明。

为了防止上述情况的出现，店铺必须理解消防设施的配置原因及其功能。一旦发生火灾事故，经营者或店长将被追究管理责任，店铺本身也会丧失社会信誉。这需要店铺防患于未然，再次对店内的设施进行确认。

店铺通常都持有建筑物完成后的"竣工图"，希望店长或防灾责任人能够对它进行仔细研究。

不是建筑方面的专家可能无法完全理解此图，不过店长可以通过咨询总部施工人员的意见来了解建筑物的结构或紧急设施。尤其是疏散通道、紧急出口、卷帘等防火分区，以及室内消火栓或灭火器等初期灭火设备的位置等，为了以防万一，必须牢牢记在脑海中。

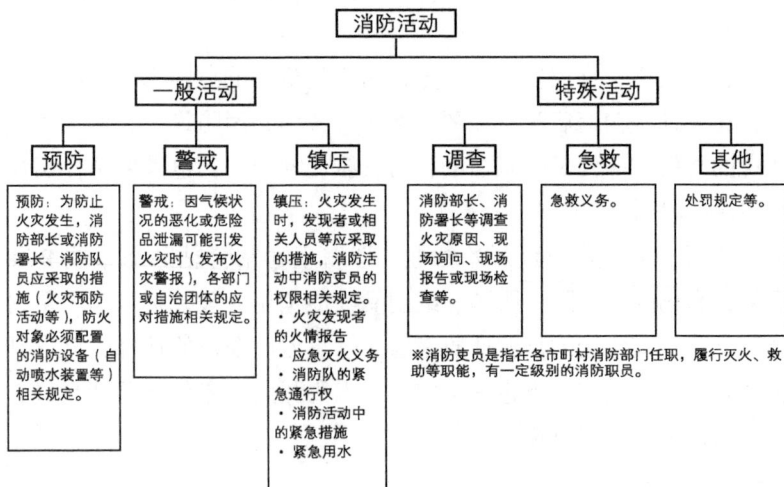

```
                        消防活动
              ┌────────────┴────────────┐
           一般活动                    特殊活动
       ┌──────┼──────┐          ┌───────┼───────┐
      预防    警戒    镇压        调查     急救     其他
```

预防：为防止火灾发生，消防部长或消防署长、消防队员应采取的措施（火灾预防活动等），防火对象必须配置（自动喷水装置等）相关规定。

警戒：因气候状况的恶化或危险品泄漏可能引发火灾时（发布火灾警报），各部门或自治团体的应对措施相关规定。

镇压：火灾发生时，发现者或相关人员等应采取的措施，消防活动中消防吏员的权限相关规定。
· 火灾发现者的火情报告
· 应急灭火义务
· 消防队的紧急通行权
· 消防活动中的紧急措施
· 紧急用水

调查：消防部长、消防署长等调查火灾原因、现场询问、现场报告或现场检查等。

急救：急救义务。

其他：处罚规定等。

※消防吏员是指在各市町村消防部门任职，履行灭火、救助等职能，有一定级别的消防职员。

应急灯与自动火灾报警设备

～"引导标志"是否被 POP 等遮挡？～

一旦发生火灾，"应急灯"或"指示灯"是用于避难·引导的不可或缺的设备。此外，发生火灾时发出警报的"自动火灾报警设备"或"紧急广播设备"也是用于安全疏散的重要设施，必须从平时做起，提前对设备的安装场所或功能进行确认。

● **紧急照明设备（建筑基准法施行令第 126 条之 4~5）**

"紧急照明设备"是在火灾导致停电时进行运作，用于确保疏散避难所需的最低限度照明的装置，大部分店铺均强制性要求安装。

店铺可根据实际情况选择"电源内置型"或"电源分离型"设备，大规模店铺通常选择分离型。分离型照明设备需要配置大型的蓄电池，并使用防火电线供电。因增加建筑面积而增设应急灯时，需要注意电池的电力是否充足。

应急灯兼具专用设备和普通照明 2 种装置，在紧急情况下所需的亮度为直接照明状态下地面照度 1 勒克斯以上（荧光灯为 2 勒克斯以上）。应急灯属于平时不点亮的照明设备，需要定期检查设备是否正常运转。

● **指示灯与引导标志（消防法施行令第 7 条第 4 项、施行令第 26 条）**

指示灯是在发生火灾时引导人们安全逃生，用来指示安全出口的位置或疏散方向的装置，大部分店铺均强制性要求安装。

指示安全出口的装置被称为"安全出口指示灯"，疏散通道的标志为"通道指示灯"，二者的图案不一样。指示灯在保证常亮的同时，因火灾导致断电的情况下，指示灯的内置电池依然能持续照明 20 分钟以上。

"引导标志"则为不常亮的类型。

应急灯的作用还体现在日常提醒使用者安全出口的位置上，需要经常检查其是否被 POP 广告牌等遮挡。

安全出口指示灯（天花板·墙壁直挂式）B级·BL形

自检型（个别控制方式自动检查）

安全出口指示灯（天花板直挂式）HACCP·防潮/防水　C级

自检型（个别控制方式自动检查）

通道指示灯（地板嵌入式）　　　　　C级

自检型（个别控制方式自动检查）

注：指示灯分为A级、B级、C级3种，A级为大型（40cm以上）、B级为中型（20cm以上）、C级为小型（10cm以上）。

● 报警设备（消防法施行令第 21 条~第 24 条）

报警设备分为"自动火灾报警设备"、"燃气泄漏报警设备"以及"紧急广播设备"等。自动火灾报警设备是一种在感应到火灾时自动发出警报的装置。燃气泄漏报警设备主要配置在建筑物的地下室或地下街道等场所，发生燃气泄漏时能够自动报警。紧急报警设备则需火灾发现者按下开关方能开始运作（非自动）。

紧急广播装置具有按下紧急按钮后，停止正常播放，在整栋建筑物内播报紧急情况的功能。与自动火灾报警设备联动，可使用人工语音自动播放警报。若偶尔因操作失误或恶作剧造成警报启动，可能导致实际发生火灾时出现应对滞后的情况。因此，应在充分了解各类报警装置功能的基础上，制订警报发生时的应对措施并进行演习。

自动灭火设备

~除自动喷水装置之外还有很多~

扑灭火灾主要需准备 3 个阶段的设备。第 1 阶段为建筑物内已配置的、在感应到火灾后自动运作的设备，如自动喷水装置等。第 2 阶段为店铺员工进行初期灭火时使用的相关设备。第 3 阶段为消防队到达火灾现场后使用的消火栓等设备。

● 建筑物内配置的自动灭火设备

①自动喷水装置（消防法施行令第 12 条）

自动灭火设备中最流行的便是自动喷水装置。在天花板等场所设置喷头，感应到室温上升时可自动喷水。这种装置在初期灭火阶段最为有效，据说成功扑灭的概率大致达到 95%。不过，其无法用于油类火灾或电气火灾。另外，因店内改造或陈列架的增加给喷水造成阻碍时，装置也无法完全发挥其性能。改变店内布局时，应事先确认喷头的配置情况，确保喷水不受影响。

喷头周边所需的空间

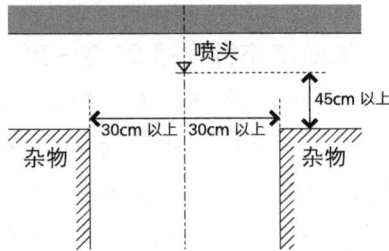

喷头

45cm 以上

30cm 以上　30cm 以上

杂物　　　　　　　杂物

喷头设置示例

正方形　　安装间隔为
　　　　　①耐火建筑物3.2m以下
　　　　　②其他建筑物3.0m以下

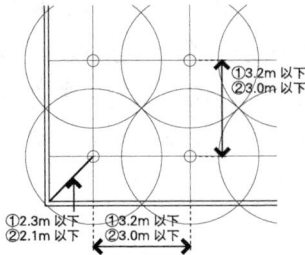

长方形　　安装间隔对角线的距离为
　　　　　①耐火建筑物 4.6m 以下
　　　　　②其他建筑物 4.2m 以下

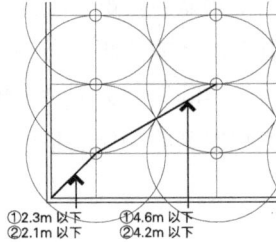

①3.2m 以下
②3.0m 以下

①2.3m 以下　①3.2m 以下
②2.1m 以下　②3.0m 以下

①2.3m 以下　①4.6m 以下
②2.1m 以下　②4.2m 以下

设备结构示例

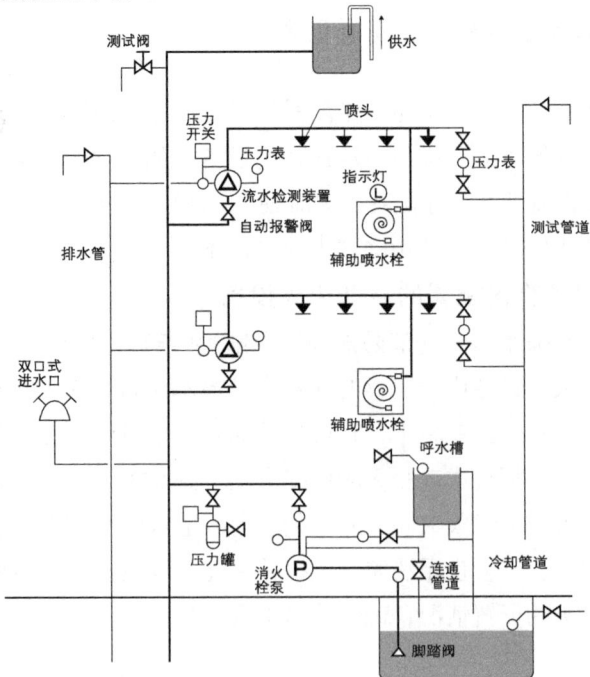

测试阀

供水

压力开关

压力表

喷头

压力表

流水检测装置

指示灯

自动报警阀

辅助喷水栓

测试管道

排水管

双口式进水口

辅助喷水栓

呼水槽

冷却管道

压力罐

消火栓泵

连通管道

脚踏阀

②特殊的自动灭火设备（**消防法施行令第 13 条~第 18 条**）

除自动喷水装置外，还有"水喷雾灭火设备""泡沫灭火设备""粉末灭火设备""卤化物灭火设备""惰性气体灭火设备"等，根据不同的火灾原因或场所进行使用。油类火灾无法用水灭火，在地下停车场等场所可使用惰性气体灭火设备。

惰性气体灭火设备通常使用氮气或二氧化碳等气体，使用二氧化碳的灭火设备在运作时将使人无法呼吸，因此在设备运作前，一旦听到广播应立即前往安全的场所。

另外，厨房里可配置"加强型液体灭火装置"。该装置通过在油烟防护罩或管道中设置感应器，发现管道温度上升时自动喷出雾状加强型灭火液体进行灭火。在防止油炸引发的火灾上能发挥重要作用。

因此，建筑物中配置的自动灭火装置究竟属于哪种，应连同店铺之外的共用部分在内一同进行确认。

"手动"灭火设备

~冷静！日常训练很重要~

若自动灭火设备在紧急情况下未能顺利运作，或建筑物内没有配置自动灭火设备，那么需要"手动"进行灭火。在消防队到达火场之前，由员工实行的初期灭火尤为重要，所有的员工均需了解初期灭火设备的放置场所及使用方法，并为安全开展灭火行动进行日常训练。

● 员工使用的灭火设备

①灭火器或简易灭火用具（**消防法施行令第 10 条**）

灭火器是最常规的初期灭火设备。灭火器应在防火对象（**消防法施行令第 1 附表**）任意场所步行距离 20m 以内且不阻碍疏散逃生的位置各配置 1 个。不过，在已经配置了室内消火栓或自动喷水设备等装置的情况下，可将灭火器的能力单位（表示灭火能力的单位）减少至 1/3。另外，简易灭火用具是指水箱、水槽、干砂等。火灾类型与其对应的灭火器如**下表**所示。

②室内消火栓

室内消火栓是指在消防队到来之前，员工开展灭火时使用的固定式灭火设备。

消火栓的内部设置有软管，使用时拉出装好喷嘴的软管进行灭火。消火栓分为 2 人配合操作的"1 号消火栓"、1 人单独操作的"2 号消火栓"，以及简化后可单人操作的"易操作型 1 号消火栓"等。不同消火栓的操作方法与软管的长度、排水量各不相同，需要事先对配置的消火栓类型进行确认，并练习如何使用（使用方法标注在消火栓上）。

- **消防队使用的灭火设备**

①连接输水管 （**消防法施行令 29 条**）

连接输水管是提供消防用水的输水管。从建筑物的外部用泵车提供水源，将软管连接在输水管上进行供水，这样便无须从泵车上长距离牵引软管进行灭火。连接输水管设置在建筑物的各处，需要事先进行了解。

②连接喷水设备 （**消防法施行令第 28 条之 2**）

连接喷水设备通常设置在地下室，喷头已预先设置在天花板上，消防队通过从地面入水口输水的方式，利用喷头进行灭火。

③紧急电梯 （**建筑基准法第 34 条、施行令第 129 条之13·3**）

紧急电梯是指受火灾影响较小的电梯装置，高度在 31m 以上或 11 层以上的建筑物有义务进行配置。平时作为普通电梯使用，消防队使用时则用专用钥匙切换为专用运转模式。

④紧急插座 （**消防法施行令 29 条之 2·2、施行令 29 之 2 第 2 项第 2 号、总务省令 31 条之 2**）

紧急插座是指为确保消防活动所需的电源，使用耐热·耐火配线进行配置的插座。

实际发生火灾时，需要向消防队说明上述设备的具体情况。因此，需事先掌握各设备的概况，经常性地确认各类设备不会因杂物遮挡而无法顺利使用。

灭火器的使用方法

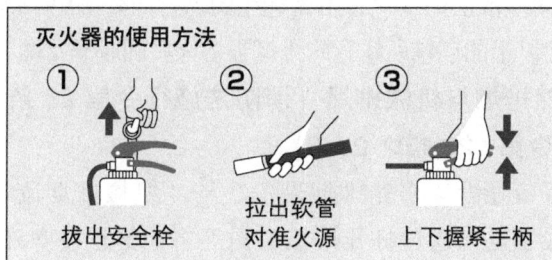

① 拔出安全栓　② 拉出软管 对准火源　③ 上下握紧手柄

火灾类型			对应的灭火器	
A火灾	普通火灾	纸、木纤维等一般可燃物火灾	白色标志 A火灾（普通火灾）	或ABC灭火器
B火灾	油类火灾	油脂、石油、可燃性液体等油类火灾	黄色标志 B火灾（油类火灾）	或ABC灭火器
C火灾	电气火灾	电气设备等有触电危险的火灾	蓝色标志 C火灾（电气火灾）	或ABC灭火器

※　市面上一般以ABC灭火器为主。
※　灭火器的使用期限为8年。到期后应交由销售店或专业人员进行回收。

排烟设备

~火灾最可怕的是烟雾造成的灾害~

据说火灾中最可怕的不是火本身，而是烟雾造成的伤害。尤其是不特定多数人聚集的零售店内，一旦发生火灾，烟雾可能导致人失去方向感或视野，耗费较长的时间才能逃生，因一氧化碳中毒而造成昏迷的危险性也极高。因此，需要在建筑物内配置能够迅速排出烟雾的设备。

再者，消防法和建筑基准法分别规定了排烟设备相关标准，二者有所不同。消防法的主要目的在于"将阻碍消防活动的烟雾向外排出"，而建筑基准法则以"将阻碍逃生的烟雾向外排出"为目的。面积在 500m² 以上的店铺所配置的排烟设备大多同时满足两种标准。

● 自然排烟与机械排烟（消防法施行令第 28 条·建筑基准法施行令第 126 条之 2、3）

排烟设备分为"自然排烟设备"与"机械排烟设备"两种。自然排烟设备是指通过打开排烟窗户等将烟雾直接向外排出的装置，其优点是无须电源，在停电状态下依然可以发挥作用。不过，排烟性能受风或温度等自然条件的制约。

自然排烟设备分为"火灾发生时手动开启"和"与烟感器联动可自动开启"两种。由于手动设备需要在火灾发生时通过按钮或吊绳等进行开启，因此提前确认"手动开启装置"的位置十分重要。另外，自然排烟装置通常兼具天窗和采光窗的功能，经过长期反复的开关操作，装置可能发生老化而无法正常运作。

机械排烟设备通常配置在未开设窗户（或窗户较少）的房间或地下室内。利用机械风扇的转动，将烟雾从排烟口吸入，再通过排烟管道强制性排出。发生火灾时与烟感器等设备联动，自动开启排烟口，同时风扇开始运行进行排烟。

照片提供：空调技研株式会社

自然排烟方式（停电状态下也可运作）

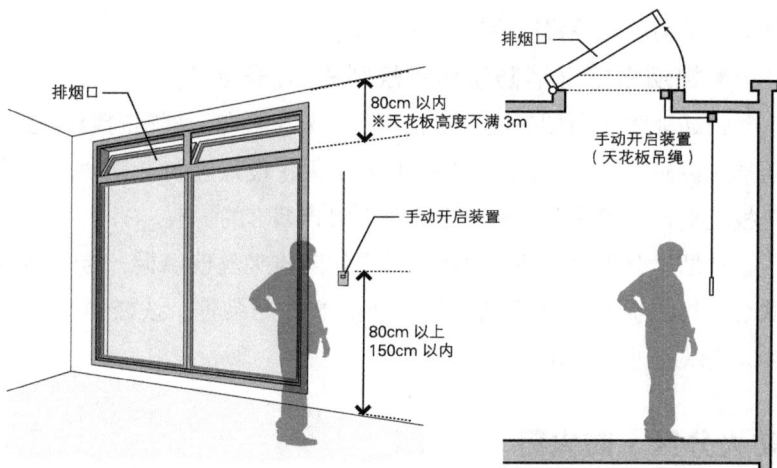

排烟口

80cm 以内
※天花板高度不满 3m

手动开启装置

80cm 以上
150cm 以内

排烟口

手动开启装置
（天花板吊绳）

防烟分区垂壁示例

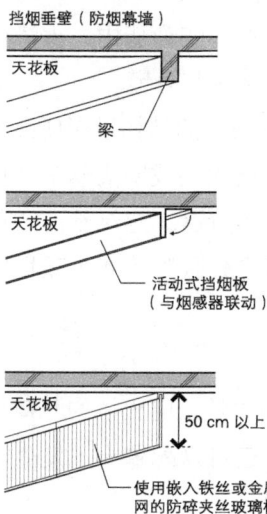

挡烟垂壁（防烟幕墙）

天花板

梁

天花板

活动式挡烟板
（与烟感器联动）

天花板

50 cm 以上

使用嵌入铁丝或金属
网的防碎夹丝玻璃板

机械排烟方式概念图

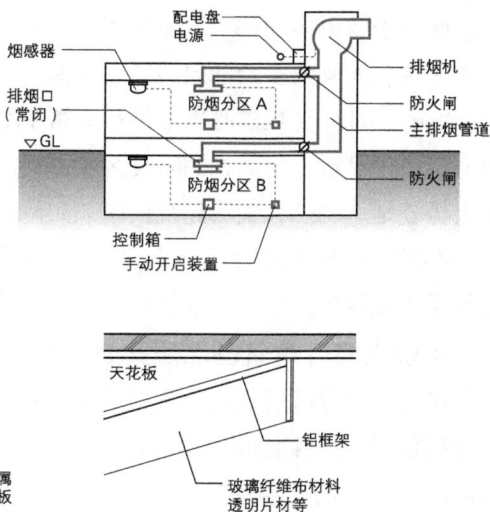

配电盘
电源

排烟机

烟感器

排烟口
（常闭）

防烟分区 A

防火闸

主排烟管道

▽GL

防烟分区 B

防火闸

控制箱

手动开启装置

天花板

铝框架

玻璃纤维布材料
透明片材等

此外，还可以利用"手动启动装置"进行开启。在实际使用时可能因停电或疏于维护而导致其无法运作。最好事先把握天花板排烟口或手动启动装置的位置等信息。

- **挡烟垂壁** （消防法施行规则第 30 条之 1）

挡烟垂壁（防烟幕墙）是指对沿着天花板向上攀爬的烟雾进行阻挡的设施。发生火灾时，烟雾蔓延至天花板附近向上移动，从天花板上垂下一道薄壁可在一定程度上阻挡烟雾的扩散。

挡烟垂壁主要包括从天花板垂下的防碎夹丝玻璃板、与烟感器联动的挡烟板、兼具建筑物梁柱功能的挡烟梁等。按楼面面积每 500m² 以内进行划分。

防火分区·防火门

~阻挡火与烟，防止火势蔓延~

建筑物内部发生火灾时，若将火焰或烟雾阻隔在某 1 个区域内，便能争取更多的安全疏散时间。特别是在零售商店内，火势突然增大时，人潮大多会涌向门口或楼梯，容易引起恐慌。

"防火分区"（**建筑基准法施行令第 112 条**）的结构设想便由此而来。通过设置一定面积的阻隔区域，关闭防火门或防火卷帘来控制火势蔓延。另外，关于建筑物内部如何进行分区，建筑基准法在"防火墙""面积分区""竖向分区""特殊用途分区"等 4 类项目中进行了明确规定。

- **防火墙** （建筑基准法第 26 条）

按照防火分区防止火灾蔓延需要设置防火墙。防火墙的开口部位必须使用耐火性强的"防火门"。此外，还可以配置火灾发生时自动运作的"防火卷帘"。

防火门与防火卷帘被称为"特定消防设备"，必须具备 1 小时以上的隔火性能。另外，贯通防火分区的空调风管内设置有"防火闸"，在火灾导致温度升高时将自动关闭，防止火焰和烟雾的扩散。由于防火闸设置在平时看不见的位置，应定期进行检查，防止因灰尘等杂物导致无法运作。

• 防火门

2013 年 10 月 11 日凌晨，福冈县整形外科医院发生火灾，而当时建筑物内配置的防火门均未关闭，烟雾在短时间内蔓延至高楼层，最终造成 10 人死亡。

医院声称确由消防署进行了防灾检查，但火灾发生时应关闭的消防设备（防火门·防火卷帘）相关检查义务乃是基于建筑基准法的规定，而非消防法，因此并未对防火门能否正常开关进行检查。这次的事故充分暴露了条条领导主义行政方式的弊病。

防火门分为常闭式防火门（通常处于关闭状态）和常开式防火门（通常处于开启状态）两种。由于经过常闭式防火门时屡次需要进行开关，耗时费力，因此偶尔会出现将其人为固定在常开状态的情况。然而如此一来，一旦发生火灾，防火门无法正常关闭，根本起不到防火的作用。近年来，利用烟感器，在感应到火灾时自动关闭的常开式防火门逐渐增多。

建筑基准法第 12 条特殊建筑物等定期调查报告制度于 2008 年进行了部分修订，规定对消防设备（防火门、防火卷帘）进行操作检查。

防火门是火灾发生时确保疏散通道安全性的重要消防设备。货品乱放造成防火门无法顺利关闭时将对人身安全造成巨大的威胁。即使在一定程度导致通行不便，也决不能将其随意固定，影响防火门的正常运作。务必时常小心留意，以防万一。

• 面积分区（建筑基准法施行令第 112 条第 1 项）

"面积分区"是指根据面积确定防火分区，按规定，一个防火分区的面积基本上在 1500m² 以下。并且，若配置了自动喷水装置等自动灭火设备，那么防火分区的面积可扩大至 2 倍（面积在

1500m² 以下的防火分区可扩大至 3000m² 以下）。

防火分区的种类

	定义	使用场合	消防设备 （旧：防火门）	注意事项
面积分区 施行令 第 112 条 第 1 项~ 第 4 项	防止建筑物内部火势蔓延	• 大型零售商店分区	■特定消防设备 隔热性 60 分钟 防烟性 × 防火卷帘 便门	• 不可区分用途，超过 1500㎡（配置自动灭火设备时为 3000㎡）的可能性
竖向分区 施行令 第 112 条 第 8、9 项	防止烟雾蔓延	• 电动扶梯 • 升降电梯 • 楼梯井 • 楼梯间 • 天井 • 立体购物中心 • 电影院剧院	■消防设备 隔热性 20 分钟 防烟性 ○ 防火防烟卷帘 便门 夹丝玻璃	• 楼梯井与电动扶梯的区分 • 整栋建筑具有安全逃生性能时无须设置
特殊用途分区 施行令 第 112 条 第 13 项	分离同一建筑物内的特殊建筑物	• 零售店与餐饮店 • 零售店与娱乐场所 • 商业用途与事务所等（商业用途附属的事务所等不需要进行特殊用途分区） • 营业时间与管理形式不同的同类店铺	■特定消防设备 隔热性 60 分钟 防烟性 ○ 防火防烟卷帘 便门	• 整栋建筑具有安全逃生性能时无须设置

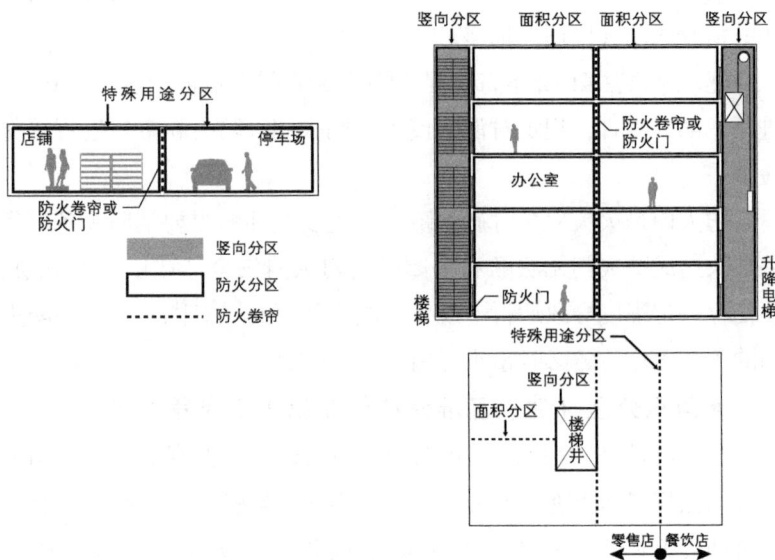

防火分区之间需要设置防火墙或防火卷帘进行隔离，实际上店铺为了尽可能地扩大楼层的使用面积，设置防火卷帘进行分区的情况往往更多。防火卷帘在发生火灾时自动关闭，若在其下方放置杂物或库存货品，分区将无法密闭。

另外，因操作失误使卷帘关闭而造成伤亡事故的案例也时有发生，不能疏于日常维护（现在的防火卷帘在感应到人时会自动暂停）。此外，根据"高楼层分区"的规定，11层以上的建筑部分必须进行更加细致的分区。

● 竖向分区（建筑基准法施行令第112条第9项）

竖向分区适用于升降电梯、楼梯间或楼梯井等垂直延伸的空间，目的在于防止火势向上下层蔓延。

利用防火卷帘等对电梯厅或楼梯间进行分区，在其侧面设置用于疏散逃生的防火门（常闭式）的方式较为常见。这是为了在防火卷帘关闭后依然能顺利逃生而进行的设计。在实际案例中，曾出现杂物堆放导致防火门阻塞而失去逃生时机的情形，因此必须经常性确认防火门附近是否放置了货品器物等。

● 特殊用途分区（建筑基准法施行令第112条第12项）

特殊用途分区是指店铺或停车场等，将使用目的不同的场所进行隔离的防火分区。店铺与住宅共用或办公室·店铺共用的建筑物等也必须按照此规定进行分区。

疏散路线的思考

~平时需要制订疏散计划！~

发生火灾时，为了能顺利逃生，平时需要制订疏散计划。尤其是占地跨多个楼层的店铺，从高层向地面移动的过程需要格外注意。用于疏散的逃生设备该如何设置，应事先进行合理把握。

● 多层疏散以楼梯为中心

从建筑物上层降至地面的第一项选择是通过楼梯。建筑基准法将设有直接通往地面的出入口的楼层定义为"避难层"（**建筑基准法施行令第 13 条之 1 = 避难层的定义**）。

大部分建筑物的避难层通常只有第 1 层，位于斜面上的建筑物还可将第 2、第 3 层也作为避难层。与避难层直接连通的楼梯被称为"直通楼梯"（**建筑基准法施行令第 120 条**）。直通楼梯必须是仅通过楼梯间就能抵达避难层的楼梯，离开楼梯间之后转向其他楼梯间的楼梯并不是直通楼梯。仅通过一个防火分区就能安全到达地面的路线较为理想。此外，面积在 1500m² 以上的零售店，必须设置 2 处以上的直通楼梯。

● **双向疏散**（**建筑基准法施行令第 121 条**）

人们熟悉的"双向疏散"一词其实并未出现在法律文书中，设置 2 处以上的直通楼梯一般可理解为双向疏散。

发生火灾时，要求设置双向疏散路线的用意在于，万一火灾的发生地点在某一侧疏散路线附近，还能确保另一条路线依然可用。

另外，施行令实际上还对通向楼梯的步行距离、通往双向直通楼梯的步行重复距离必须在步行距离的一半以下等内容进行了详细规定。

● **疏散楼梯**（**建筑基准法施行令第 122 条、第 123 条、第 124 条**）

疏散楼梯是指提高防火性能后的直通楼梯。疏散楼梯分为室内疏散楼梯和室外疏散楼梯，楼梯宽度与平台所需的面积结合店铺面积共同决定。这是因为店铺面积越大，预计一次需要疏散的人口也越多。

另外，店铺位于 5 层以上时，必须设置"特别疏散楼梯"（具备较高的逃生避难功能的疏散楼梯），以及用于避难的屋顶广场。

此外，店铺面积越大，疏散楼梯的宽度必须设计得越大。疏散楼梯或疏散通道内不得放置货品杂物，否则在影响疏散逃生的同时，还会导致火势蔓延。

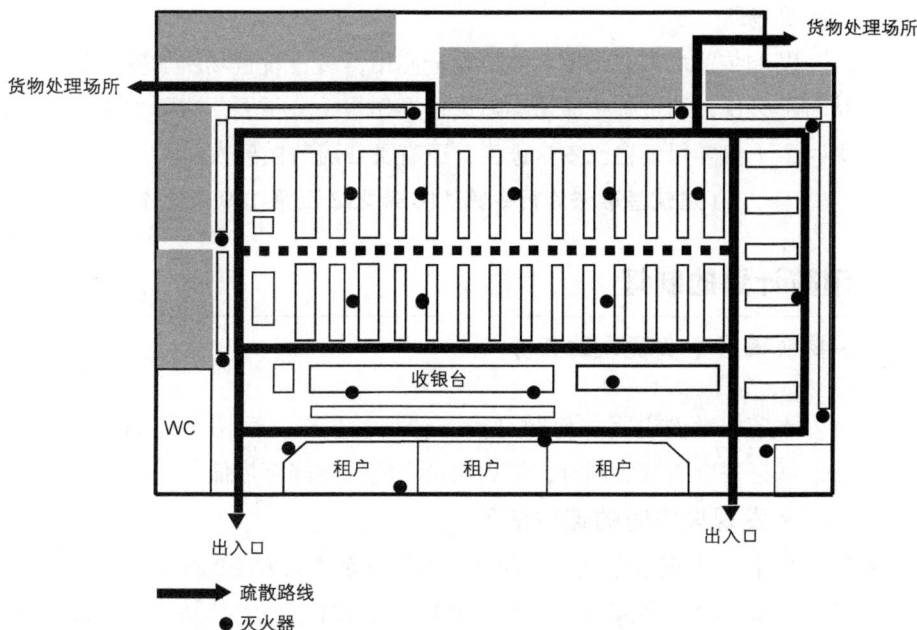

货物处理场所

货物处理场所

收银台

WC

租户　租户　租户

出入口　　　　　　　　　　出入口

➡ 疏散路线
● 灭火器

● 疏散装置（消防法施行令第 25 条）

为防止出现楼梯无法使用的情况，疏散装置的目的在于将人员安全转移至地面或避难层。虽然目前市面上已开发出各种各样的类型，消防法规定的疏散装置为以下 8 种。

①逃生梯——用于向地面转移的梯子

②逃生绳——绳子的粗细为 12mm 以上，附带绳结

③救生舷梯——楼梯状的舷梯，平时可收纳存放

④逃生杆——与消防署使用的逃生杆相似，握住杆体向下滑动逃生

⑤逃生滑梯——架设在窗户或阳台上的滑梯

⑥缓降机——用绳索固定身体缓慢下降的装置

⑦逃生桥——架设在建筑物之间的疏散逃生桥。可以从屋顶向相邻的建筑物疏散

⑧救生袋——通过管状救生袋向下转移的装置，平时可收纳在阳台等场所

以上装置均需在训练后方可安全使用，装置设置场所的安全确认自不必说，通过训练演习实际进行操作也十分重要。实际发生火灾时，不仅要保证自己安全逃生，还有责任疏散撤离人群。

（建筑基准法施行令第 116 条之 2 至第 129 条之 13 · 3）

消防计划的制订

~要明确各个负责人的任务~

本节将举例说明如何制订消防计划，在充分运用上述消防设备、保证安全疏散的同时，将火灾带来的损害降至最低。

● 发现火灾时的疏散指示

1. 自动火灾报警装置启动时，首先确定火灾发生的位置。

2. 迅速确认现场（或联系现场附近的责任人）。确认火灾已经发生时，与防灾中心联系，告知火灾发生的场所、燃烧物、火势蔓延情况等，并拨打 119。

3. 利用紧急广播设备向店铺内的员工或顾客提供必要的信息。

● 尝试初期灭火

1. 针对没有配置自动喷水装置等自动灭火设备的场所，在火势蔓延至天花板之前，尝试用灭火器或消防桶等进行初期灭火。

2. 利用室内消火栓设备，尝试在安全范围内进行灭火。

3. 启动排烟设备，防止烟雾阻碍疏散逃生。另外，空调风管可能导致火势蔓延，需关闭空调设备。

● 开展疏散引导

1. 优先对火灾发生楼层及其上一层进行疏散·引导。

2. 尽量使用疏散楼梯等安全性较高的楼梯进行疏散逃生（不能使用升降电梯）。

疏散引导的注意事项

1.沉着冷静确认情况
2.大声指挥缓慢清晰
3.由掌握疏散路线的员工对顾客进行疏散引导（事先制订消防计划明确责任人的任务）
4.疏散员工
5.日常开展疏散训练

出处：消防厅《防灾手册》—地震灾害应对启蒙资料—

消防管理相关的消防计划

出处：东京消防厅主页节选

1. 明确消防计划的适用范围 　·提供法令依据 　·适用于在该事务所内工作的所有人员
2. 消防管理者具有消防管理业务相关的一切权限
3. 预防火灾的自主检查 　·每天或定期对建筑物结构、疏散设备、明火设备、消防设备等进行检查
4. 消防设备的法定检查（确定检查时间和检查人员） 　·设备检查每6个月1次 　·综合检查每年1次
5. 防火结构的维护管理 　·禁止在防火门、防火卷帘附近堆放杂物，防止无法顺利关闭
6. 纵火预防措施 　·不在建筑物周边、楼梯以及厕所等地放置可燃物品 　·确保仓库上锁，下班关门时锁好门户
7. 施工过程中的安全对策 　·防止焊接、熔断作业时火花飞溅，做好员工的吸烟管理 　·纵火预防措施
8. 疏散设施的维护管理 　·安全出口、楼梯、疏散通道等场所禁止设置设备或堆放物品
9. 容纳人数的正确管理 　·楼梯一次可容纳的人数有限，防止人数过多
10. 防灾教育 　·对正式员工、兼职员工、临时工等所有人员开展
11. 自卫消防的组建 　·自卫消防队的组建目的为在发生火灾、地震及其他灾害时，有效开展初期灭火、通报联络、疏散引导、向消防队提供信息及其他自卫消防活动，将灾害损失降至最低
12. 自卫消防训练 　·灭火训练　1年2次以上 　·疏散训练　1年2次以上 　·通报训练　按消防计划规定的次数
13. 地震灾害计划 　·地震灾害前的预案 　·地震灾害发生时的活动计划 　·设施恢复前的修复计划

3. 充分利用紧急广播设备，准确播报疏散引导信息。

4. 发生火灾的防火分区完成疏散后，务必确认是否还有遗留人员，再关闭防火门或防火卷帘（竖向分区优先）。按顺序对完成疏散的防火分区进行封闭。

5. 仔细监控已经疏散的人员是否再次返回建筑物内（可能开启防火分区）。

● **消防队到达后**

为了有效推进灭火行动，应向消防队提供以下信息。

1. 火灾发生的场所及起火原因、火势蔓延情况、有无危险物品等。

2. 人员疏散是否完成（是否存在未疏散人员或不明人员）。

3. 有无受伤人员（是否需要救护车）。

4. 防火分区的结构或消防设备的概况与运作情况（消火栓设备的设置场所或自动喷水装置、特殊灭火设备等）。

5. 排烟设备或紧急电梯、紧急电源等各类设备的运作情况。

自卫消防组织示意图（例）

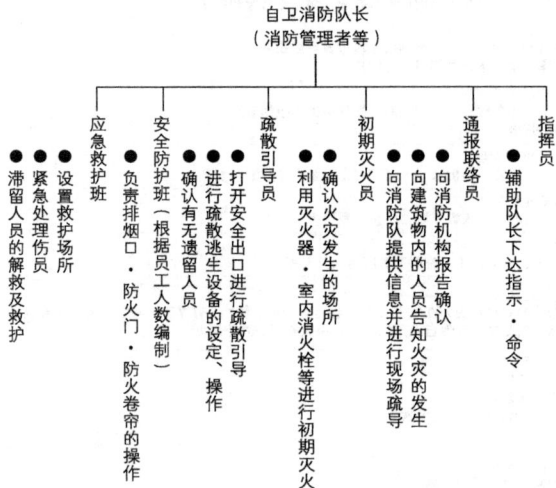

自卫消防队长
（消防管理者等）

应急救护班	安全防护班（根据员工人数编制）	疏散引导员	初期灭火员	通报联络员	指挥员
● 滞留人员的解救及救护 ● 紧急处理伤员 ● 设置救护场所	● 负责排烟口·防火门·防火卷帘的操作	● 确认有无遗留人员 ● 进行疏散逃生设备的设定、操作 ● 打开安全出口进行疏散引导	● 利用灭火器·室内消火栓等进行初期灭火 ● 确认火灾发生的场所	● 向消防队提供信息并进行现场疏导 ● 向建筑物内的人员告知火灾的发生 ● 向消防机构报告确认	● 辅助队长下达指示·命令

以上仅粗略列举了几项内容，可见在紧急情况下需要处理的工作之多。因此，企业必须在平时便制订好消防计划，明确各个责任人的任务分工。而负责全权处理一切事务则是下一节中登场的"消防管理者"。

此外，在网上检索"小规模适用的消防计划制订要领"及"中规模适用的消防计划制订要领"等，便可获取制订消防计划所需的格式以及范本信息（大规模亦可检索）。

消防管理者的作用

~首要任务是做好火灾的预防~

商业店铺等属于"特定防火对象"的建筑物大多要求强制性配置"消防管理者"。

消防管理者（消防法第8条、施行令第13条第1项·第4条）负责制订消防计划，管理各类设备或开展疏散训练等重要业务，通常由社长或店长、支配者等位于监督立场的人员担任，消防管理者必须修完相关讲习课程。

另外，对于商业店铺等不特定多数人进出的场所，其消防管理者有义务向所辖消防署长报备。

• 消防管理者的作用

消防管理者的主要任务是"火灾的预防"与"将火灾损害降至最低"。因此，以下几项工作必不可少：

①消防计划的制订
②按照消防计划开展灭火·通报·疏散训练等
③消防设备的检查·完善
④明火使用与处理的监督（包括对吸烟或纵火等行为的警戒）
⑤疏散楼梯或通道等疏散或防火所需设备的维护管理

然而，以上内容仅凭消防管理者一人之力无法完成，特别是营业时间较长的零售店，消防管理者离岗的时间段十分常见。

再者，实际发生火灾时，消防管理者也无法以一己之力完全掌控现场。因此，必须制订消防计划，向各个员工分派不同的任务，确保在轮班时也不会出现责任人离岗的情况。

为此，尽可能让更多的员工掌握消防相关知识或计划则尤为重要。

● **训练与检查制度**

店铺等特定防火对象应按照消防计划，1 年开展 2 次以上的自卫消防训练（东京都）。

另外，新设立的《消防设备检查制度》要求店铺对自动火灾报警设备、应急灯、自动喷水装置等灭火设备的运作情况进行检查。大部分店铺需要由消防设备师或持有消防设备检查资格的人员进行检查，每年 1 次，并向所辖消防署提交报告。

（消防法第 8 条第 1、2 项，相关消防法施行令第 3、4 条）

消防管理者的定义

● 管理负责人 ·拥有消防管理业务正当权限的人员 （建筑物所有者、租户的所有权人、企业的社长等） ·管理负责人承担消防管理相关的根本性责任和义务
● 消防管理者从管理负责人中选任，具有消防管理业务相关的所有权限 ·消防管理者的资质 　参加由消防机构或指定讲习机构实施的甲种或乙种消防管理讲习，并修完讲习课程 　具备消防管理者所需的经验学识 ·管理责任人可兼任消防管理者 ·只有满足一定条件的防火对象，才能将消防管理者的业务委托给具备消防管理者资质的外部人员
● 消防管理者的主要工作 ·消防计划的制订 ·灭火、通报以及疏散训练的实施 ·消防设备、消防用水或灭火所需设备的检查、完善 ·明火使用及处理的监督 ·疏散或防火所需结构及设备的维护管理 ·容纳人数的管理

灾害发生时店长应采取的行动

~当务之急是顾客的疏散引导与救护~

区域社会对生鲜超市的期许是在"安全的设施"内以"持续稳定的价格"提供"安全的商品"。这一点在发生灾害时也不会改变，发生灾害时应该如何满足区域社会的期望？法律上虽然没有规定，不过笔者将在本节对此进行说明。

- **灾害应对措施**

■顾客的安全

·将顾客的疏散引导与救护放在首位

·冷静地判断形势，当机立断采取行动

·除了店铺的责任之外，更要认识到企业的责任

·最重要的是日常训练与思想准备

■员工的安全

·提前确定需要进行紧急疏散时的会合地点和责任人

·将休息日与营业时间之外的情况也考虑在内，确定好联系方式及是否安全、能否出勤等必要的联络事项

■向总部报告

·报告人员伤亡、经济损失等情况，请求支援

·尤其需要明确告知灾害和损失对恢复营业造成的困难

·报告机器设备运转情况检查、商品或器物的损失情况、POS收银机或店内广播设备、地区交通状况以及今后的恢复情况预估等内容

■恢复营业的准备

·为了发挥生鲜超市作为区域社会基础设施的重要作用，应尽早探讨恢复营业的方法并付诸行动

■依靠本部支援

·把握整体的受灾情况，对恢复营业所需的措施或物资、商品的状态进行确认后，向本部请求支援

若要切实执行上述几项措施，应事先设想灾害发生的规模，制订计划，开展训练演习，总结经验后对计划加以完善，并再次开展训练

（出处：节选自日本生鲜超市协会《地震灾害防灾手册》）

●在购物过程中发生地震时顾客应采取的行动

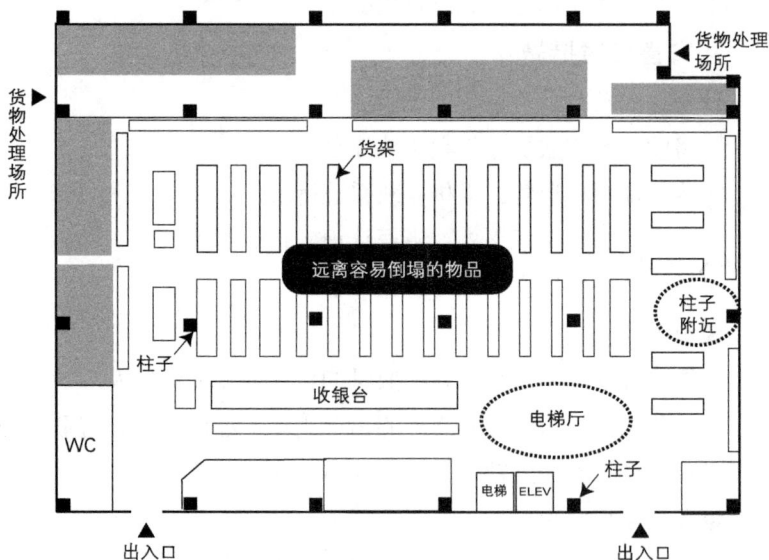

1. 用手提包或购物篮等保护头部。

2. 远离货架等容易倒塌的物品。

3. 选择电梯厅、柱子附近等商品较少的场所进行躲避。

4. 注意玻璃制品、陶器及其他陈列商品的掉落、翻倒。

5. 不要急着赶往出口，按照员工的指示行动。

6. 即使电梯依然能够运行，也不能使用电梯逃生。

出处：消防厅《防灾手册》—地震灾害应对启蒙资料—

2 建筑物·外围管理相关法律

停车场法与建筑用地内的疏散通道

~要掌握的法规涉及多方面！~

● 停车场法是指？

《停车场法》（2006 年 12 月修订施行）的目的在于，对城市停车设施的完善提出必要的规定，保证道路交通顺畅，为公众提供便利的同时，维持并增强城市功能。

利用停车计时器计费的停车场被称为"路边停车场"，在店铺用地或建筑物内部配建的停车场被称为"路外停车场"。停车场法详细规定了道路与停车场出入口之间的安全关系、车道宽度或停放车辆的车库大小、距离车库上方梁柱的高度、地下等建筑物内部的换气次数、车道或车库部分的照度以及停车场的灭火设备等方面的内容。此外，还包括多层停车场设计的防塌结构等。单就停车场而言，需要掌握的法规便涉及多个方面。并且，随着无障碍新法的成立，还将增加"轮椅使用者停车设施"等相关修订内容（参照本章第 3 部分）。

● 建筑用地内的疏散通道 （建筑基准法施行令第 128 条）

即使已经从发生火灾的建筑物中逃离，也不能完全确保安全。通过室外疏散楼梯或安全出口将人员疏散至较为安全的马路、公园、广场及其他空地时，才能真正保证安全。

法律规定建筑用地内的疏散通道宽度必须在 1.5m 以上。例如，若通道内存在从建筑物外墙延伸出来的柱子，那么规定宽度则为从柱子延伸部分到道路围栏之间的距离。

不得设置停车场出入口的场所
（停车场法施行令第 7 条和道路交通法第 44 条）

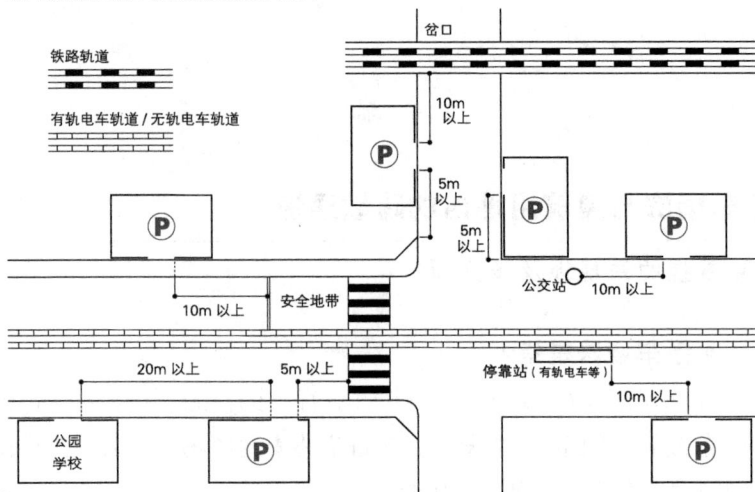

铁路轨道

有轨电车轨道 / 无轨电车轨道

岔口

10m
以上

5m
以上

5m
以上

公交站　10m 以上

10m 以上　安全地带

20m 以上　　5m 以上

停靠站（有轨电车等）

10m 以上

公园
学校

防护墙

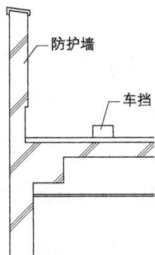

防护墙

车挡

自走式立体停车场的安全标准具体如下：
适用于垂直地面高度在 5.1m（存在滑落至道路、
广场等使用人数较多场所的风险时为 2.1m）以
上的停车场。作用于设备装置的冲击力等应遵
守以下规定。
a 冲击力：250 千牛顿
b 冲击位置：距离地面高度 60cm
c 冲击力的分布范围：汽车保险杠宽度 160cm
需要注意的是，以上数值是在假设车体重量（含
荷载）2t 的汽车以时速 20km 的速度直角撞击
装置设备的条件下计算所得。

车道或车库相关规定
（停车场施行令第 8 条、第 9 条）

梁下
车道：2.3m 以上
车库：2.1m 以上

斜面坡度
· 不超过 17%
· 粗糙或防滑材料

车道宽度

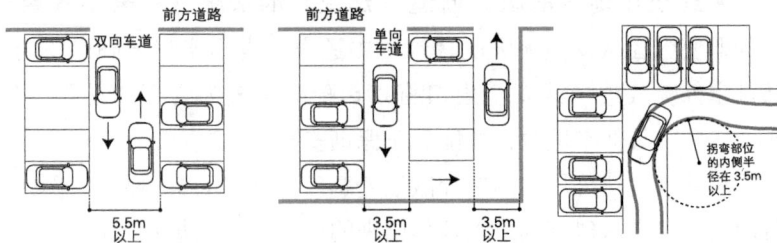

前方道路

双向车道

前方道路

单向
车道

拐弯部位
的内侧半
径在 3.5m
以上

5.5m
以上

3.5m
以上

3.5m
以上

320

3 无障碍化相关法律

无障碍新法

~打造每个人都能安全抵达目的地的设施~

无障碍新法（正式名称为《**关于促进高龄者、有障碍者等的移动无障碍化法律**》）对《爱心建筑法①》和《交通无障碍法》进行了整合·扩充，并于 2006 年 12 月开始施行。其目的在于进一步普及老年人或残障人士均可以安全抵达目的地的设施建设。

以店铺为例，从道路、场地内的停车场（建筑用地内的道路）到卖场之间，以及从收银台到出口或洗手间之间等，顾客的移动线路均属于无障碍新法的适用对象。因此，需要尽量避免无意间造成的高低平面差。

上下层之间的移动使用升降电梯等替代方式即可。

另外，店内的各项设施根据人体工学或使用者的要求等配置了相应的空间或设备。具体涉及洗手间的大小、通道的宽度、人工瘘者设施（人造肛门·膀胱支架）的导入等多个方面。并且，近 10 年以来，无障碍设施的理念正在公共设施或商业建筑等服务设施中不断普及，新开业的店铺基本上均严格按照标准进行配置。

因此，在设施的充分利用上，应注意店内设施的引导标志或指示标识是否简单易懂、不分年龄层。

---

① 爱心建筑法：Heart Building 法，全称为"关于促进建造使老年人、残疾人等能顺畅使用的特定建筑物的法律"。

无障碍新法的目的不仅是解决地面等高度差的问题，另一个重要因素是高度的认知性。除了各销售场所的引导、服务咨询台、收银台的位置等之外，根据选定的地点还需要外语标志或象形图（图画文字）标志。

另外，作为生鲜超市等销售业店铺，在创建无障碍环境设施时还要注意以下事项。

· 确保货架之间的通道宽度

· 为轮椅使用者合理调整货架高度

· 设置哺乳设施、尿布更换台

· 配置视力障碍、听力障碍人士等专用的信息提供设备（笔谈器、听力障碍标志、磁环等）

· 配置休息场所（长凳或座椅等）

· 接待处、引导标志等引导设备

场地内的通道

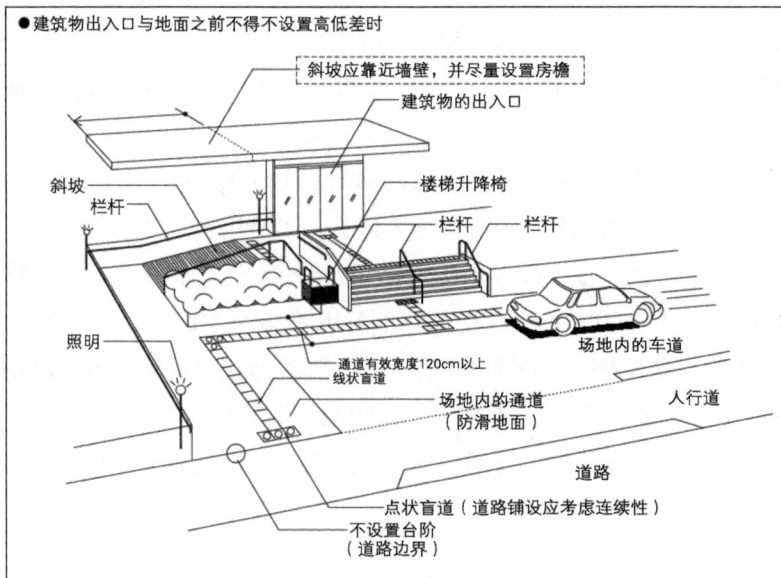

● 建筑物出入口与地面之前不得不设置高低差时

斜坡应靠近墙壁，并尽量设置房檐
建筑物的出入口
斜坡
栏杆
楼梯升降椅
栏杆
栏杆
照明
场地内的车道
通道有效宽度120cm以上
线状盲道
场地内的通道
（防滑地面）
人行道
道路
点状盲道（道路铺设应考虑连续性）
不设置台阶
（道路边界）

停车场的设计标准

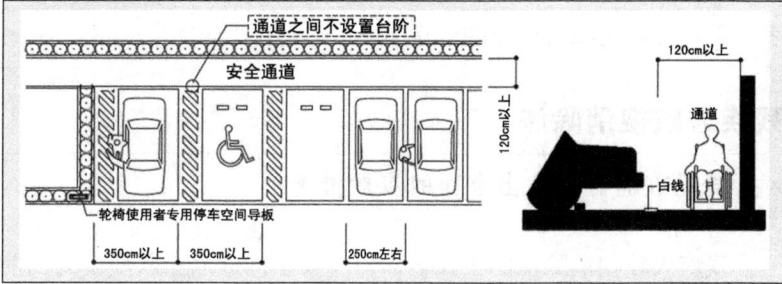

通道之间不设置台阶

安全通道

120cm以上

通道

120cm以上

白线

轮椅使用者专用停车空间导板

350cm以上　350cm以上　250cm左右

轮椅使用者专用卫生间

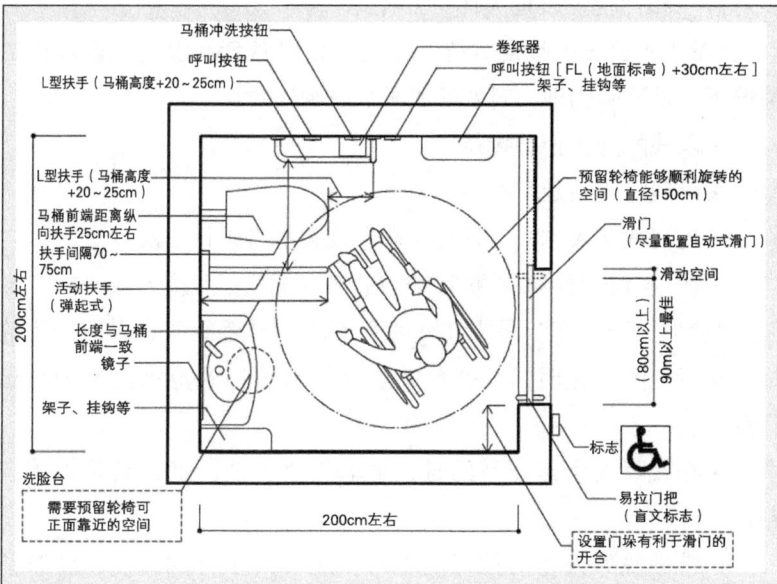

马桶冲洗按钮

呼叫按钮

卷纸器

L型扶手（马桶高度+20～25cm）

呼叫按钮［FL（地面标高）+30cm左右］

架子、挂钩等

L型扶手（马桶高度+20～25cm）

预留轮椅能够顺利旋转的空间（直径150cm）

马桶前端距离纵向扶手25cm左右

扶手间隔70～75cm

活动扶手（弹起式）

滑门（尽量配置自动式滑门）

滑动空间

长度与马桶前端一致

（80cm以上）

90cm以上最佳

镜子

架子、挂钩等

标志

易拉门把（盲文标志）

洗脸台

200cm左右

需要预留轮椅可正面靠近的空间

200cm左右

设置门垛有利于滑门的开合

目前，大多数店铺已经针对此类顾客配置了服务设施。顾客能够在便利、舒适、充满关怀的环境内购物。虽然不少店铺声称店内没有足够的配置空间的情况也是事实，但可以先从以上 1~2 项入手，正式开始无障碍环境的创建。

残疾人歧视消除法

~生鲜超市也需要拿出合理的应对措施~

残疾人歧视消除法的正式名称为《关于推进消除以残疾为由的歧视之法律》(2016 年 4 月 1 日施行)，其目的在于加深残障人士与普通人之间的相互理解，建立双方能够共同生活的社会。针对企业或店铺等经营者提出的"应对准则"主要包括"禁止不公正的歧视对待"和"提供合理关怀"2 项。

"禁止不公正的歧视对待"是指禁止经营者在没有正当理由的情况下，以残障为理由对残疾人采取歧视性对待。

· 以残障为由拒绝接待

· 以残障为由延后顺序

· 无视残疾人本人，只与护理员或看护者进行交谈

· 在没有护理员或看护者陪同的情况下禁止残疾人入内

"提供合理关怀"是指在残障人士表示希望经营者采取一定的措施实行无障碍化时，在企业或店铺能够负担的范围内努力付诸行动。

· 在残障人士需要帮助时，主动与之交谈，确认其是否需要帮助

· 带领残障人士前往目的地时，配合其步行的速度，注意前后·左右·距离位置是否符合其希望

· 员工较少的店铺在人多拥挤时，若残障人士提出希望使用轮椅，并通过店员的帮助在店内移动时，应在与对方进行沟通的基础

上，在可承受的范围内采取其他方法满足对方的要求

·在相互沟通的过程中，灵活运用图片、照片、卡片或平板设备等工具

当企业或店铺反复出现违反法律规定的行为，且难以主动加以改善时，主管部门将要求企业上报有关情况或发出警告。

残疾人援助犬法

~欢迎导盲犬、看护犬、导听犬同行~

残疾人援助犬法（2011年6月部分修订）的目的是"培养优质的残疾人援助犬，帮助援助犬使用者顺利使用各类基础设施，以此加强残障人士的自立，提高残障人士的社会参与度"。

该法第9条对民间设施进行了相关规定，针对不特定多数人利用的设施（如生鲜超市、商场、宾馆、餐厅等），若残障人士在利用此类设施时携带了援助犬，设施管理者不得拒绝（2003年10月施行）。

"残疾人援助犬"具体是指"导盲犬"、"看护犬"和"导听犬"3种。

该法第7条以国家·地方公共团体为对象，第8条以公共交通经营者（铁路、公交、航空、船舶等）、第10条以企业主（国家机关除外）的事务所等为对象，均与第9条一样，在残疾人携带援助犬同行时不得拒绝（**残疾人援助犬法第7~13条**）。

希望企业或店铺能够发自内心地欢迎携带援助犬的残疾人顾客光临，而不是因法律规定等外部的强制性要求不得已为之。

Welcome!
援助犬
Service Dogs Welcome!
法律规定导盲犬·看护犬·
导听犬可一同入内
厚生劳动省

致各位支持援助犬的设施负责人

- 援助犬可遵照主人的命令安静等待，不需要其他特别设备。

- 若其他顾客对援助犬的同行表示不满，可向其说明接受援助犬是《残疾人援助犬法》规定的义务，援助犬主将对援助犬的行动或健康管理负责，求得顾客的理解。

- 当援助犬阻碍通道、嗅探周围的气味或出现其他不当行为时，应明确告知援助犬的主人。

- 即使有援助犬的陪伴，残障人士也可能需要帮助。若发现此类情形，应大声询问，或采用笔谈等方式进行沟通交流。

导盲犬

可带领盲人、弱视患者安全地在街道上行走，遇到台阶或拐弯时可提示或引导主人。佩戴牵引带（项圈）。

导听犬

为听觉障碍人士服务，告知主人生活中必要的各类声音。可分辨玄关的门铃声、传真铃声等。

看护犬

为手、脚等四肢残障人士提供日常生活所需的基本动作。如拾起掉落的东西、开门、按按钮等。

通用性媒介的观念

~从提供最适宜的视觉信息的角度思考~

"通用性媒介设计"（2006 年，日本总务省首次提出关怀色觉障碍者的号召）虽然不具备法律效力，但对于不特定多数人进出的店铺而言，这种观念在未来必须引起重视。

无障碍设计的出发点原本在于消除障碍（隔阂），提高残障人士的社会参与度。相对地，通用性设计的出发点在于忽略健康人士与残障人士之间的区别，不论男女老少，以所有人为对象，设计并提供方便使用的工具或宜居的生活环境。

"通用性媒介设计"是一种向所有人提供最适宜的视觉信息的全新概念。人们在日常生活中通过视觉获取的信息高达 80% 以上。互联网、电视、报纸、书籍、电子公告牌、海报或标志、招牌或 POP 广告牌等，生活中依靠视觉吸引关注的媒介随处可见。

然而，日本的视觉障碍者人数众多。其中，"色觉障碍者"更是多达 320 万人。对于色觉障碍者而言，深红与黑色、红色与绿色以及紫色与蓝色尤为难以分辨。

此外，随着老龄化社会的到来，因年龄增长导致患有白内障等视觉衰退问题的人也大量增加，生活极其不便。而长时间以来，由于信息提供方在媒体设计上考虑不周，视觉障碍群体对于环境的不便也无可奈何。

要实现"通用性媒介设计"，信息提供方必须在准确把握老年人或视觉障碍者特性的基础上，制作视觉障碍人士也能轻易读取的信息媒介。

具体来说，通用性设计要求文字可视性或易读性较高、简洁明了。另外，使用色弱患者或普通视力人群均能分辨的颜色、可视性高、简单易懂的精心设计已经开始出现。

面向色觉障碍者、老年人的店铺应对措施清单

〇是否按业务方针对计划内的所有"店铺媒介"进行设计管理
〇是否满足无障碍新法规定的建筑或设备尺寸等硬件要求
〇设计者是否理解通用性媒介设计的概念

从顾客的角度考虑设施使用和购物的便利性，店铺需要列出如下清单

	〇 ×
1. 从建筑用地内到店铺入口	
・停车场 夜间停车空间的亮度标准	
・确保人车分流路线：安全 （宽度120cm以上）	
・确保一般车辆所需宽度：2.6m×5.0m（理想大小）	
・轮椅停放空间的确保与指示	
・停车场内的手推车存放处	
2. 店铺的外观、标志	
・入口醒目，距离较远依然清晰易懂	
・选择与周边环境相宜的色彩或材质以及标志	
3. 店内布局、内部装修材料	
・布局简易明快	
・充分考虑主通道宽度、副通道宽度，尤其是商品货架之间的通道宽度（保证轮椅通行）	
・确保通行顺畅的购物车存放处、轮椅存放处	
・轮椅专用收银台、确保通行宽度	
・地面使用防滑材料	
4. 休息区域	
・确保充足的空间→咖啡馆、用餐区或休息区	
（大型商店或生鲜超市的卖场内设置休息区域）	
・外部散水坡或外部有盖走廊等地设置长凳等	
5. 主线引导（引导顾客在店内移动等设计的必要性）	
・照明等空间引导（例如：利用吸顶灯等空间记号进行指示）	
・通过展柜的高度区分卖场	
6. 照明或室内环境	
・合适的照度（通过店铺设备的环保化控制亮度和整体的照度）	
・可利用通道和商品货架的照度对比进行空间渲染	
・色温（光源的色调）或光源的显色性（是否接近自然光）	
7. 陈设或冷柜的功能	
・探讨黄金陈列线的高度（商品陈列在老年人也能轻易取得的位置）	
考虑冷柜、展示冷柜的拉手形状、功能以及高度等	
8.标志物	
・楼层指南、服务设施指南（楼层目录）	
・实行通用性媒介设计	

　　店铺的 POP 广告牌等身边的常见媒介其实也可以发挥"通用性设计"的效果。

　　通用性媒介设计应遵守以下 5 个原则。

①可达性①（可接近性）

②可用性（易操作性）

③可读性（可读易懂）

④设计性（引发情感）

⑤持续性（满足可持续性的品质）

遵循上述原则，将通用性设计导入视觉媒介，才能真正实现通用性媒介设计。

---

① 可达性：Accessibility，可用性：Usability，可读性：Literacy，设计性：Design，持续性：Sustainability。

4 开店·改造相关法律

城镇建设三法

~中心商业街也可开店~

20 世纪 90 年代末期，所谓的"城镇建设三法"正式开始施行，伴随着大型购物中心（商场）的兴起，被媒体大肆报道。

这三部法律具体指的是《城市规划法》《大店选址法》和《中心商业街激活法》。

"三法"最初的目的是在有条件地促进郊区购物中心的建立和发展的同时，促进地方小规模商店（车站周边的商业街等）的振兴。换言之，其意在保持郊区与中心商业街的平衡发展，并激发地方城市的发展活力。

接下来笔者将对"三法"的内容进行简单的介绍。

● 城市规划法的修订

过去，大型商店的建立主要受《大规模零售店铺法》（2000 年废止）管控，按照各个店铺的具体情况判断能否开店。另一方面，随着《城市规划法》的修订，地方自治体可自行决定并规划地区土地的用途。

如此一来，只要该区域被认定为适合建立大型商店，且被指定为"特殊用途区域"（零售店铺地区等），那么基本上可以自由建立大型商店。

● 大规模零售店铺选址法（大店选址法）

虽然基本上可以自由选址，但大型商店的建立通常会给周边环境带来较大的影响。而《大店选址法》的意义正在于要求大型商店采取必要的措施来维持周边的生活环境。

具体内容将在下一节详细说明。

● 中心城区街区的整治改善与商业等活性化整体推进法（中心商业街激活法）

中心商业街激活法是一部旨在激活中心商业街、促进市中心繁荣的法律，以"市区的整顿完善"和"商业等行业振兴"的一体化推进为目标，由市町村与相关人员协商并制订计划书，计划通过后即可获得相应的补助金。

若这三部法律能够各司其职、有效运作，应该是可以为整个地区的振兴做出贡献的。

然而，现实却未能尽如人意，郊区大型店铺的发展速度远远超出预期，为了遏制其势头，日本于 2006 年对城市规划法进行了修订，出台了将面积超过 10000m^2 的大型店铺的开设限制在"商业区"、"邻近商业区"和"准工业区"等措施，新店的开发将十分困难。

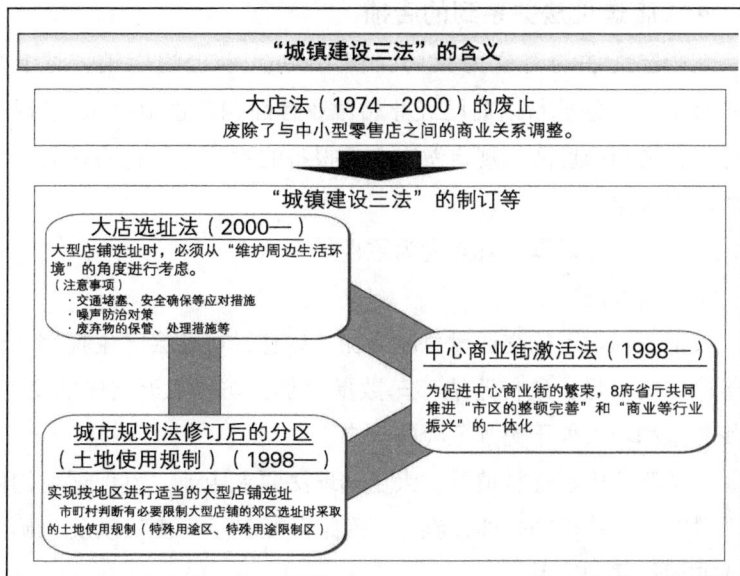

"城镇建设三法"的含义

大店法（1974—2000）的废止
废除了与中小型零售店之间的商业关系调整。

"城镇建设三法"的制订等

大店选址法（2000—）
大型店铺选址时，必须从"维护周边生活环境"的角度进行考虑。
（注意事项）
· 交通堵塞、安全确保等应对措施
· 噪声防治对策
· 废弃物的保管、处理措施等

城市规划法修订后的分区（土地使用规制）（1998—）
实现按地区进行适当的大型店铺选址
市町村判断有必要限制大型店铺的郊区选址时采取的土地使用规制（特殊用途区、特殊用途限制区）

中心商业街激活法（1998—）
为促进中心商业街的繁荣，8府省厅共同推进"市区的整顿完善"和"商业等行业振兴"的一体化另外，中心商业街激活法也在同一时期进行了修订，对利用中心商业街的空置商店开设大型零售店的管制得以放松，例如以车站附近的生鲜超市为核心，多家零售店铺鳞次栉比的紧凑型城市格局逐渐受到认可。

大店选址法的要求

~ 以卖场面积 1000m² 以上的店铺为对象~

城镇建设三法中的《大店选址法》(大规模零售店铺选址法)是在店铺运营方面必须掌握的法律。

大店选址法的概念体现了零售店铺在今后的发展中必须充分考虑周边居民和环境。即便是已经建立的店铺，也不能无视这一点。

另外，增加现有店铺的面积时，也需要按照大店选址法的规定进行报备。

● 大店选址法关系到的店铺

大店选址法的对象为卖场面积 1000m² 以上的店铺。对于在 2000 年 6 月该法施行以前已经开始营业且面积超过 1000m² 的现有店铺，若按照选址法的规定做出必须报备的更改时，也将视为该法律的适用对象。

大店选址法对以下几点尤为重视。

①交通方面

大型店铺附近的交通量急剧增加，休息日可能会产生拥堵。或由于停车场不足，致使路边停车数量增加，妨碍附近居民的交通，也使儿童和老人处于更加危险的状态。

为了避免出现这种情况，大店选址法要求店铺"确保适当的停车数量"、"完善货物处理设施"、"确保自行车停车位"以及"确保行人的通行便利"等。

②噪声或废弃物方面

营业过程中产生的空调噪声、废气、废弃物等有可能导致周边居民的生活环境恶化。为了防止出现这种情况，大店选址法要求店铺设置隔音墙或废弃物的存放场所等。

③时间方面

营业开始·结束的时间或停车场的使用时间、货物处理设施的使用时间、容易产生噪声的作业时间等需要进行申报。

此外，大店选址法还要求店铺考虑与现存街道的融合以及夜间照明等，为防止犯罪·灾害提供助力。

店铺需要以上述几个方面的内容为中心制作报告（报告的内容参照**图表**），并向所属都道府县提交。报告的内容将公示 4 个月，在此期间任何人都可提交意见书。

报告的内容（新设）

1. 法人登记事项证明书
2. 主要销售物品的种类
3. 店铺使用部分的配置图（建筑物配置图、各楼层平面图）
4. 停车数量的预测计算结果·计算根据
5. 停车场出入口的数量、位置、形式
6. 汽车引导路线
7. 进行商品运送的汽车数量、进行货物处理的时间
8. 隔音墙的位置及高度示意图（设置时）
9. 冷却塔、送风机、空调设备室外机的使用时间以及位置示意图（设置时）
10. 等效噪声级别的预测结果以及计算依据
11. 夜间产生噪声时不同噪声源噪声水平最大值的预测结果以及计算依据
12. 计算废弃物等保管设备容量所需的废弃物等排放量预测结果以及计算依据

大店选址法与当地居民的关系

~需要获得当地居民的理解~

● 意见书的处理

上一节已经提到，报告提交后将在当地公所或网上公示 4 个月。任何人都可以对开店计划提出意见（个人、团体、企业等均可）。提交的意见书将作为地方自治体审议计划时的参考。

● 举办说明会

店铺的相关经营者应在开店申请提交后的 2 个月之内，向当地居民举办说明会。

说明会的举办公告应在店铺建设地周围 500m 的半径范围内，或与市町村长协商后议定的范围内发布，除了在日报上刊载、发放传单折页、逐一向邮箱投递等方式外，还需在计划用地内公布。

● 大店选址审议会进行审议

将市民提交的意见书或说明会上发表的意见作为参考，由"大店选址审议会"对店铺开设计划进行审议。若这一环节顺利通过，即可获得开店许可。若出现问题，则由地方自治体向经营者下发"意见书"。经营者需对此做出积极回应，探讨解决措施后再次提交申请。

若无问题即可开店，若依然存在问题则需接受"行政劝告"，拒不履行时将对外公布经营者名称与内容。由此可见，大店选址法具有要求经营者听取当地居民的意见，防止大型店铺与居民之间产生摩擦的作用。

现在，大型店铺的实际发展情况正在发生极大的改变。随着石油价格的飞涨与城市规划法修订后的制约，郊区大型店铺的发展节奏出现逐年下降的趋势。另一方面，小型至中型零售店在市中心区域逐渐增加。

● 开店后仍需注意的事项

大规模零售店铺选址法要求店铺在开店或变更设施之前必须办理相关手续。不过，即使在开店或设施变更完成后，也必须十分注意对周边地区生活环境的影响。

当实际情况与报告预测的结果差距较大时，需采取后续应对措施，在繁忙时期，应在常规措施的基础上增加其他必要的应对措施。

另外，对现有店铺的面积或营业时间进行更改时，除了开店时提交报告之外，还需在每次变更时向上申报。

开店后必须考虑的事项具体如下。

（1）交通方面的考虑

· 确保停车场所需的车位数量

顾客与店铺的员工、业务车辆、运输车辆共同使用停车场时，需要斟酌高峰期的业务状态，增加必要的停车位数量。另外，在积雪较多的地区，需要在一定时期内将顾客专用停车场的部分区域用来堆放积雪时，应将其从停车位数量中除开，确保车位数量充足。

· 为了将出入库周边道路交通的影响降至最低，需要选择更高效的停车格局，确保停车场出入口的数量、位置、等候停车的空间等，采取分散停车场，整顿停车场出入口的交通等措施

○确保自行车的停车位

○确保摩托车的停车位

○完善货物处理设施

商品等进出装卸作业期间，需要注意运送车辆不可停放在公用道路上阻碍交通，确保运送车辆有足够的停放空间，并详细规划货物的运送时间，避免过于集中。

（2）确保行人的通行便利

即使在店铺营业时间结束之后，若设施周边的交通、通行需求仍然较高，夜间通行与过去相比有所不便时，需要考虑配置合适的夜间照明设备。

（3）废弃物减少与回收利用方面的考虑

从构建循环型社会的观点来看，零售业作为商品制造者与消费者之间的连接点，承担着极其重要的作用。为了提高当地居民的环保意识，也应该努力推进废弃物的减少与回收活动。

（4）在防灾·预防犯罪上予以协助

大规模零售店铺设置在一定范围的生活空间之内，属于占地面积较大的设施，若地方公共团体提出要与店铺签订协议，希望将停车场的部分区域作为灾害发生时的避难场所，或在紧急情况下提供店铺经营的物资时，店铺必须予以协助。另外，作为预防犯罪或青少年不良行为的助力，最好在停车场等地配置适当的照明设备，配备警卫员进行巡逻等。

（5）噪声的产生及其他周边区域生活环境的恶化等方面的考虑

·针对噪声产生的地点和噪声的种类，采取适当的措施防治或缓和噪声

·货物处理作业所致噪声的防治对策

货物处理导致的噪声问题在深夜·清晨等时间段尤为多发，通过确定货物处理作业的时间、彻底禁止怠速运转、导入低噪声型货物处理设备、提高作业人员的防噪意识等措施，努力解决噪声问题。

·停车场的噪声

对停车场的使用时间段进行限制，配备引导员·监视员等确保场内通行顺畅，实行巡逻等。为防止青少年猬集（多数人聚集在一处）产生噪声，有必要在深夜·清晨将停车场的出入口上锁，采取警卫员巡逻等适当的管理措施。

·废弃物的保管

对废弃物进行适当的管理，在防止散乱的同时，还需要防止出现恶臭或卫生方面的问题。

（2007 年 2 月 1 日　经济产业省告示 16 号

大规模零售店铺经营者应考虑的事项相关准则）

大店选址法的基本手续流程

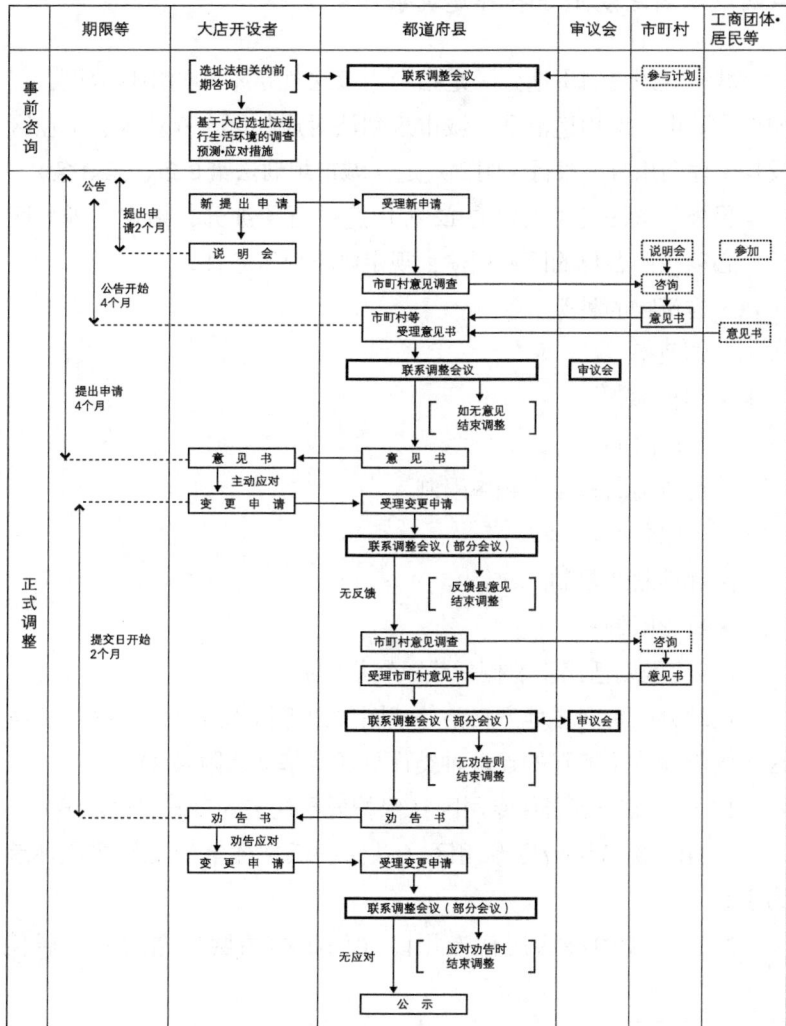

	期限等	大店开设者	都道府县	审议会	市町村	工商团体·居民等
事前咨询		选址法相关的前期咨询 → 基于大店选址法进行生活环境的调查预测·应对措施	联系调整会议 ←		参与计划	
正式调整	公告 提出申请2个月 公告开始4个月 提出申请4个月 主动应对 提交日开始2个月 劝告应对	新提出申请 → 说明会 意见书 ← 变更申请 → 无反馈 劝告书 ← 变更申请 →	受理新申请 市町村意见调查 市町村等受理意见书 联系调整会议 [如无意见结束调整] 意见书 受理变更申请 联系调整会议（部分会议） [反馈县意见结束调整] 市町村意见调查 受理市町村意见书 联系调整会议（部分会议） [无劝告则结束调整] 劝告书 受理变更申请 联系调整会议（部分会议） [应对劝告时结束调整] 公示	审议会 审议会	说明会 咨询 意见书 咨询 意见书	参加 意见书

城市规划法的用地分区

~城市规划法规定了各种建筑条件~

城市规划法的用地分区是指利用该法规定不同的用地分区，目的在于防止土地用途混乱。城市规划法对居住区、商业区、工业区及其土地利用方法进行了明确规定（**城市规划法第 8 条、第 9 条**）。

另外，该法还对土地的 12 种用途进行了细分，指定用地分区后，必须按照各自的区域用途，规定以下建筑条件。

- 建筑物的种类
- 建蔽率
- 容积率
- 高度限制
- 前方道路宽度容积率限制
- 道路斜线限制①
- 邻地斜线限制
- 日影限制②

（居住区则适用于北侧斜线限制规则）

用地分区可向各地方自治体或图书馆等机构进行确认（下述各区域内能建或不能建的建筑种类详见建筑基准法附表 2）。

1. 第一类低层居住专用区（保护低层住宅的良好居住环境）

2. 第二类低层居住专用区（以保护低层住宅的良好居住环境为主）

3. 第一类中高层居住专用区（保护中高层住宅的良好居住

---

① 斜线限制：城市规划区域内对建筑物高度进行限制的规定之一。建筑物屋顶与道路边界线的连接斜线必须在一定的坡度之下。

② 日影限制：在建造一定高度的建筑物时，为了保证使日影覆盖邻居的时间不超过一定时间而对建筑物的形状和高度所进行的限制。

环境)

4. 第二类中高层居住专用区（以保护中高层住宅的良好居住环境为主）

5. 第一类居住区（保护居住环境）

6. 第二类居住区（以保护居住环境为主）

7. 准居住区（增强与外交通道路沿线的地域特性相应的业务便利性，保护与此协调的居住环境）

8. 邻近商业区（以向邻近住宅区的居民提供日常用品的零售商业为主，增加其他业务）

9. 商业区（以商业及其他业务的增加为主）

10. 准工业区（以促进不会导致环境恶化的工业便利性为主）

11. 工业区（以促进工业便利性为主）

12. 工业专用区（促进工业便利性）

5 环境·节能相关法律

循环型社会形成推进基本法

~推进循环型社会构建的基本法律~

这部法律由废弃物·回收对策相关的 9 项独立的法律构成，以循环型社会的构建为目标，推进以下内容：

①尽量减少垃圾

②循环使用

③资源的回收再利用

④能量（热能等）的回收利用

⑤为避免污染环境，正确处理废弃物

构成循环型社会形成推进基本法的配套法律与生鲜超市联系紧密，具体包括废弃物处理法、容器包装回收法、食品回收法、绿色采购法、建设回收法、家电回收法、资源有效利用促进法、汽车回

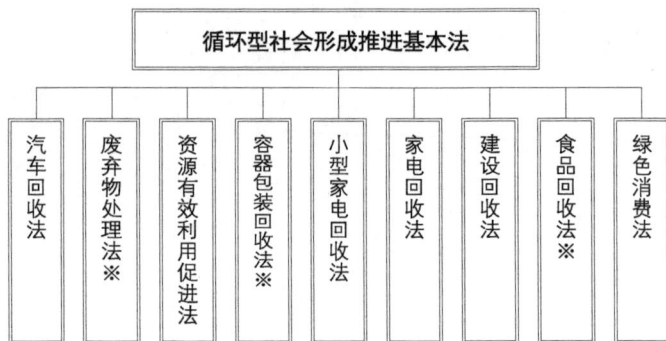

```
                  循环型社会形成推进基本法
    ┌──────┬──────┬──────┬──────┬──────┬──────┬──────┬──────┐
  汽车    废弃   资源    容器    小型   家电   建设   食品   绿色
  回收    物处   有效    包装    家电   回收   回收   回收   消费
  法      理法   利用    回收    回收   法     法     法     法
          ※      促进    法※    法                    ※
                 法
```

※详见其他章节

收法等。

废弃物的处理及清扫相关法律

~工业废弃物的处理要委托有资质的专业人士~

这部法律的目的是通过废弃物的正当处理、废弃物处理设施的维护管理、非法倾倒处罚的强化、废弃物处理过程中的循环利用等措施，营造清洁的生活环境，维持干净舒适的生活环境，改善公共卫生。

废弃物分为一般废弃物和工业废弃物。一般废弃物是指家庭产生的废弃物，由市町村负责处理。工业废弃物是指伴随工业活动产生的燃烧残留物、污泥、废油、废酸、废碱、废塑料类以及政令指定的其他废弃物。

工业活动产生的废弃物也分为工业类一般废弃物和工业废弃物两种。

在生鲜超市中，用来盛放器具·备品、鱼类等物品的塑料泡沫箱、用于捆扎的塑料包装带、荧光灯等属于工业废弃物，其他则属于工业类一般废弃物。

处理工业废弃物时，为了防止出现非法倾倒，必须委托给具备收集·搬运、处理工业废弃物资质的专业人士，排放时应发放工业废弃物管理票（处理单），有义务对废弃物是否处理得当进行确认。

另外，工业废弃物由县或市负责管理，工业类一般废弃物则由市町村负责管理。

容器包装回收法

~经营者、自治体、消费者各自的作用~

《容器包装回收法（关于促进容器包装的分类收集以及再商品

化的法律)》以经营活动中向普通消费者提供商品时所使用的容器包装为对象，包括盛放食品的食品托盘或塑料袋、保鲜膜等塑料制容器包装，纸制材料包装或手提袋等纸制容器包装，盛放饮料的聚乙烯塑料瓶、玻璃瓶等，其目标是强制性减少容器包装的排放量（Reduce）、促进容器包装的再利用（Reuse）和再商品化（Recycle）。

这部法律决定了消费者、自治体和经营者分别承担的角色，要求消费者遵守容器包装的相关规则进行分类排放，要求自治体对消费者排放的容器包装进行分类收集·分拣保管，要求经营者负责或委托容器包装的再商品化，并承担所需费用。

费用承担者主要为使用容器包装盛放食品或制造商品的经营者和制造容器包装的经营者。另外，经营者使用的容器包装上必须标注消费者容易辨认排放类别的识别标志。

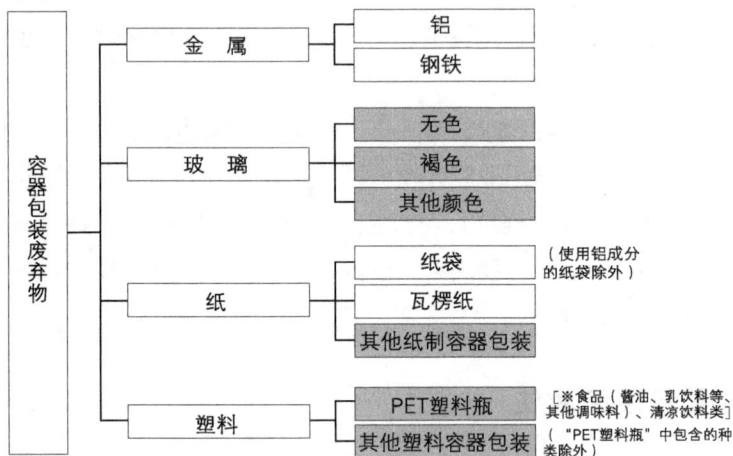

由特定经营者履行再商品化义务的容器包装

不由特定经营者履行再商品化义务的容器包装

容器包装废弃物
- 金属
  - 铝
  - 钢铁
- 玻璃
  - 无色
  - 褐色
  - 其他颜色
- 纸（使用铝成分的纸袋除外）
  - 纸袋
  - 瓦楞纸
  - 其他纸制容器包装
- 塑料
  - PET塑料瓶　[※食品（酱油、乳饮料等、其他调味料）、清凉饮料类]
  - 其他塑料容器包装　（"PET塑料瓶"中包含的种类除外）

※ "食品"中的"乳饮料"是指"饮用型发酵乳"、"乳酸菌饮料"以及"乳饮料"。"其他调味料"是指"酱油加工品""甜料酒风味调料""食醋""调味醋""色拉类调味料（不含食用油脂，容易清洗去味的产品）"。

通常情况下，经营者将根据本企业使用的容器包装的数量，每年与财团法人日本容器包装回收协会签订再商品化委托协议，并支付相应的费用。由此，可视为经营者已履行了义务。

对生鲜超市而言，若使用盛放生鲜食品的泡沫托盘、包装食品的保鲜膜、收银台结账时提供给顾客的塑料袋等塑料制容器包装、包装纸或手提袋等纸制容器包装，以及销售用聚乙烯塑料瓶或玻璃瓶盛放的自有品牌（PB）饮料等商品时，还需要承担聚乙烯塑料瓶或玻璃瓶的再商品化费用。

食品回收法

~以所有的食品相关从业者为对象~

食品回收法（关于促进食品循环资源再生利用等的法律） 是一部针对食品的销售、食用、制造过程中产生的食品废弃物，强制性要求抑制其产生、减量、促进其再生利用的法律。抑制产生是指"减少食品废弃物的数量"，再生利用是指"将食品废弃物作为肥料或饲料充分加以利用"，减量是指"通过对食品废弃物进行干燥、脱水、发酵等，减少废弃物的数量"。

这部法律要求所有的食品相关从业者履行食品再生利用等方面的义务，每年的再生利用实施率应在标准实施率以上。

再生利用实施率按照不同的行业种类设定目标，食品零售业的实施率目标为截至 2019 年达到 55%。这一目标并非个别的义务要求，而是行业整体应达成的目标。

标准实施率是指上一年度的再生利用实施率在 20% 以上且不满50% 时，需要提高 2%。若上一年度的实施率在 50% 以上，则需提高 1%，实施率在 80% 以上时，继续维持改进即可。

根据这部法律的规定，所有的食品相关从业者均需履行食品废弃物的抑制产生、减量和再商品化的义务，年排放量在 100t 以上的大量食品废弃物生产者有义务在每年 6 月之前，报告上一年度的食品废弃物产生量或再生利用等情况。

对生鲜超市来说，主要以蔬菜废弃物为中心，将配菜的煎炸油（废油）、鱼肉剔除后剩下的鱼头或鱼骨、肉片等作为肥料或饲料进行再生利用。

上一年度的标准实施率划分	增加比例
20%以上且不满 50%	2%
50%以上且不满 80%	1%
80%以上	维持改进

节能法

~与节电和预防停电也有直接关联的法律~

节能法（关于能源使用合理化的法律）是为应对 1970 年发生的石油危机而制定的法律，于 1979 年出台，目的在于"应对国内外围绕能源的经济社会环境，确保燃料资源的有效利用"和"综合性地推动工厂、作业场所、运输、建筑物及机械器具合理使用能源，为此采取必要的措施"。并且，为了推进全球气候变暖的应对措施，进一步促进能源使用的合理化，增进资源的有效利用，日本对节能法进行了修订。

如 347 页的图表所示，2008 年节能法修订（2010 年 4 月 1 日施行）之后，计算单位从各作业场所更改为经营者。若经营者（企业）整体所使用的能源在 1500kL 以上（一般来说，换算为零售店铺约为 30000m² 的总面积，生鲜超市为 4~5 家，便利店则为 30~40 家），将被指定为特定经营者，应提交能源使用情况报告，并选任能源管理统管者与能源管理企划推进者。

另外，特定经营者还需履行每年制订并上报定期报告以及中长期计划书的义务。

节能法要求所有的经营者都应积极推进节能措施，实现"单位能耗"平均每年降低1%以上。能源年使用量在1500kL以下的企业同样需要承担此义务。

这里的"单位能耗"是体现生产效率提升状况的一项指标，反映在使用相同能源时生产量的提高情况等，与能源的使用联系紧密。就生鲜超市而言，可通过销售额、顾客数量、卖场面积等计算一定单位下的能源使用量。

生鲜超市可结合店铺改造工程，将设备替换成节能性能较高的产品，随手关灯，营业结束后为冷冻·冷藏柜配置节能罩，大型商业设施采用自然能源（太阳能发电等），避免CO_2的产生。

- **今后的节能重点领域**

2013年5月31日公布的节能法部分修订条款中，以当前的能源消费状况为基础，作为今后的重点领域，新追加了电力需求均衡化的推进和领跑者制度向建筑材料的扩大等内容。

- **电力需求均衡化的推进（2014年4月1日施行）**

电力需求均衡化具体是指"缩小因季节或不同时间段导致的电力需求量变动"。主要修订内容如下。

①为了避免采取了电力需求均衡化措施的经营者在节能法上受到不利评价，重新审定"工厂等能源使用合理化相关的经营者判断基准"，导入了电力需求均衡化评价原单位①作为新的评价指标。

②设定电力需求均衡化时间段，全国一律设定为夏季（7~9月）·冬季（12~3月）的8~22时。

③为保证电力需求均衡化措施的切实有效，经营者应采取充分利用自用发电设备或蓄电池及蓄热系统等措施，遵守下列准则：

·在均衡化时间段内，将电力使用转换为燃料或热能的使用

·将依靠电力运作的机器设备使用时间从均衡化时间段调整为

---

① 电力需求均衡化评价原单位：在均衡化时间段内对电力使用量削减情况进行评价的指标。

其他时间

　　·确保均衡化时间段内能源使用的合理化

　　·贯彻电力使用量的测量管理

　　·灵活运用云端集中管理系统等能源管理支援服务

　　④定期报告样式的变更（从 2015 年度提交的报告开始），在已有内容的基础上，增加了电力需求均衡化时间段的电力使用量、电力需求均衡化评价原单位及其恶化原因、电力需求均衡化措施等项目报告栏。[出处：资源能源厅"节能法概要"]

● 领跑者制度向建筑材料等的扩大（2013 年 12 月 28 日施行）

　　领跑者制度以节约能源为目标，是推进家电等设备能源消耗高效化的极其有效的手段，具体是指从已经商品化的同类产品中选取性能最高的产品（领跑者），并设定更高的目标值作为该类产品的能效目标，其目的是进一步改善并推进机器设备的能源消耗能效。

　　现在，建筑材料等（绝热材料等）即使不主动消费能源，也能提高住宅·建筑物或其他机器设备的能源消耗效率的产品也被指定为领跑者制度的适用对象。

　　其目的是以此激发企业的技术革新，提高建筑物的隔热性能。（出处：经济产业省　资源能源厅　新闻通稿）

特定经营者·特定连锁化经营者的义务

能源年度使用量（换算为石油 kL）	1500kL/年以上。一般来说，零售店铺（约 30000m^2 的总面积），生鲜超市（4~5 家），便利店（30~40 家）
经营者的划分	特定经营者或特定连锁化经营者
应选任的人员	能源管理统管者·能源管理企划推进者
应遵守的事项	遵守判断基准（管理基准的设定、节能措施的实施等）
经营者的目标	以每年平均减少 1%的单位能耗作为中长期目标
行政检查	指导·建言、报告收集·现场检查、指导制订合理化计划 不遵从指示时，公布·命令等

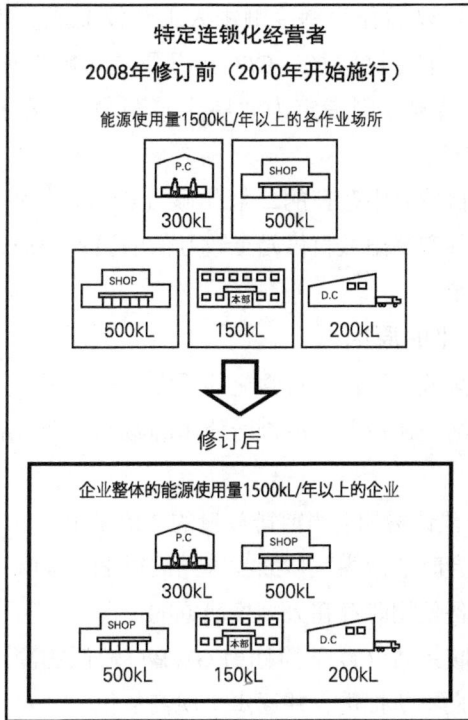

特定连锁化经营者

2008年修订前（2010年开始施行）

能源使用量1500kL/年以上的各作业场所

P.C 300kL
SHOP 500kL
SHOP 500kL
本部 150kL
D.C 200kL

修订后

企业整体的能源使用量1500kL/年以上的企业

P.C 300kL
SHOP 500kL
SHOP 500kL
本部 150kL
D.C 200kL

氟利昂排放抑制法（氟利昂回收·破坏法的部分修订）

~要求建立适当的管理机制~

该法律的正式名称为《关于氟利昂类制冷剂使用合理化及管理正当化的法律》（2015 年 4 月 1 日施行）。

这部法律要求减少排放对全球气候变暖产生重大影响的氟利昂类温室气体的同时，也是一部针对氟利昂类气体从制造到废弃的整个周期采取综合性应对措施的法律。

• 导致全球气候变暖的氟利昂类 "温室气体"（GHG）

氟利昂是碳元素与氟元素的化合物，这种物质原本并不存在于地球上，1930 年以后作为制冷剂由人工开发而成。其中，1987 年的蒙特利尔议定书将氯氟烃（CFC）以及氢氯氟碳化物（HCFC）等破坏臭氧层的制冷剂指定为"特定氟利昂"，要求将其汰换为"氟利昂替代物"。

然而，与自然界中存在的二氧化碳（CO_2）等温室气体相比，氟利昂替代物具有高出数百倍乃至数万倍的温室效应，这种特性又引发了新的问题。

● 法律强化的原因

对氟利昂排放抑制法进行强化的原因具体如下。

· 作为冷冻空调设备制冷剂所使用的氟利昂替代物的排放量急剧增加

· 2020 年预计增加至当前排放量的 2 倍以上

· 设备废弃时的冷媒气体回收率始终徘徊在 30% 左右

· 发现设备使用时存在大规模泄漏的情况

· 全球变暖系数（以下简称为 GWP）较低的冷媒气体或无氟产品的技术开发不断推进，并逐步实现商品化

· 对高 GWP 气体的全球性限制不断强化

· 欧洲 F-gas 规制、蒙特利尔议定书 · 美国提出逐步减少 HFC

注：GWP（Global Warming Potential）全球变暖系数、GHG（Greenhouse Gas）温室气体

● 相关人员在整个周期的各阶段应采取的措施

（1）氟利昂制造商

· 制造 · 进口氟利昂类制冷剂的低 GWP 化、氟利昂类的汰换

· 替代气体制造所需设备的完善、技术革新、氟利昂类的回收 · 破坏 · 再生机制

（2）机器设备制造商

· 使用氟利昂类制冷剂产品的低 GWP 化 · 无氟化推进

空调或冷冻冷藏展柜等所使用的制冷剂

	臭氧层破坏物质		不会破坏臭氧层但温室效应显著的气体	下一代制冷剂	
	1996年全面废除	2030年全面废除	氟利昂替代物		
ODP 臭氧层破坏系数 蒙特利尔议定书 ※CFC–11的值 1 0	氯氟烃 CFC · R12 · R502 1～0.5	氢氯氟碳化物 HCFC · R22 0.5～0.005	氢氟烃 HFC · R134a · R404A · R407C · R410A 0（不会破坏臭氧层）	碳氢氟组成的烯烃 HFO 0（不会破坏臭氧层）	二氧化碳 CO_2 0（不会破坏臭氧层）
GWP 全球变暖系数 京都议定书 10000 5000 ※CO_2的效果 1	CFC R12=8100 3800～8100	HCFC R22=1700 90～1800	HFC R134=1300 140～11700	HFO 6	CO_2 1

ODP　Ozone Depletion Potential　臭氧层破坏系数是指取CFC–11的臭氧层破坏系数为1时的相对比较值
GWP　Global Warming Potential　全球变暖系数为CO_2效应的相对比较指标

	CFC →转换→ HCFC →转换→ HFC			CO_2
臭氧层破坏效果（系数）	1～0.5　　　0.5～0.005		0（＝不会破坏臭氧层）	
蒙特利尔议定书 （臭氧层保护法）	生产·进口限制 ※1996年全面废除　※2030年全面废除		未涉及	
温室化效果（系数）	3800～8100 （R12=8100）	90～1800 （R22=1700）	140～11700 （R134=1300）	1
京都议定书	未涉及		抑制排放（与1990年相比△6%） ※1※2	

※1 相对于温室气体CO_2换算值总量的目标
※2 针对3类氟利昂替代气体（HFC、PFC、SFB），根据全球气候变暖目标达成计划
　　（2008年3月全面修订），以与1995年相比△6%为目标

（3）管理者（用户等）

· 正确设置机器，维持合适的运作环境

· 实行简易自查（每季度检查 1 次，不限检查人员）

· 实行定期检查（根据机器的电力消耗情况而有所不同，7.5kW 以上的冷冻冷藏设备每年检查 1 次以上）

机器设备持有者的义务

1. 废弃机器设备时，将氟利昂类制冷剂移交给氟利昂专业回收人员
2. 支付回收·运送·破坏所需的费用
3. 废弃机器设备时，交付回收委托书或委托确认函，并保存复印件（3 年）
4. 保存氟利昂专业回收人员交付的领取证明（3 年）
5. 协助特定拆解工程原承包商进行确认作业

定期检查需要有经验的人员（具备相关资格或一定实际经验，且完成了机器构造·运作方法·维护方法、制冷剂的特性·处理方法·相关法律法规等课程的人员）通过间接法或直接法对机器设备的外观等进行检查。

· 氟利昂类制冷剂疑似出现泄漏时，应迅速进行检查·修理，并保存、管理相关记录

· 发生一定的泄漏时，应向业务主管大臣报告

这部法律并未强制性要求更换机器设备或制冷剂，呼吁设备持有者（生鲜超市管理者）尽量防止氟利昂的泄漏，并进行适当的管理。

不过，根据国际法的规定，2020 年以后，将对氢氯氟碳化物（HCFC R22 等）全面予以废除，虽然法律并未要求终止 HCFC 设备的使用，但用于补充的制冷剂恐怕将很难获取。并且，也不得更换为厂家指定制冷剂以外的产品。

全球气候变暖对策推进法

~节能措施与排放抑制机制刻不容缓~

该法的正式名称为《关于推进全球气候变暖应对措施的法律》，针对全球气候变暖的问题，明确"温室气体对地球整体的环境产生了深刻的影响，如何将人为干涉对气候系统造成的影响控制在安全范围内，维持大气中温室气体浓度的温度，防止全球气候变暖已成为人类共同的课题"。

全球气候变暖是指伴随经济活动等产生的温室气体（二氧化碳等）排放后，导致大气中的温室气体浓度上升，从而导致地表、大气或海水的温度也随之升高的现象。气候变暖造成冰河或冰盖的面积缩小，带来异常高温（热气流），导致大雨·干旱等气候变化增加，给人们的生活环境造成极大的影响。

东日本大地震之后，日本着力于推进企业或家庭的节能省电等措施，能源节约机制正在逐渐形成，温室气体排放量较小的可再生能源除了核能发电之外，还可以通过太阳能、太阳热、风力、水力、地热、生物质能发电等进行供应，但目前所占的比例依然较低，火力发电占 9 成以上（2013 年度）。

另一方面，国际社会也在开展激烈的探讨。

2015 年 12 月，巴黎协定正式通过，日本宣布将在 2030 年减少 26%（与 2013 年相比）。为了达成这一目标，需要民生部门（家庭·企业）大幅度减少 4 成左右的排放量。

因此，对于配置了冷冻·冷藏展柜、冷热空调设备、照明等机器设备、能源消耗巨大的生鲜超市等零售店铺而言，彻底实行节能省电也将变得愈加重要。举例来说：

·通过构建能源管理体制（指定节能推进负责人），提高员工意识，明确活动目的

·通过能源使用量的可视化（上一年度、上个月的对比），培养员工的节能意识，开展全员参与的节能活动

·导入高效率照明设施（LED 照明等）

·确保不同销售场所的照明效果（例如在确保销售场所的照度的同时降低通道照度，通过对店内的照度进行强弱调节，突显重点商品，唤起消费者的购买欲望。展柜由货架照明和顶盖照明构成，由于饮料、乳制品或豆腐等商品在照度略低的情况下外观也不会受影响，因此在部分情况下利用顶盖照明即可。关闭多余的电灯还可以避免照明产生的热量，有利于商品的管理）

·根据季节调整空调的运行，改变自动门全开放的营业方式，减少外部空气的进入，通过整顿改良店铺的出入口，减少不必要的开关门次数，调整开关门动作减轻空调设备或冷冻·冷藏设备的负担

（以上内容摘自东京都全球气候变暖预防活动推进中心的《生鲜超市的节能对策修订版》）

对空调·照明等设备频繁进行调整，根据不同时间段和场所对照明开关和照度强弱进行调整，对员工实行节能可视化，通过多方面的努力，可以有效减少电力消耗和相关费用，抑制温室气体的排放。

此外，在温室气体排放的抑制上，重新审视作为冷冻·冷藏设备或空调的制冷剂而广泛使用的氟利昂替代气体同样至关重要。

氟利昂替代气体所产生的温室效应是二氧化碳的数百倍甚至一万倍以上，抑制其排放十分重要。相信在不久的将来，冷媒气体会从氟利昂替代气体逐渐向温室效应较低的天然冷媒气体转变。

6 电力供应相关法律

电气事业法修正案

~电力供应走向自由化~

● 地震后，电力使用限制令启动

2011 年东日本大地震发生后，作为特殊时期的紧急措施，日本实行了计划性停电。同年 5 月出台的《夏季电力供需对策》制定了电力需求抑制目标，即大需求量用户（契约电力① 500kW 以上）·小需求量用户（契约电力不满 500kW）·普通家庭等各部门的用电量均必须比去年同期减少 15%。

针对大需求量用户，基于电气事业法第 27 条的规定，要求该类用户在 2011 年 7 月 1 日到 9 月 9 日之间的除双休日和公休之外的 50 天之内，实行限电措施，并提交实际用电报告。在限制用电的时间范围内，实际用电超出 1 小时及以上的用户占整体的 4.4%。

电力的储存十分困难，瞬间的供需失衡就可能导致电力系统整体出现故障，因此必须构建稳定的电力系统。

这部法律的目的在于，通过电力行业的适当合理运营，保护电力使用者的利益，在促进电力行业的健康发展的同时，通过对电力设备的施工、维护以及使用进行管控，确保公共安全，保护环境。

电力行业包括发电（电力的生产）、输电（电力的输送）和电

---

① 契约电力为在包括当月在内的过去 1 年间，各个月的最大电力需求中的最大值。

力的销售，在大多数国家属于国营。日本与美国一样，由公益性民间企业运营。

电气事业法第 2 章（电气事业）第 2 节（业务）第 1 款（供给）的第 27 条（电力的使用限制等）规定，"经济产业大臣认为必须进行电力供需调整，否则将导致电力供应不足，给国民经济和国民生活造成不利影响，损害公共利益的情况下，可在克服严峻形势所需的限度之内，通过政令规定电力使用量的限度、最大用电量的限度、用途或停止使用的时间等，限制用电，或设定接受电力的容量上限，并进行限制"，电力使用限制令在地震后正式启动。

• 电气事业法部分修订的目标与内容

基于上述情况，为了确保今后电力供应的稳定性，推进电力系统的改革，日本于 2013 年 11 月对电气事业法进行了部分修订。

该法修订的目的具体如下。

· 确保电力供应稳定

· 控制电费的上限

· 扩大用户的选择面和经营者的从业机会

电力系统改革的目标和方针具体如下。

（1）广域系统应用的扩大

为防止出现供需紧张，或作为发电电量因气象条件而变化的可变电源，扩大导入可再生能源，强化全国范围内的供需平衡调整功能。

（2）电力零售及发电的全面自由化（2016 年 4 月）

含家庭部门在内，所有的用户将能够自由选择电力供应商。在这种情况下，为了方便用户能够恰当地选择电力公司、价格菜单、电源类别菜单等，国家和经营者应提供准确的信息，积极宣传，采取导入智能电表等环境整顿措施，促进自由竞争。

（3）通过合法分离的方式进一步确保电力配送部门的中立性

过去，"发电业务""输电业务""配电业务"均由电力公司全盘负责。该法修订后，"发电业务"与"电力配送业务"得以分离，任何人都可以公平地使用输电网。由此推进新一轮发电企业的加入，具有降低电费的优点。此外，完全利用可再生能源的（太阳能、风力、地热等）企业的加入也值得期待。

改革的推进可使用户的选择面进一步扩大，为新经营者带来更多的从业机会。

继上述第 1 次修订法案，日本又于 2014 年 6 月出台了《电气事业法等部分修订法案》（第 2 次），作为零售加入全面自由化、确保电力供应稳定的措施。由此，从 2016 年 4 月开始，所有的用户都能自由选择电力公司。

随后在 2016 年 6 月，电气事业法再次修订（第 3 次），以推进"破除市场壁垒的供应结构改革等"为目标，对包括合法分离等在内的相关内容进行了修订。与此同时，还对燃气事业法进行了修订，预计从 2017 年 4 月开始实行零售全面自由化。

对于电力消耗巨大的生鲜超市行业而言，电费的上涨会压低利润，关系到超市经营的生死存亡。今后要求经营者具备一双识别电力供应商的"慧眼"。

[出处：2013 年 5 月资源能源厅 电力系统的改革及其效果/2013 年 10 月 经济产业省 电气事业法部分修订法案的概要/2014 年 6 月 经济产业省 关于电气事业法的部分修订法案/2015 年 6 月 经济产业省 关于电气事业法的部分修订法案]

第 6 章

贸易与会计相关法律

2015 年以来的法律修订动向

违法事件频发·企业管理①进一步强化

2015 年以后,"贸易和会计"相关法律的动向主要体现在,《公司法》的修订与"个人编号(My Number)制度"(行政手续中利用编号来识别特定个人的相关法律)的应用方面。

● 通过修订公司法强化企业管理

《公司法》自 2006 年 5 月设立并开始施行,其前身是有着 100 多年历史的《商法》。《公司法》对《商法》进行了大刀阔斧的修订,如下一节的图表所示,其特征和动向主要表现在"企业管理""资金筹措""组织重建"方面的多样化或相关规制的放宽。

为进一步强化"企业管理",历经 10 年的《公司法》再一次被修订,并于 2015 年 5 月开始施行。

在经济全球化的大浪潮下,董事违法、决算粉饰造假等股份公司相关案例层出不穷,企业管理亟待强化。

强化管理的关键主要体现在两个方面,一是灵活运用"外部董事"功能(设立监察委员会等机构、完善相关制度、对外部董事的条件进行严格化、要求外部董事设置不当时说明原因),二是加强会计监查法人的独立性。

另外,母子公司相关法律也进行了修订,例如新设多重代表诉讼制度、完善组织重建的停止请求权制度、新设因欺诈性企业的拆

---

① Corporate Governance

358

分而受害的债权人保护规定等。

就生鲜超市的店长而言，虽然与其每天的日常工作没有直接关联，若自家企业或竞争对手成功上市，即可在网上随时查看其《企业管理报告》。并且，结合《有价证券报告》等其他公示资料，还可以了解自家企业或竞争对手的经营结构。

- **"个人编号制度"开始实行**

另外，关于个人编号制度，日本从 2015 年 10 月起，向所有持有居住卡的居民下发了个人编号制度通告，并从 2016 年 1 月开始全面实施。自此，在办理社保、税制、灾害对策等相关行政手续时，均需提供个人编号。此外，还将计划启用个人门牌制度（指通过自家电脑即可获取信息的个人网站，预计从 2017 年 1 月开始）。

施行个人编号制度的背景主要包括以下几个方面：①提高行政效率（提高行政机关或地方公共团体办理行政手续的效率等）；②提高国民生活的便利性（简化行政手续，减轻国民负担，接收行政机构下发的服务通知等）；③实现社会的公平公正（避免不合理的负担或非法给付等）。

具体可参考本章第 5 节的内容，企业在处理员工的个人编号时，需注意个人编号的使用仅限于社保、税制、灾害对策方面，应通过适当的管理手段防止信息泄露。

关于个人编号制度，今后预计在地方自治体层面实行信息共享，向金融机构、医疗等民间领域的拓展也在积极探讨中。

1 "经营"与"公平贸易"相关法律

决定经营基本规则的"公司法"

~以何种结构经营~

公司究竟是如何基于法律进行经营的呢？

● 股份公司的本质

大规模商业具有很明显的特征，即采用"股份公司"这一组织形式（法律形式）。

股份公司是以"汇集资金开展商业活动"为目的而由法律设置的特殊组织结构，现已横扫全世界，成为开展大型商业活动的企业事实标准（De Facto Standard）。大规模的商业活动涉及法律类型较多，"公司法"正是其中的基本法。

● 公司法的框架

公司法中关于股份公司的条文规定其实很简单。"汇集资金开展商业活动所需的基本事项"是公司法规定的要点。

换言之，商业活动所需的"资金筹措结构"以及基于此的"运营方法、业务相关准则"的2项内容是构成公司法的主要框架。

● 股东大会与董事

接下来对框架进行补充。

公司法明确规定，提供商业活动所需资金则被称为"股东"，"股东大会"是各个股东的集合，通过股东大会选择"董事"并向其委任公司的运营·业务。

事实上，公司法还进一步规定，从董事中选择"代表董事"，由代表董事执行公司的各项业务（经营）。

被委以业务的董事同时需承担相应的义务和责任。

董事虽然持有开展业务方面的权限，但与此同时，也有义务为公司忠实地履职尽责，否则需要承担赔偿损失等相应的责任。

● 需要股东大会的认可

董事必须在每年的股东大会上，以决算书等形式总结汇报1年来的业务开展情况。由此，方可解除董事的责任。

● 日常业务与董事、股东

公司的实际运营根据相当于公司内部宪法的章程及其具体化的业务规程或细则·指南等内部规则而进行。

例如，基于就业规则等与员工签订合约，使其担任日常职务，灵活管理促进目标的实现等，董事通过这种方式履行对股东的义务和责任。

公司法需要关注的三个领域

	战后的商法修订	公司法设立前夕	公司法的方向
管理 Goverance	规制强化	多样化	多样化
资金筹措 Finance	规制缓和	规制缓和	规制缓和
组织重建 Reorganization	未完善	已完善	规制缓和

出处：根据神田秀树《公司法入门》所制

近来备受关注的企业管理 （Corporate · Goverance）

~由"合法管理体系"转变为"提升企业价值的管理体系"~

● 企业管理是什么？

"Corporate · Goverance"通常直译为"企业管理"，但其含义已经发生了很大的变化。

20世纪90年代，大规模企业的丑闻层出不穷，"企业管理"因此用于指代"合法的经营管理体系"。

之后，日本经济陷入低迷，认为日本企业收益低的原因在于经营管理体系很脆弱的呼声渐高，"企业管理"开始用于表示"通过高效经营提升企业的收益能力和市场价值的管理体系"。

在此背景下，东京证券交易所将"企业管理"定义为"企业以股东为首，从顾客·员工·地域社会等立场出发，进行透明·公正、迅速·果断的决策管理体系"。

另外，为了更明确地显示企业管理状况，在东京证券交易所上市的公司从2015年6月开始公开"企业管理报告"。

报告的内容包括：①企业管理的基本信息，②企业管理体制的情况，③利益相关者有关政策的实施情况，④内部管控系统相关事项，⑤其他内容。

了解本公司"透明·公正、迅速·果断的决策体系"的概要和想法十分重要。

注意"反垄断法"

~原则上禁止退还未出售的商品~

反垄断法规定了商业活动的从业者应该遵守的规则，对妨碍公正自由竞争的商业行为予以限制。

具体来说，公正交易委员会通过"反垄断法"及其补充条款"分包法"这 2 部法律来维持市场的竞争秩序。

● 指定不公平的交易方式

大企业在减价促销后对未出售商品进行退货等行为受反垄断法的限制，这一点需要注意。

公正交易委员会基于反垄断法的规定，为了限制大规模零售商滥用其优势的行为，通过大规模零售业告示（公正交易委员会告示第 11 号）明确了不公正交易方式。

这里的大规模零售业指的是上一年度零售额在 100 亿日元以上的零售商。

大规模零售商禁止采用的不公正交易方式包括以下 10 项。

①不正当退货（第 1 项）

例如，将促销活动结束后卖剩的商品进行退货的行为即属于"不正当退货"。

不过，若有归责于供应商的事由，或经由供应商同意，由大规模零售商承担损失的情况除外。

②不正当减价（第 2 项）

例如，购入商品后为了调整月末或季末的库存而进行的减价行为即属于"不正当减价"。

不过，有归责于供应商的事由等情况除外。

③压价购买特卖商品（第 4 项）

例如，针对用于促销的商品，单方面要求供货商以低于其进货价格进行供货的情况即属于"压价购买特卖商品"。

④拒绝受领特殊订购商品（第 5 项）

指在指定自有品牌（PB）商品等特殊规格并下单之后，拒绝接收该商品的行为。

例如，PB 商品下单后，因为预测需求会发生变化而拒绝接收该商品的行为即属于"拒绝受领特殊订购商品"。

不过，有归责于供应商的事由等情况除外。

⑤强买强卖等（第 6 项）

指除正当理由外，无视供应商的意愿，强行让其购买自己指定的商品，或者让其利用职务之便等行为。

采购负责人要求供应商购买中元节商品、岁末商品的行为即属于"强买强卖"。

⑥供应商员工等的不当使用（第 7 项）

指为了开展自身的业务，让供应商派遣员工，或者让供应商承担本公司雇佣职员的人事费用。

例如，拒不承担盘货业务所需的费用，让供应商派遣员工的行为，或让供应商承担本公司新店开张所需人事费用的行为即属于"供应商员工等的不当使用"。

不过，在事先取得供应商的同意，让员工从事所供商品的销售业务，或提前与供应商协商好派遣条件，并承担派遣必须的费用等情况除外。

⑦其他

此外还指定了"不正当委托销售交易"（第 3 项）、"收受不正当经济利益"（第 8 项）、"拒绝要求时的不利对待"（第 9 项）、"针对向公正交易委员报告时的不利对待"（第 10 项）等行为。

- **不正当低价销售**

"不正当低价销售"行为也是反垄断法严令禁止的不公平交易方式之一。

不正当低价销售是指以远低于原价等的不合理低价持续销售商品，从而使其他经营者的商业活动受到阻碍的行为。

不过，作为公平竞争手段的贱卖、瑕疵品·季节商品的处理等有正当理由时不构成违法。

- **分包法**

《分包法》（防止推迟支付分包资金等的法律）是指为实现母公

司和分包公司之间的合法交易，保护分包公司的利益，对"母公司必须遵守的4项义务"和"母公司不得从事的11项禁止行为"（拒绝受领、推迟支付分包资金、不正当退货、压价等）做出明确规定的法律。

● 违反

在疑似违反反垄断法的情况下，公正交易委员会将对企业实行现场检查或听取有关情况，或进一步开展调查。

根据调查的结果，一旦确认存在违法行为，将责令违法行为人采取排除措施。

此外，对于恶性违法行为，将采取罚款或刑事处罚等严厉措施。

禁止不公正交易方式的10项内容
①不正当退货
促销结束后退还卖剩的商品
②不正当减价
商品购入后为调整库存而减价
③不正当委托销售交易
参照正常的商业习惯，在明显不利的条件下进行委托销售交易
④压价购买特卖商品
要求以低于原价的价格供应特卖商品
⑤拒绝受领特殊订购商品
PB商品下单后，以需求预测发生变化为由拒绝受领
⑥强买强卖等
采购负责人要求供应商购买中元节商品、岁末商品
⑦供应商员工等的不当使用
不承担盘货业务所需的费用，让供应商派遣员工
⑧收受不正当经济利益
根据自身的决算措施要求提供赞助金
⑨拒绝要求时的不利对待
以供应商拒绝接受上述要求为由，采取延迟支付、停止交易等不利对待
⑩针对向公正交易委员报告时的不利对待
以供应商向公正交易委员报告上述事实为由采取不利对待

2 其他销售相关法律

特定商业交易法与赠品标识法

~通信销售与网络销售的注意事项~

● 通信销售的定义

通信销售是指利用邮寄或印刷媒体等方式接受消费者的订单，继而进行商品销售的方式。

通信销售是一种不需要事先获得许可或报备，任何人都可以采用的销售方式。不过，从业者必须遵守以《特定商业交易法》（关于特定商业交易的法律）为中心的各类商业相关的法律规定，如《赠品标识法》等。

①向《特定商业交易法》转变

早期制定的访问销售法（关于访问销售等的法律）曾是通讯销售的法律标杆，但随着投诉案例的急剧增加，最终转变为现在的《特定商业交易法》。特定商业交易法将销售者与消费者之间容易产生纠纷的交易定义为"特定商业交易"，规定了销售者应提供的各类信息，设定了监管机构的调查权限·行政处分（业务停止命令等）·刑事处罚等相关法规。

②赠品标识法

《赠品标识法》的正式名称是《反不当赠品和不当标识法》，其目的是保护消费者的权益。

在销售商品或服务时，若商品标识明显优于实际情况，或出现不合理的赠品搭配销售，则可能会侵害消费者的权益。赠品标识法对商品或服务的品质·内容·价格等不实标识进行了严格的限制，为防止提供价值过高的赠品类，还对赠品类的最高金额进行了限制。通过这种方式，维持良好的销售环境，确保消费者能够自主合理地选择良好的商品或服务。

③各类行业相关法律

不同的商品由不同的法律进行规制。如食品有食品卫生法，医药品则受药事法的规制等。

● **网络销售的定义**

网络销售属于通讯销售的一种，是《特定商业交易法》的规制对象，也受《赠品标识法》及其他各类相关法律的规制。

①一般医药品的网络销售

根据 2014 年施行的药事法和药剂师法修订案的规定，在适当的规则下，可以进行一般医药品的网络销售（药事法现已修订为《关于确保医药品、医疗器械之品质、有效性及安全性等问题的法律》）。

②网页标识

特定商业交易法要求进行网络销售时，必须在网页上标注如下内容。

· 商品的价格（不含运费时需注明运费）

· 支付时间及方式

· 商品的交货时间

· 商品交货后的退货约定与条件

· 代表人姓名或通信销售业务责任人的姓名

· 申请有效期限（期限存在时）

· 商品的运费或其他附加费用（货到付款手续费、组装费等）

· 其他

● **电子消费者契约法**

《电子消费者契约法》于 2001 年 12 月 25 日开始施行，对电子交易过程中消费者操作失误的补救或契约成立时的转换等内容进行了规定。

①操作失误无效

关于 B2C（经营者与消费者的交易）电子契约的申请，若经营者没有采取相应的措施，使消费者在提出申请之前对申请内容进行确认，那么因消费者的操作失误而产生的申请将视为无效。

②必须发出受理通知

消费者收到经营者发出的申请受理通知时即视为契约成立。进行订货·申请时，若已受理申请但申请人没有收到申请受理通知，法律上则视为契约不成立。

使用电子邮件、传真、电话留言的电子契约也属于适用对象，电话交谈等口头承诺则不在此范围之内。

药事法及药剂师法的修订

1. 医药品销售限制的重新审议

（1）一般医药品：在适当的规则下，均可进行网络销售

○ 第1类医药品一如既往地由药剂师进行销售
　·药剂师确认年龄、其他医药品的使用状况等
　·除了能正确使用的情况之外，由药剂师提供信息
○ 其他销售方式相关的遵守事项以法律为依据设定

（2）新药·烈性药（需指导用药）：当面销售

○ 新药※·烈性药与其他一般医药品的性质不同，属于需指导用药的医药品，由药剂师当面提供信息·进行指导
　※从处方类药物转变为一般医药品的时间较短，尚不确定使用风险的药品
○ 新药原则上在3年内转为一般医药品，可进行网络销售

（3）医疗药物（处方药）：继续当面销售

○ 医疗药物对人体的作用较大，可能产生严重的副作用，继续由药剂师当面提供信息·指导

2. 禁止持有·使用指定药物

○ 关于指定药物※，除了用于学术研究之外，禁止持有或使用指定药物，否则将予以处罚
　※含精神毒性（幻觉、中枢神经系统兴奋·抑制）的可能性较高，人体使用后可能危害健康的物质

摘自厚生劳动省　医药食品局《关于一般医药品的网络销售》（2014年7月）

预约销售·商品券相关法律

~正确理解预约销售业务~

● 预约销售的定义

圣诞蛋糕与新年料理为代表的预约销售是支撑销售活动的重要一环。不过，由于预约销售与在店铺内用现金结算的一般销售形式不同，需要正确理解其业务内容。

预约销售是指，以商品或服务为对象，事先收取全部钱款或部分预约金，之后再按约定提供商品或服务的销售方式。

未收取预约金而接受预约的情况在广义上也属于预约销售。

对于预约销售而言，在接受预约或收取预约金时进行销售额的处理是不准确的。

在预约商品或服务实际交付完成时，需计算销售额。即以交货时间为基准计算销售额。

● 商品券等的定义

过去，关于商品券、礼品券、预付卡等各类商品券，由《预付式证票规制法》（正式名称为《关于预付式证票规制等的法律》，俗称《预付卡法》）对发行者的注册·使用时期、余额确认方法等的标注·未使用余额1/2以上的发行保证金·与金融机构签订的保全协议等内容进行规定。

然而，随着电子货币的普遍使用，制订电子货币相关法规成为客观需要，2010年4月1日，日本新出台了《资金结算法》（关于资金结算的法律）。

这部法律对预付式证票规制法进行了扩充，将所有的电子货币作为适用对象。另外，随着资金结算法的施行，预付式证票规制法被正式废止。

与过去不同的是，除了部分情况外，商品券原则上不允许换现或找零。

投诉处理·失物相关法律

~过分投诉可采取法律手段~

● 投诉的定义

在商品销售过程中，顾客认为遭受损失或感到不满时提出的意见或期望通常称为投诉。

①顾客赠予的宝物

店铺在日常业务中容易忽视的商品销售·服务等方面存在的缺陷或不足等问题，有可能是导致顾客离去的原因。

将顾客的投诉看作是"宝物"，在企业内部设置投诉处理负责人，采纳顾客的意见，并迅速采取相应的措施，积极导入此类投诉处理机制的案例已经屡见不鲜。

②投诉处理

然而，在面对"过分投诉或反复提出不符合社会常理的过分要求"的"难缠顾客"时，又该如何处理呢？

对于这些难缠的顾客，初期的回应处理尤为关键，一旦出错可能导致问题进一步恶化，需要与投诉处理负责人或处理部门紧密联合，进行适当的处理。

③过分投诉的处理

若经营者从顾客的立场出发，诚恳地听取顾客的意见或需求，采取积极的态度尝试解决问题，顾客依然反复提出不符合社会常理的过分要求，可通过法律手段处理，如威力业务妨害罪（刑法233条等）、恐吓罪（刑法222条）、勒索罪（刑法223条）、名誉损毁罪（刑法230条）、侮辱罪（刑法231条）、恐吓罪（刑法249条等）、不退去罪（刑法130条）等。

④反社会势力的处理

针对暴力团伙等反社会势力，国家制订并执行"防止企业受反社会势力侵害的准则"（法务省），根据暴对法（暴力对策法）及暴力团伙排除条例等予以取缔。

● 遗失物法的定义

遗失物法规定了丢失物品或遗忘物品的处理方法，该法从 2007 年 12 月 10 日起发生了较大变化。

①原则

店铺等收到认领通知后应迅速将拾得的物品归还给失主，或移交警察署长。

在归还或移交之前，应公布拾得物相关事项，并准备记录了拾得物相关事项的文件以供阅览。

·受领书的交付

遗失物法修订后，在上述条款的基础上，增加了失主受领失物后需按照拾取者的要求交付受领书等内容。

②拾得物的保管

另外，生鲜超市或商店等不特定多数人使用的设施处理失物的机会较多，因此将拾得物移交给警察署会带来很大的负担。

不过，2007 年法律修订后，公安委员会制定的设施占有者（特例设施占有者）在 2 周内向警察报备拾得物品相关事项时，可自行保管拾得的物品。

③雨伞等物品的出售

拾得物过去需要保管 6 个月，该法修订后，上述"特例设施占有者"在 2 周以内未找到失主时，可对雨伞或衣物等数量较大且廉价的物品进行出售处理。

3 商品相关法律

采购·盘货相关法规

~盘货相关文件有义务保存 7 年~

为了实现企业·公司的目标，负责采购业务的部门需要在规定的职务权限内，在应有的商品结构范围内，履行商品采购的职责。

另外，除了日常的库存收支业务之外，还要负责进行精确的盘货，掌握商品库存情况。

● 采购业务

进货·采购业务需谨记采购方针或采购计划，紧盯商品的销售情况，适时供应低价格·高品质·高效率的商品，这一点尤为重要。

商品与单据的流动相互联动，避免出现不当行为或错误的同时，高效推进采购业务尤为重要。

从事进货·采购业务时，店铺必须遵守的各类规则和相关法律具体如下。

①企业内部规则

必须在遵守采购管理规程或购买管理规程等关于采购的企业内部规则的前提下开展业务。

重点包括采购计划·交易对象的选定·交易条件·订购业务·检查验收业务·接收业务·摆货业务·陈列业务·畅销商品管理·滞销商品管理·票据或凭证管理等。

②企业外部规则或法律

反垄断法禁止不正当退货或不正当减价等行为，若违反规定可能会被处以罚金。具体参照本章第1节的《反垄断法》。

● **库存业务**

商品等存货资产也被称为库存。库存相关业务中，就"盘货"相关业务，店铺必须遵守的各类规则和法律具体如下。

①实地盘货

实地盘货是指对作为企业重要资产的存货资产进行盘点，确认其实际数量和金额，结合滞销库存等相关信息，对存货资产管理的好坏进行判断的业务。

另外，若不进行实地盘货，便无法掌握实际损失，也难以确定销售成本。因此，实地盘货还能提供经营相关的重要信息。

②企业内部规则

为了使相关人员深刻认识到盘货的意义和必要性，准确快速地开展盘货业务，盘货规程、盘货实施要领或盘货计划书等企业内部规则必不可少。

实际进行盘货时，需要按照企业内部规则正确高效地办理一系列的盘货手续，包括事前准备手续、盘货计数和合计等手续、盘货后的调查或差异原因确认手续、盘货结果确认手续等。

另外，通过实行商品实物的现场盘货，进行实际目视确认，从而获取订购·交货·支付·库存管理·销售等相关信息同样十分重要。

③企业外部规则或法律

在店铺进行实地盘货时实际到场是一项重要的审计手续。监事、内部审计师或外部审计师（注册会计师等）实际处于盘货现场时，作为履行库存管理责任的一环，应按要求进行库存管理相关说明或提供相关资料。

法人税法也十分重视实地盘货，要求记录实地盘货实际情况的相关文件必须保存7年。

4 会计·税金相关法律

会计相关法律

～记录交易并保留书面凭证～

●会计相关法规

股份公司在开展大规模业务时，一般会受到各种法律方面的优待，因此也被赋予了相应的义务，包括制作、提交决算报告等。

①违反规定将被处罚

股份公司必须适时地制作准确的"会计账簿"（公司法第 432 条）。此外，每年还必须制作决算报告（财务报表）（公司法第 435 条）。同时，决算报告必须经过股东或（交易对象等）债权人的审阅（公司法第 442 条）。

违反上述规定将被处于 100 万日元以下的罚款（公司法第 976 条）。

此外，适时地制作会计账簿，按规定最长不能超过一个月。各公司目前均按照月度结算等方式执行。

②实际业务

在店铺等场所，伴随金钱授受的销售交易活动可谓司空见惯。此类交易均需作为会计信息记录在会计账簿上。

因此，店面或后台等所有店铺相关的交易，均需按照公司内部既定的业务处理规则准确地推进。与此同时，还必须备齐包括收银记录在内的所有交易记录（≈书面证据）。

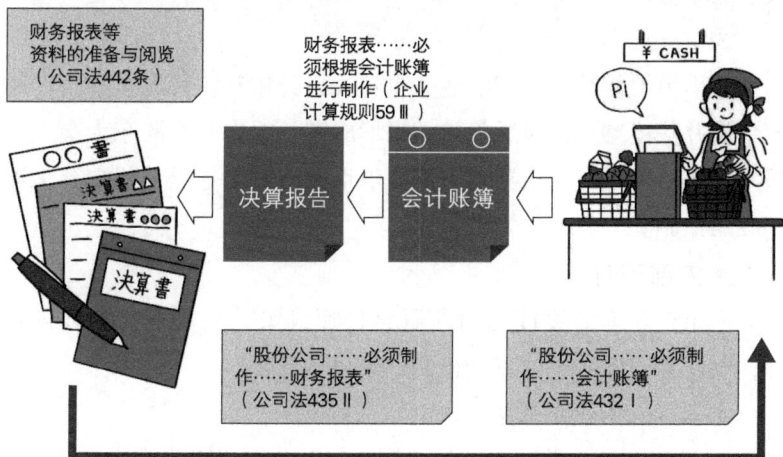

会计按照一般认为公正合理的企业会计惯例执行（会计法431）

财务报表等
资料的准备与阅览
（公司法442条）

财务报表……必
须根据会计账簿
进行制作（企业
计算规则59Ⅲ）

决算报告 ← 会计账簿

"股份公司……必须制
作……财务报表"
（公司法435Ⅱ）

"股份公司……必须制
作……会计账簿"
（公司法432Ⅰ）

审计相关法规

~店铺必须应对的3种审计~

店铺必须接受的监查通常分为3种，分别是监事审计、内部审计师负责的内部审计以及注册会计师等实行的外部审计。

● 监事审计

公司法规定，监事与股东大会·董事（董事会）并列，是股份公司架构的重要组成部分之一。

①董事的监查

公司法规定监事的职责是对董事的职务执行情况进行监查。监事拥有随时要求员工提供经营情况报告，或开展业务、财产等情况调查的权限（业务审计·会计审计）。

②监事的义务

根据监事的审计结果，若企业经营存在不正当行为、存在违反法令条款的事实或明显的违规行为时，监事应履行对其加以阻止并改正的职责。

③审计报告

监事承担着开展常规的业务审计或会计审计，列席董事会等重要会议并陈述意见，最后将其结果形成审计报告并在股东大会上汇报等义务。因此，若店铺配置了监事审计，需要基于上述内容采取相应的措施。

- **内部审计**

上市企业等需要接受由注册会计师或审计公司进行的外部审计，以此为前提的内部审计机制近来也备受瞩目。

①美国的企业改革法

21 世纪初期，美国以安然公司巨额财务造假等丑闻的频发为契机，于 2002 对企业改革法（SOX 法）进行了完善。据说这是自 1934 年证券交易所法制定以来的最大改革。

②日本版 SOX 法

日本也因会计丑闻的频发于 2008 年 4 月开始施行日本版 SOX 法，强制性要求企业提交内部控制报告。

③内部控制报告

内部控制报告由经营者制作，目的在于对是否存在违反法令或企业内部各项规定开展业务的情况进行评估。实际上则由内部审计部门根据审计情况进行判断。

④店铺的应对措施

因此，若店铺配置了内部审计部门开展了内部审计，需积极表示本店不存在违反法律或企业内部业务规程的现象。

- **注册会计师审计**

根据金融商品交易法（旧证券交易法）的规定，上市企业必须接受注册会计师或审计公司的审计。

另外，根据公司法的规定，超出一定规模的大企业（资本金 5

亿日元以上或负债 200 亿日元以上）同样需要接受外部审计。

①关于是否正当的意见

注册会计师开展审计的目的是就企业制作的决算报告是否正当表明意见。

②店铺的应对措施

作为审计手续的一环，店铺也有可能成为审计对象。在这种情况下，店铺要与总部紧密联合，采取必要的应对措施。

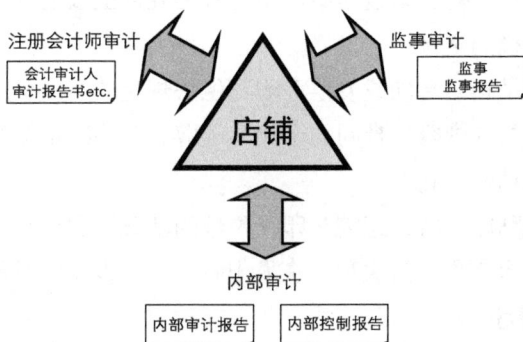

税金相关法律

~还需应对税务调查等~

● 法人税

法人税法规定，株式会社等法人必须履行纳税义务。法人以获得的利益为基础计算所得金额，并根据该所得金额缴纳相应的法人税。

①保存义务期限

法人税法要求法人备齐账簿文件等用于记录交易情况，且有义务保存 7 年。

若未对必要账簿文件进行保存，在课税方面可能会造成不利影响。税务调查将账簿文件作为交易的依据，若无法提供，将被视为不良纳税对象，甚至被处以罚金。

②账簿文件

法人税法规定的"账簿"是指总账·现金出纳账等。另外，"文件"是指库存表·采购订单·合同·账单·发票等。记录实地盘货的相关文件或收银单据、交货单据等必须保存7年。

● **印花税**

印花税是指对交易过程中产生的各类凭证征收的一种税。

①印花税的定义

印花税是指对合同或发票等印花税法规定的各类凭证所征收的税，根据合同的内容、合同的金额、领取金额等决定缴纳的税额。

②忘记粘贴印花

忘记粘贴印花时，还需在印花税额的基础上另外缴纳2倍（共计3倍）的金额作为过失税，在发出收据等情况下尤其需要注意。

● **消费税**

消费税是店铺业务中经常接触的税种，将在第7章详细进行介绍。

● **税务调查**

所谓的税务调查是指为了确认企业是否正当纳税，由国税局或税务署对纳税情况开展的调查。

①强制调查与任意调查

税务调查分为强制调查和任意调查两种，基于法院令状开展的税务调查为"强制调查"，在纳税人的任意协助下开展的调查则属于"任意调查"。

②店铺的应对措施

税务调查原则上会提前通知。

店铺需按照总部的指示进行应对。

主要税款
法人税·法人住民税·法人事业税·消费税

其他税款
印花税·固定资产税·注册执照税·不动产取得税etc.

企业虽未缴纳但应征收的税款
预提所得税

5　其他交易相关法律

保密与个人信息保护

~明确如何保密~

● 保密的定义

关于股份公司的信息管理，制订公司基本规则的公司法设置了各种规定。

其中最基本的是，规定了大企业的《信息保存及管理相关体制》必须由董事会决议制订（**公司法第 362 条第 5 项**）。

因此，只要是大企业，就一定会有董事会制定的《信息管理规程》等。因为企业负有在企业内部规范信息管理基本规程的义务。

企业应根据信息管理基本规程完善信息保存和管理的内部规则，大企业自不用说，店铺等场所也需要基于企业内部规则开展业务。

● 反不正当竞争法和商业秘密

商业秘密受《反不正当竞争法》的保护。该法将商业秘密定义为"作为秘密进行管理……销售方法及其他有利于经营活动的技术方面或经营方面的信息，不被周知的信息"。若违反此项规定，可依据此法采取要求赔偿损失、恢复信誉等法律措施。

● 制订保密相关规则

虽然公司法和就业规则等规定了"必须忠实地履行职务""不可泄密"等内容，但若不明确何谓秘密，如何保密等，则无法真正实现保密。

因此，根据公司实际状况制订具体的"保密相关规则"等是十分必要的。店铺则需要通过开展保密信息管理等相关培训活动，采取适当的方法进行信息管理。

- **个人信息保护法**

个人信息保护法（关于个人信息保护的法律）是为保护个人权益，对使用个人信息的企业规定个人处理方法的法律。

该法律中规定的"个人信息使用企业"是指，将所持有的超过5000 件的个人信息储存于数据库中并用于开展业务的企业。大多数的生鲜超市均属于该法规定的"个人信息使用企业"。

顾客数据的泄露、注册的邮箱地址泄露或调查问卷中个人信息泄露等，基本上都属于《个人信息保护法》中规定的个人信息泄露。

个人信息使用企业若违反法律规定的保护个人信息不被泄露的义务，且违反进一步命令时，将被处以 6 个月以下有期徒刑，或 30 万日元以下罚款。并且，即使信息被泄露者没有受到实际损害，也可根据信息泄露的事实提起民事诉讼进行索赔。因此，若发生大规模信息泄露事件，企业可能将面临巨额索赔。

对于店铺而言，为了避免泄露顾客信息，需要给予信息保护规程和指南等管理顾客的信息。

例如，不可将顾客名簿或配送申请摊开放在服务台上。当然，放置带顾客名字的账本在讨论范围之外。

此外，还需注意的是，将写有顾客名字或住址等信息的废弃文件或票据等随意扔进垃圾桶的行为也会造成信息泄露。

近来，USB 存储器等信息存储装置引发的事故多有发生。原则上应严厉禁止将顾客数据存放在 USB 等存储装置中的行为。

个人编号相关法律

~力求防止个人编号或特定个人信息的泄露~

- **个人编号的定义**

个人编号（My Number）是每个人都持有的 12 位个人号码，

原则上使用一生，不再变更。

①个人编号法

个人编号制度的依据是 2013 年 5 月制定的《个人编号法》(关于办理行政手续时识别特定个人而使用的编号的法律)，2015 年 10 月开始对所有持有居住证的人发放个人编号。持有居住证的外国人也在此范围之内。

②社会保障·税务等手续

从 2016 年 1 月开始，办理社会保障·税务·灾害对策这 3 个领域的行政手续都必须使用个人编号。

③社会保障

在办理退休金资格获取或确认·支付、雇佣保险资格获取或确认·支付、医疗保险支付申请、社会福利的支付·生活保障等行政手续时，必须使用个人编号。

④税金

在向税务局提交确认申告书·申报书·记录等材料时，必须登记个人编号。此外，税务局的内部事务也会用到个人编号。

⑤灾害对策

受灾者生活重建援助金的支付、受灾者台账的制作业务等行政手续办理过程中必须使用个人编号。

⑥企业应留意的事项

企业虽然是民间主体，但在办理税务或社会保险的手续时也会用到员工的个人编号。

企业（经营者）为了防止个人编号以及特定个人信息泄露、丢失、受损而进行适当的管理，必须监督从业人员，采取必要合理的安全管理措施。

此外，企业若对外委托了个人编号相关业务，对委托方负有法律上的监督责任。

⑦利用・提供・收集保管的限制

个人编号的利用・提供・收集保管等行为仅限于法律规定的社会保障、税务以及灾害对策方面。

换言之，公司只能在办理社保手续、制作预提票据等情况下使用个人编号。

若不再需要使用个人编号时，企业必须尽快废弃或删除个人编号。

个人编号相关 3 方的作用

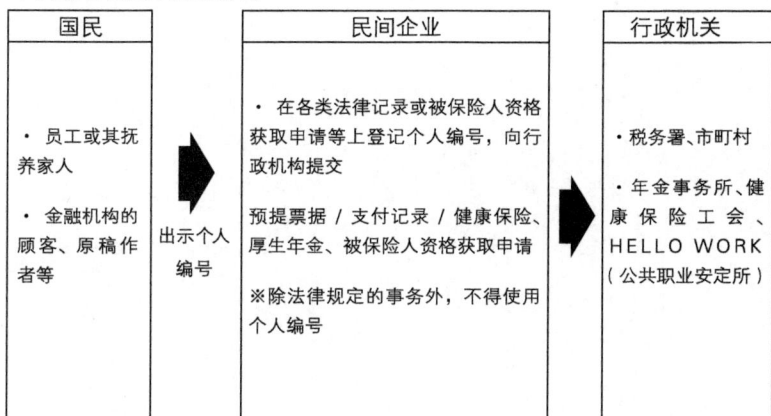

国民	民间企业	行政机关
・员工或其抚养家人 ・金融机构的顾客、原稿作者等	・在各类法律记录或被保险人资格获取申请等上登记个人编号，向行政机构提交 预提票据 / 支付记录 / 健康保险、厚生年金、被保险人资格获取申请 ※除法律规定的事务外，不得使用个人编号	・税务署、市町村 ・年金事务所、健康保险工会、HELLO WORK（公共职业安定所）

出示个人编号

※根据政府新闻在线"社会保障・税号制度"制作

第 7 章

消费税增税相关法律

1　消费税相关法律

消费税的基本结构

~深刻理解本质~

一直以来，人们对消费税已经习以为常，而从 2014 年 4 月起税率上调至 8% 之后，越来越多的顾客开始切实感受到含税价和不含税价之间的差别。

并且，从 2019 年 10 月起，税率还会进一步上调到 10%。与过去相比，顾客将不可避免地对价格更加敏感。

经营能力较强的企业制定了增税后的中长期计划，正在探讨如何调整价格策略，采取新的定价方针。

借此机会，笔者将对消费税的基本体系再次进行梳理。

- 消费税是什么？

消费税是针对消费行为征收的税金。几乎所有的商品在销售时都要征税。消费税约占国家税收的 1/4，已经成为国家税收的重要来源。

- 消费税由谁承担？

承担消费税的是消费者。消费税加在商家出售的商品价格上，最终由消费商品的消费者来负担。

- 消费税的申报和缴纳由谁负责？

虽然消费税是由消费者负担，但其缴纳则由商家负责。由于消费税的负担者和纳税者不一样，所以被称为间接税。

消费税的纳税义务人是个体商户、股份公司等法人。

针对个体商户等小规模商家，为了减轻其伴随消费税的各种负担，可采取免除纳税义务（免税商家）、通过简单计算即能进行申报（简易申报制度）等优惠措施。

- **两种消费税**

消费税分为"国税消费税"和"地方消费税"两种。消费税率为8%时，国税消费税为6.3%，地方消费税为1.7%，进入消费税申报阶段才能意识到两者之间的差异。日常业务一般根据合计税率8%进行处理。

- **税额的计算方法**

消费税额按照以下方式进行计算。

> 缴纳消费税额＝顾客支付的消费税－向交易方支付的消费税

[举例]

税率为8%的情况下，消费税是如何计算的呢？假设交易额（不含税）为2000万日元，进货额（不含税）为1000万日元。

> 缴纳税额＝2000×8%－1000×8%＝80（万日元）

实际申报时，根据以下公式进行计算。

> 缴纳税额＝消费税额（＊1）＋地方消费税额（＊2）
>
> ＊1 消费税额＝课税销售额×6.3%－课税进货额（含税）×
> $$(6.3\%/108)$$
>
> ＊2 地方消费税额＝消费税额×（17/63）
>
> 〔参考〕
>
> 代入上述例子计算如下。
>
> 缴纳税额＝［2000×6.3%－（1000×108%）×（6.3/108）］＋消
> 费税额×17/63＝63＋17＝80万日元

• 何时进行申报和纳税?

股份公司等法人要从决算日起算的 2 个月以内制作申报书进行申报·缴纳。

个体商户要在第二年 3 月末之前制作申报书进行申报·缴纳。

降低税率的背景与适用对象

~食品饮料等适用 8% 的减免税率~

在消费税率上涨至 10% 的背景下，日本预计从 2019 年 10 月开始导入 8% 的降低税率，作为照顾低收入人群的一项措施。

• 降低税率的定义

降低税率是指针对特定的商品种类，设定比标准税率更低的税率。

• 降低税率的效果

降低税率能够在一定程度上减轻低收入人群的负担。同时，降低税率的对象商品难以划定等问题还有待解决。

• 背景

消费税从 1989 年导入至今，几乎所有的商品均适用于同一消费税率。

然而，由于一般认为收入越低用于消费的比例就越大，消费税一度被诟病为强行加重低收入人群负担的逆向渐进税制。

欧洲等地的消费税（附加价值税）虽然高达 20% 左右，但对食品采取降低税率等措施的例子十分常见。

因此，日本也尝试将消费税提升至 10% 的同时，对食品等生活必需品采用降低税率，减轻消费者的纳税负担。

• 食品饮料等适用对象

作为降低税率适用对象的食品饮料具体有哪些种类，以国税厅公布的结果为参考。

※以下内容根据国税厅消费税降低税率制度应对室"关于消费税的降低税率制度的 Q&A（制度概要编）"（2016 年 4 月）归纳而成。

● **降低税率的对象**

降低税率制度预计于 2019 年 10 月 1 日正式导入，以下述 A 类和 B 类商品的销售（转让）为对象。

A：食品饮料（酒类除外）；B：每周发行 2 次以上的报纸（定期订阅合同部分）

● **外出就餐的处理**

此外，A 类食品饮料中不包含"外出就餐"和"送餐"。不过，向付费养老院提供食品饮料或学校供餐等情况下的"送餐"除外，依然可视为降低税率的适用对象。

● **食品饮料的定义**

"食品饮料"指食品标识法规定的食品（酒税法规定的酒类除外）。此外，食品标识法中的"食品"指代所有的食品饮料，但"医药品""准药品"等除外，含"添加剂"。

● **外出就餐的定义**

降低税率适用对象之外的外出就餐是指"由餐饮店等经营者提供饮食"。具体是指：

·餐饮店经营者在配置了桌子、椅子、柜台及其他餐饮设备（以下简称"餐饮设备"）的场所

·提供饮食

例如，在餐厅或美食广场提供餐饮服务。

● **餐饮店经营者的定义**

"餐饮店经营者"是指从事食品卫生法施行令规定的餐饮店经营、咖啡馆经营及其他当场提供餐饮服务等行业的经营者，在配置了餐饮设备的场所提供食品饮料的经营者均属于"餐饮店经营者"。

● **外卖的处理**

餐饮店经营者将食品放入容器内或包装好便于消费者带走的

"外带食品"或"外卖"也属于降低税率的适用对象。这是由于外卖食品没有在配置了餐饮设备的场所由经营者提供餐饮服务，属于普通的食品销售。

此外，对于同时进行店内用餐和外卖这两项活动的餐饮店，在提供食品饮料时，需要通过向顾客确认"店内用餐"（标准税率）或"外卖"（降低税率）等方式进行区分。

2 消费税增税与转嫁对策法

关于增税和转嫁的周全对策

~为顺利实现转嫁~

● 税制的彻底改革

为同时实现日本社会保障的充实·稳定和财政健全化的两大目标，2012 年 8 月成立了以提高消费税率为支柱的"税制根本改革法"。

● 消费税率的提高

考虑到消费税率的提高对经济造成的影响等，决定分以下 3 个阶段进行上调。

2014 年 3 月以前

　　5%（消费税 4%，地方消费税 1%）

从 2014 年 4 月起

　　8%（消费税 6.3%，地方消费税 1.7%）

从 2019 年 10 月起

　　10%（消费税 7.8%，地方消费税 2.2%）

● 为实现平稳合理的转嫁的措施

消费税是一种包含在经营者销售的商品价格中，逐渐转嫁，最终由消费者承担的税金。

因此，为确保经营者能够平稳且合理地转嫁消费税，采取了如下措施。

● **作为限时法的转嫁对策法**

为实现消费税的合理平稳转嫁，日本于 2013 年 10 月 1 日开始施行《消费税转嫁对策特别措施法》（以下简称为《转嫁对策法》），规定其有效时限持续至 2018 年 9 月 30 日。不过，部分零售业从业者要求在 2018 年 10 月以后继续施行总价标注义务的特例。

● **转嫁对策法的四项内容**

关于转嫁对策法，与零售业和服务业有关的主要内容如下。

①**拒绝转嫁等行为**

2014 年 4 月 1 日以后，严禁出现压价购买等拒绝转嫁消费税等行为。

②**妨碍转嫁的标识**

2014 年 4 月 1 日以后，严禁使用降价抵消消费税等有关的广告宣传。

③**总价标注义务的特例**

自 2013 年 10 月 1 日起，只要采取了相关措施，避免消费者将标价误认为含税价格，作为特例允许不标注"含税价格"。

④**转嫁·标识相关的反垄断法适用除外**

2014 年 4 月 1 日以后，转嫁卡特尔、标识卡特尔将被归类为反垄断法适用除外。

接下来，笔者将逐一介绍"拒绝转嫁等行为""妨碍转嫁的标识""总价标注义务的特例""转嫁·标识相关的反垄断法适用除外"4 部分的详细内容。

※以下内容基于公正交易委员会"消费税转嫁对策专栏"等资料归纳而成。

拒绝转嫁等行为

• 税制的彻底改革

2014 年 4 月 1 日以后，作为拒绝消费税转嫁等行为，严禁以下 5 种情形：①减额，②压价购买，③购买商品等请求，④拒绝就商品本体价格进行交涉，⑤报复行为。

①减额

转嫁对策法规定，不可在无正当理由的情况下，在事后付款时通过减少支付额的方式拒绝转嫁消费税。具体事例如下。

→从已经谈好的商品支付额中，减除全部或部分消费税增长相应的金额。

→无视商品本身价格加上消费税共同构成应支付金额的约定，在付款时减除全部或部分消费税增长相应的金额。

→通过增加商品支付额或者额外的方式要求回扣，并通过回扣抵消全部或部分消费税增长相应的金额。

不过，以下情况不属于减额行为。

→商品存在瑕疵或出现交货延迟等，销售方负有责任时，可在合理范围内减少商品的支付额。

②压价购买

转嫁对策法规定，不可在无正当理由的情况下，制订低于正常水平的商品支付额，从而拒绝转嫁消费税。具体事例如下。

→在没有出现原材料费用下降等变化因素的情况下，制定的商品支付额低于消费税提高前的支付额加上消费税增长部分的总额。

→以实施降价销售活动为由，在无正当理由的情况下，要求降价，制定的商品支付额低于消费税提高前的支付额加上消费税增长部分的总额。

→减少商品分量，将商品支付额定在消费税提升前的水平，但商品支付额低于减少商品分量后的商品所对应的金额。

不过，以下情况不属于压价购买行为。

→因大量订货，同时配送，同时购买等原因导致销售方成本降低，在双方协商后，成本降低的效果体现在商品支付额。

③**购买商品等要求**

转嫁对策法规定，禁止以接受转嫁消费税为条件，要求对方购买指定商品、使用劳务（服务）等，提供给自己带来经济利益的行为。具体事例如下。

→要求对方购买晚餐表演会的门票、使用自家公司的住宿设施等。

→要求不同意降低商品本身价格的客户增加定期购买的商品量。

→根据消费税转嫁程度，针对不同客户制订目标金额收取赞助金。

→拒绝承担通常所需的费用，要求客户派遣员工或增加员工等。

→要求客户支付交易相关系统更新的全部或部分费用。

④**拒绝就商品本体价格进行交涉**

转嫁对策法规定，在谈价过程中，若对方提出就不含消费税的商品本体谈价进行交涉的提议时，不可拒绝该项提议。具体事例如下。

→拒绝对方提出的就商品本身价格进行交涉的提议。

→当对方已经提供分别标注商品本体价格和含税价格的报价单时，要求对方再提供含税价格的报价单等。

→制订仅标注含税价格的报价单模板，要求对方必须使用。

⑤**报复行为**

转嫁对策法规定，禁止以向公正交易委员会等机构告发拒绝转嫁消费税的事实为由，采取减少交易量或停止交易等给方造成不利影响的行为。

妨碍转嫁的标识

~3 种被禁标识~

转嫁对策法明令禁止使用降价抵消消费税的有关广告或宣传。被禁止的标识主要有以下 3 种。

①声明未转嫁消费税的标识

消费税最终要由消费者负担，禁止使用如下可能导致消费者误认为无须负担消费税的标识。

→不转嫁消费税、消费税仅向部分商品转嫁、未转嫁消费税价格降低、不收取消费税、消费税由本店负担、返还消费税、消费税免除、消费税退还促销、本店已预扣消费税

②声明降价抵消全部或部分消费税的标识

声明降价抵消消费税的标识可能导致消费者误认为自己实际上没有负担消费税，因此转嫁对策法禁止使用如下标识。

→免去消费税上涨部分的金额、退还 8% 消费税的大促销、免除税率增加部分的金额、收银时降价抵消消费税上涨的部分

③就消费税向顾客提供经济上的利益，与②相符的标识

声明向顾客提供消费税金额相当的物品、金钱、电影票、积分等 "经济上的利益" 的标识同样受到禁止，原因在于这类标识也可能导致消费者误认为自己实际上无须承担消费税。禁止使用的标识具体如下。

→消费税相应金额作为下次购买的积分赠送、提供消费税相应金额的商品券、消费税率上涨部分将以现金返还

④未被禁止的标识

如下所示，从宣传或广告的整体来看，并未刻意强调消费税

时，则不属于降价抵消消费税的情况，此类标识并未被禁止。

→与消费税关联不明显时（例如，春季生活援助大促销、新生活支援促销）

→与消费税率的上涨幅度偶然一致时（例如，降价 3%，返还 3%）

→与消费税率偶然一致时（例如，降价 10%，返还 8%）

关于降价抵消消费税的宣传或广告

> **转嫁对策法禁止的标识**
> · 声明未转嫁消费税的标识
> · 声明降价抵消全部或部分消费税的标识
> · 相当于抵消消费税的利益提供标识
>
> **转嫁对策法未禁止的标识**
> · 与消费税关联不明显时
> · 与消费税率的上涨幅度偶然一致时
> · 与消费税率偶然一致时

总价标注义务的特例

~可以不标注含税价格~

考虑到更换价格标签等造成的工作负担，规定自 2013 年 10 月 1 日至 2018 年 9 月，以采取措施避免标价被认为含税价格为条件，作为总价标注义务的特例，允许商品不标注含税价格。具体标识示例如下所示。

只标注不含税价格

→在各商品价签或广告单上注明商品价格不含税时 [例如，○○日元（不含税），○○日元（不含税价格），○○日元（本体），○○日元（本体价格），○○日元+税，○○日元+消费税]

→在店内通过公告板等统一说明商品价格不含税时（例如，各商品的价签只标注不含税价格，如"○○日元"，并在顾客选取商品时容易发现的醒目位置另外明示"本店所有商品价签均为不含税价格"）

只标注不含税价格的标识示例

在各商品的价签或广告单上注明商品价格不含税时
- ○○○ 日元（不含税）
- ○○○ 日元（不含税价格）
- ○○○ 日元（本体）
- ○○○ 日元（本体价格）
- ○○○ 日元+税
- ○○○ 日元+消费税

在店内通过公告板等统一说明商品价格不含税时
- 各商品价签上只标注"○○○日元"的不含税价格+注明"本店所有商品价签均为不含税价格"

反垄断法适用除外

~转嫁·标识卡特尔获得认可~

卡特尔是指经营者共同决定商品价格限制竞争的行为，原则上属于反垄断法的适应对象。转嫁对策法规定，通过事先向公证交易委员会报备，决定消费税的转嫁·标识方法等相关的转嫁卡特尔·标识卡特尔则并未违反该法。

①转嫁卡特尔

转嫁卡特尔是指围绕"消费税转嫁方法的决定"，由中小企业或团体进行的共同行为。可实行的转嫁卡特尔行为具体如下。

→各企业分别自主决定在既定的本体价格上加上消费税额部分

→决定消费税率提高后计算所得的尾数处理方式，如进一位、舍去、四舍五入等

例1：本体价格 98 日元×8% =消费税额 7.84 日元→8 日元

例 2：本体价格 93 日元×8% ＝消费税额 7.44 日元→7 日元

②**标识卡特尔**

标识卡特尔是指围绕"消费税标注方法的决定"，由所有企业或企业团体进行的共同行为。可实行的标识卡特尔行为具体如下。

→决定对消费税率提高后的价格使用同一的标注方法

·标注含税价格时：例 1 同时标注"含税价格"与"消费税额"，例 2 同时标注"含税价格"与"不含税价格"

·不标注含税价格时（使用总价标注义务特例时）：例 1 在各商品的价签上标注不含税价格，并标注"+税"，例 2 在各商品的价签上标注不含税价格，在商品货架等醒目位置，注明"另外收取消费税"

作者简介

第 1 章

渡边常和

工作室 S&Q 支援代表。进入日本大荣株式会社后，曾担任店长、商品部、JR 合资企业负责人等，1996 年转入（股份有限公司）消费经济研究所［现在的（股份有限公司）生活品质科学研究所］。2013 年独立创业至今。专门从事生鲜超市或餐饮店的食品卫生·品质管理等各方面的指导、教育，以及解决餐饮相关的问题或纠纷，近年来还开展了生鲜超市店长的教育培训、指导业务。

石原久子

（股份有限公司）生活品质科学研究所　营业支援总部关东地区负责人、组长。毕业于女子营养大学营养学院营养专业。从事生鲜超市、餐饮店、工厂等场所的卫生管理以及品质管理业务的指导·教育。

大田喜启

（股份有限公司）生活品质科学研究所　店铺卫生法人支援部部长。从金泽大学理学院化学专业毕业后，于 1996 年进入（股份有限公司）LIFE CORPORATION，从事店铺业务（配菜部门）、PC 以及店铺卫生品质管理业务。从 2001 年开始任职。除了专门从事生鲜超市或餐饮店的店铺卫生管理、品质管理、标识指导等业务之外，还负责生鲜超市销售场所的技术指导。

三和信幸

（股份有限公司）生活品质科学研究所　隶属营业支援总部。负责生鲜超市或餐饮店等场所的卫生检查、标识指导以及品质管理业务的指导。

第 2 章

铃木千春

（股份有限公司）生活品质科学研究所高级顾问。仙台白百合女子大学兼职讲师。1990 年进入消费经济研究所 ［现在的（股份有限公司）生活品质科学研究所］ 工作。负责食品品质管理、直接进口商品、商品开发（饮料·酒类等）、品质管理·开发咨询、食品标识管理等。2002—2005 年加入 HACCP 体系导入协商会议秘书处，2006 年取得进口食品卫生管理人员资格证，2008 年成为食品标识审定协会委员。

黑濑治郎

1980 年出生于大分县。（股份有限公司）生活品质科学研究所咨询总部顾问。结业于熊本大学研究生院自然科学研究专业。曾在食品专业贸易公司负责加工食品的品质管理，2013 年开始任现职。专门从事食品处理中心的卫生管理指导、食品标识的制作以及指导。

三次优子

（股份有限公司）生活品质科学研究所咨询总部顾问。从东京农业大学农学院农艺化学专业毕业后，在点心制造工厂担任品质管理职务。2004 年就职于（股份有限公司）消费经济研究所 ［现在的（股份有限公司）生活品质科学研究所］。负责食品标识的制作以及指导等业务。

第 3 章 · 第 4 章

石泽清贵

1980 年获得社会保险劳务士资格证。曾在人事劳务关系出版社就职，2000 年独立创业，开设了石泽经营劳务管理事务所。兼任东京都社会保险劳务士合作社理事、工商商会年金教育中心专家委员、东京都社会保险劳务士合作社备考讲座讲师。目前，在负责指导中小企业人事制度·薪资·退休金制度等劳务管理方面的同时，作为劳务问题疑难解答研讨会的讲师，在工商商会等各类组织团体开展演讲活动。

长崎明子

特定社会保险劳务士、金融理财师。曾在重点补习学校运营公司人事部负责人事·劳务·就业管理业务等。2016 年独立创业，开设 AKI 社会保险劳务士事务所。从事就业管理制度的构建、劳务合规性强化等咨询业务的同时，对咨询企业的劳动·社会保险方面进行指导。还担任 HELLO WORK（公共职业安定所）电子申请顾问、杂志主笔，教授劳动·社会保险·年金等高中课程。

第 5 章

小林清泰

KENOSU 株式会社代表董事。建筑设计师。一级建筑师、商业设施建筑师。从品牌打造、提高顾客沟通技巧的视角出发，从事包括符号开发在内的各类连锁店铺的设计工作。所从事的行业以大型零售业为中心，大型超市、大型商业中心、便利店、建材超市、郊区 SC（生鲜超市）环境设计等均有涉及。日本设计咨询协会会员、日本 CI 会议体会员。

江口法生

1961 年出生。毕业于日本大学法学院法律专业，进入 LIFE CORPORATION 株式会社。曾在笹塚分店、中宿分店任职，后担任竹之塚店日配食品主任。1986 年任日配食品科采购员，1993 年任日配食品科科长，1998 年任加工食品科科长，1999 年任首都圈秘书公关科科长。同年就任（兼任）日本生鲜超市协会流通推进部科长。2001 年任该协会事务局副局长（兼任），2009 年任该协会事务局局长（调派）至今。

第 6 章·第 7 章

樱庭周平

注册会计师·税务师。先后任监察法人、预备上市企业的上市项目负责人。企业上市后作为董事担任社长助理、业务改革负责人等。1997 年成立樱庭注册会计师事务所。同时就任调停委员·司法委员（东京地方法院）、中小企业政策审议临时委员（经济产业省）、中小企业会计相关研究会委员（中小企业厅）、NPO 法人会计参与支援中心理事长等。现任中小企业会计相关检讨会工作组委员（中小企业厅·金融厅）、商业突破研究所大学（Business Breakthrough School）研究生院教授等。

"服务的细节"系列

《卖得好的陈列》：日本"卖场设计第一人"永岛幸夫
定价：26.00元

《为何顾客会在店里生气》：家电卖场销售人员必读
定价：26.00元

《完全餐饮店》：一本旨在长期适用的餐饮店经营实务书
定价：32.00元

《完全商品陈列115例》：畅销的陈列就是将消费心理可视化
定价：30.00元

《让顾客爱上店铺1——东急手创馆》：零售业的非一般热销秘诀
定价：29.00元

《如何让顾客的不满产生利润》：重印25次之多的服务学经典著作
定价：29.00元

《新川服务圣经——餐饮店员工必学的52条待客之道》：日本"服务之神"新川义弘亲授服务论
定价：23.00元

《让顾客爱上店铺2——三宅一生》：日本最著名奢侈品品牌、时尚设计与商业活动完美平衡的典范
定价：28.00元

《摸过顾客的脚才能卖对鞋》：你所不知道的服务技巧，鞋子卖场销售的第一本书
定价：22.00 元

《繁荣店的问卷调查术》：成就服务业旺铺的问卷调查术
定价：26.00 元

《菜鸟餐饮店 30 天繁荣记》：帮助无数经营不善的店铺起死回生的日本餐饮第一顾问
定价：28.00 元

《最勾引顾客的招牌》：成功的招牌是最好的营销，好招牌分分钟替你召顾客！
定价：36.00 元

《会切西红柿，就能做餐饮》：没有比餐饮更好做的卖卖！ 饭店经营的"用户体验学"。
定价：28.00 元

《制造型零售业——7-ELEVEn 的服务升级》：看日本人如何将美国人经营破产的便利店打造为全球连锁便利店 NO.1！
定价：38.00 元

《店铺防盗》：7大步骤消灭外盗，11种方法杜绝内盗，最强大店铺防盗书！
定价：28.00元

《中小企业自媒体集客术》：教你玩转拉动型销售的7大自媒体集客工具，让顾客主动找上门！
定价：36.00元

《敢挑选顾客的店铺才能赚钱》：日本店铺招牌设计第一人亲授打造各行业旺铺的真实成功案例
定价：32.00元

《餐饮店投诉应对术》：日本23家顶级餐饮集团投诉应对标准手册，迄今为止最全面最权威最专业的餐饮业投诉应对书。
定价：28.00元

《大数据时代的社区小店》：大数据的小店实践先驱者、海尔电器的日本教练传授小店经营的数据之道
定价：28.00元

《线下体验店》：日本"体验式销售法"第一人教你如何赋予O2O最完美的着地！
定价：32.00元

《医患纠纷解决术》：日本医疗服务第一指导书，医院管理层、医疗一线人员必读书！ 医护专业入职必备！
定价：38.00 元

《迪士尼店长心法》：让迪士尼主题乐园里的餐饮店、零售店、酒店的服务成为公认第一的，不是硬件设施，而是店长的思维方式。
定价：28.00 元

《女装经营圣经》：上市一周就登上日本亚马逊畅销榜的女装成功经营学，中文版本终于面世！
定价：36.00 元

《医师接诊艺术》：2 秒速读患者表情，快速建立新赖关系！ 日本国宝级医生日野原重明先生重磅推荐！
定价：36.00 元

《超人气餐饮店促销大全》：图解型最完全实战型促销书，200 个历经检验的餐饮店促销成功案例，全方位深挖能让顾客进店的每一个突破点！
定价：46.80 元

《服务的初心》：服务的对象十人百样，服务的方式千变万化，唯有，初心不改！
定价：39.80 元

《最强导购成交术》：解决导购员最头疼的 55 个问题，快速提升成交率！
定价：36.00 元

《帝国酒店——恰到好处的服务》：日本第一国宾馆的 5 秒钟魅力神话，据说每一位客人都想再来一次！
定价：33.00 元

《餐饮店长如何带队伍》：解决餐饮店长头疼的问题——员工力！让团队帮你去赚钱！
定价：36.00 元

《漫画餐饮店经营》：老板、店长、厨师必须直面的 25 个营业额下降、顾客流失的场景
定价：36.00 元

《店铺服务体验师报告》：揭发你习以为常的待客漏洞　深挖你见怪不怪的服务死角　50 个客户极致体验法则
定价：38.00 元

《餐饮店超低风险运营策略》：致餐饮业有志创业者 & 计划扩大规模的经营者 & 与低迷经营苦战的管理者的最强支援书
定价：42.00 元

《零售现场力》：全世界销售额第一名的三越伊势丹董事长经营思想之集大成，不仅仅是零售业，对整个服务业来说，现场力都是第一要素。

定价：38.00 元

《别人家的店为什么卖得好》：畅销商品、人气旺铺的销售秘密到底在哪里？ 到底应该怎么学？ 人人都能玩得转的超简明 MBA

定价：38.00 元

《顶级销售员做单训练》：世界超级销售员亲述做单心得，亲手培养出数千名优秀销售员！ 日文原版自出版后每月加印 3 次，销售人员做单必备。

定价：38.00 元

《店长手绘 POP 引流术》：专治"顾客门前走，就是不进门"，让你顾客盈门、营业额不断上涨的 POP 引流术！

定价：39.80 元

《不懂大数据，怎么做餐饮？》：餐饮店倒闭的最大原因就是"讨厌数据的糊涂账"经营模式。

定价：38.00 元

《零售店长就该这么干》：电商时代的实体店长自我变革。

定价：38.00 元

《生鲜超市工作手册蔬果篇》：海量
图解日本生鲜超市先进管理技能
定价：38.00 元

《生鲜超市工作手册肉禽篇》：海量
图解日本生鲜超市先进管理技能
定价：38.00 元

《生鲜超市工作手册水产篇》：海量
图解日本生鲜超市先进管理技能
定价：38.00 元

《生鲜超市工作手册日配篇》：海量
图解日本生鲜超市先进管理技能
定价：38.00 元

《生鲜超市工作手册副食调料篇》：
海量图解日本生鲜超市先进管理技能
定价：48.00 元

《生鲜超市工作手册 POP 篇》：海量
图解日本生鲜超市先进管理技能
定价：38.00 元

《日本新干线 7 分钟清扫奇迹》：我们
的商品不是清扫，而是"旅途的回忆"
定价：39.80 元

《像顾客一样思考》：不懂你，又怎
样搞定你？
定价：38.00 元

《好服务是设计出来的》：设计，是对服务的思考

定价：38.00元

《让头回客成为回头客》：回头客才是企业持续盈利的基石

定价：38.00元

《餐饮连锁这样做》：日本餐饮连锁店经营指导第一人

定价：39.00元

《养老院长的12堂管理辅导课》：90%的养老院长管理烦恼在这里都能找到答案

定价：39.80元

《大数据时代的医疗革命》：不放过每一个数据，不轻视每一个偶然

定价：38.00元

《如何战胜竞争店》：在众多同类型店铺中脱颖而出

定价：38.00元

《这样打造一流卖场》：能让顾客快乐购物的才是一流卖场

定价：38.00元

《店长促销烦恼急救箱》：经营者、店长、店员都必读的"经营学问书"

定价：38.00元

《餐饮店爆品打造与集客法则》：迅速提高营业额的"五感菜品"与"集客步骤"
定价：58.00 元

《赚钱美发店的经营学问》：一本书全方位掌握一流美发店经营知识
定价：52.00 元

《新零售全渠道战略》：让顾客认识到"这家店真好，可以随时随地下单、取货"
定价：48.00 元

《良医有道：成为好医生的 100 个指路牌》：做医生，走经由"救治和帮助别人而使自己圆满"的道路
定价：58.00 元

《口腔诊所经营 88 法则》：引领数百家口腔诊所走向成功的日本口腔经营之神的策略
定价：45.00 元

《来自 2 万名店长的餐饮投诉应对术》：如何搞定世界上最挑剔的顾客
定价：48.00 元

《超市经营数据分析、管理指南》：来自日本的超市精细化管理实操读本
定价：60.00 元

《超市管理者现场工作指南》：来自日本的超市精细化管理实操读本
定价：60.00 元

《超市投诉现场应对指南》： 来自日
本的超市精细化管理实操读本
定价： 60.00 元

《超市现场陈列与展示指南》
定价： 60.00 元

《向日本超市店长学习合法经营
之道》
定价： 78.00 元

《让食品网店销售额增加 10 倍的
技巧》
定价： 68.00 元

《让顾客不请自来！ 卖场打造 84
法则》
定价： 68.00 元

《有趣就畅销！ 商品陈列 99 法则》
定价： 68.00 元

《成为区域旺店第一步——竞争店
调查》
定价： 68.00 元

《餐饮店如何打造获利菜单》
定价： 68.00 元

《日本家具 & 家居零售巨头 NITORI 的成功五原则》
定价： 58.00 元

《咖啡店卖的并不是咖啡》
定价： 68.00 元

《革新餐饮业态： 胡椒厨房创始人的突破之道》
定价： 58.00 元

《餐饮店简单改换门面， 就能增加新顾客》
定价： 68.00 元

《让 POP 会讲故事， 商品就能卖得好》
定价： 68.00 元

《经营自有品牌： 来自欧美市场的实践与调查》
定价： 78.00 元

《卖场数据化经营》
定价： 58.00 元

《超市店长工作术》
定价： 58.00 元

更多本系列精品图书，敬请期待！

图字：01-2017-8412 号

SUPER MARKET TENCHOU HOURITSU HANDBOOK 2017 NEN BAN
© THE SHOGYOKAI PUBLISHING CO., LTD. 2017
Originally published in Japan in 2017 by THE SHOGYOKAI PUBLISHING CO., LTD.
Simplified Chinese translation rights arranged through TOHAN CORPORATION, TOKYO,
and Hanhe International (HK) Co., Ltd.

中文简体字版专有权属东方出版社

图书在版编目（CIP）数据

向日本超市店长学习合法经营之道 / 日本《食品商业》编辑部 编；王蕾 译. —北京：东方
出版社，2018.10
（服务的细节；065）
ISBN 978-7-5207-0596-7

Ⅰ.①向…　Ⅱ.①日…②王…　Ⅲ.①商店—商业经营—经验—日本　Ⅳ.①F717

中国版本图书馆 CIP 数据核字（2018）第 218269 号

服务的细节 065：向日本超市店长学习合法经营之道
（FUWU DE XIJIE 065：XIANG RIBENCHAOSHI DIANZHANG XUEXI HEFA JINGYING ZHI DAO）

编　　　者：日本《食品商业》编辑部
译　　　者：王　蕾
责任编辑：崔雁行　高琛倩
出　　　版：东方出版社
发　　　行：人民东方出版传媒有限公司
地　　　址：北京市东城区朝阳门内大街 166 号
邮　　　编：100010
印　　　刷：北京建宏印刷有限公司
版　　　次：2018 年 10 月第 1 版
印　　　次：2022 年 12 月第 2 次印刷
开　　　本：880 毫米×1230 毫米　1/32
印　　　张：13.25
字　　　数：213 千字
书　　　号：ISBN 978-7-5207-0596-7
定　　　价：78.00 元
发行电话：（010）85924663　85924644　85924641

版权所有，违者必究

如有印装质量问题，我社负责调换，请拨打电话：（010）85924602　85924603